湖南省教育科学研究"十三五"规划课题一般资助项目"……院……建设背景下湖南高职院校国际化发展对策研究"（XJK19BZY062）的相关成果

区域高等职业教育国际化理论与实践研究

彭 薇 著

吉林大学出版社

·长春·

图书在版编目（CIP）数据

区域高等职业教育国际化理论与实践研究 / 彭薇著 .—
长春 ：吉林大学出版社， 2020.11
ISBN 978-7-5692-7403-5

Ⅰ．①区… Ⅱ．①彭… Ⅲ．①高等职业教育－国际化
－研究－中国 Ⅳ．① G718.5

中国版本图书馆 CIP 数据核字（2020）第 206765 号

书　　名：区域高等职业教育国际化理论与实践研究
QUYU GAODENG ZHIYE JIAOYU GUOJIHUA LILUN YU SHIJIAN YANJIU

作　　者：彭　薇　著
策划编辑：邵宇彤
责任编辑：王　洋
责任校对：周　鑫
装帧设计：优盛文化
出版发行：吉林大学出版社
社　　址：长春市人民大街 4059 号
邮政编码：130021
发行电话：0431-89580028/29/21
网　　址：http://www.jlup.com.cn
电子邮箱：jdcbs@jlu.edu.cn
印　　刷：定州启航印刷有限公司
成品尺寸：170mm×240mm　　16 开
印　　张：14.5
字　　数：275 千字
版　　次：2020 年 11 月第 1 版
印　　次：2020 年 11 月第 1 次
书　　号：ISBN 978-7-5692-7403-5
定　　价：59.00 元

序　言

在经济全球化和区域一体化的推动下，国家与区域间的人才和教育资源的跨界流动日益频繁，包括高等职业教育在内的高等教育国际化成为世界高等教育发展的共同趋势。随着"一带一路"倡议的实施以及教育对外开放的不断深入，中国职业教育国际化地位也日益突出，中国要融入全球、要走进世界舞台的中央，就要求教育特别是高等职业教育承担起更多的使命。大力发展我国高等职业教育，积极推进我国高等职业教育国际化进程，既是适应经济全球化和世界高等职业教育国际化发展的必然要求，也是服务国家战略、服务区域经济社会发展、深化我国高等职业教育改革与发展的现实需要。

近年来，在国家政策的支持下，通过开展政府间的合作进行师资培训和交流，高等职业院校间开展国际交流与合作，以及依托优势专业配合企业"走出去"，中国高职教育国际化取得了一定的成绩。但是，中国高职教育在国际化发展的过程中依然存在着不少短板与软肋，特别是职业教育国际化区域发展的不均衡性严重影响了中国职业教育国际化发展的整体水平。因此，如何加快推进职业教育国际化，加快构建现代职业教育体系，以国际化促进现代化；如何根据区域特色构建区域国际化发展模式及院校自身功能定位选择国际化发展策略，是摆在我们面前亟须解决的问题。《区域高等职业教育国际化发展理论和实践研究》一书力图从理论和实践两个层面来探讨上述问题。

全书共分为八章，即：绪论、高等职业教育国际化的基本理论研究、我国高等职业教育国际化的发展历程、区域高等职业教育国际化的评价体系研究、发达国家高等职业教育国际化发展研究、国内区域高等职业院校国际化的案例研究、区域高等职业教育国际化的战略研究、区域高等职业教育国际化的策略研究。

作为湖南省社会评审委员会课题和湖南省"十三五"教育规划课题的研究成果，本书以区域高职教育国际化发展为切入点，在厘清区域高等职业教育国际化的核心概念、构成要素以及发展动因等理论研究的基础上，通过实证研究，调研基于湖南区域高等职业教育国际化的发展现状和存在的问题；通过案例分析，借鉴发达国家国际化发展的经验及发达区域高职院校国际化发展案例，大胆提出中国区域高等职业教育国际化发展战略和区域高等职业院校国际化发展策略。

　　本书的出版，为进一步丰富区域高等职业教育国际化理论研究、构建区域高职院校国际化发展的评价指标、探寻区域高等职业教育国际化发展的战略和区域高职院校国际化发展策略、提升区域国际化办学能力和院校的国际竞争力，尤其是为内陆省市的高等职业教育国际化发展战略的制定进行了可贵的探索。

陈细兵

2020 年 4 月

目　录

第一章 绪 言

第一节 职业教育国际化的时代背景

一、职业教育国际化的时代背景

（一）经济全球化带来了教育的国际化

20 世纪 80 年代后期，经济全球化以不可逆袭的态势袭来。联合国《人类发展报告》指出："经济全球化除了国际资本和商品的自由流动之外，还使世界各地的人们共处在一个相互连接的空间中，并导致世界人民之间依存度大大提升。经济全球化促进了商品与服务、知识与人力资本、技术与信息的跨境流动，优化了各国生产要素和资源配置。同时，也促进了教育的国际化，加强了国家间教育资源的交流。"[①] 这种国际化、全球化的浪潮使国家间、区域间的交流、互动与合作变得日益频繁。因此，教育界的交流合作也逐渐加强，从高等教育的跨国合作开始，职业教育、基础教育领域内的合作也日益兴盛。

经济全球化为各国之间就教育资源方面的交流创造了条件，并提供了巨大的推动力，从而使得世界各国、各地区的教育日趋对国际市场开放，各国、各地区能够利用国际化教育这一全球性的教育市场来壮大本土教育，从而促进全球教育实现大发展。各国教育的发展程度存在众多的差异，世界各国、各地区的精英教育、大众教育乃至普及教育的发展水平千差万别，因此发展存在着不均衡性。为满足大众广泛、多样的教育需求，去到更高教育水平的国家跨国攻读学位乃至跨国办学的现象已逐渐普遍。

1980 年，美国卡内基高等教育研究理事会出版一本名为《扩展教育的国际维度》的书，此高等教育研究所的理事会主席克拉克·科尔在该书中说道："现阶

---

① 高国希. 全球化冲击与应对策略 [J]. 青海学刊，2001（2）：37-38.

段我们要形成一种能够超越学院观念的全新的教育理念，即教育要实现国际化。"

教育国际化一方面是一个特定的历史现象，另一方面也是一个借助人力不断实现的过程。就内容而言，其包括诸如教育观念、课程资源、教学人员以及相关信息等各种教育资源的跨国界流通、交流；就方针而言，为了培育出一批可以理解国际性事务，能够有效应对多样化世界中出现的各种事务、具有国际视野与胸怀的国际化人才；就其功能而言，一方面会对整个教育体系的变革和发展产生推动作用，另一方面也逐渐发展为衡量现阶段我国教育发展水平的重要标准之一。教育国际化不仅仅是单一方向的交流，也体现在扎根本土文化的同时又能应对整个世界的心态。但不管从哪个角度来看，确定教育国际化发展战略的出发点与归宿都是以发展本国教育为最终宗旨，借此来推动经济、政治和文化的发展，并促进整个人类社会文明的不断演进。

因此可以认为，教育国际化产生于经济全球化的时代背景，经济全球化的哲学理念指导着教育国际化的开展。经济全球化为教育的国际化提供了坚实的物质基础，同时教育在经济全球化的发展过程中不断加快自身的国际化进程。

（二）新时代赋予职业教育国际化新的使命

1.新时期教育对外开放对职业教育国际化提出新任务

近几年，国家特别重视教育对外开放工作，教育对外开放事业持续发力，稳步推进。2010年《国家中长期教育改革和发展规划纲要（2010—2020年）》明确提出，要进一步扩大教育开放，引进优质教育资源，提高交流合作水平，扩展交流内容，创新合作模式，广泛开展国际合作与教育服务，促进教育事业共同发展。2014年，教育部等六部门印发了《现代职业教育体系建设规划（2014—2020）》，文件在建设开放型职业教育体系一节中也明确了现代职业教育国际化人才培养的目标与要求。2016年，中共中央办公厅、国务院办公厅印发了《关于做好新时期教育对外开放工作的若干意见》，标志着教育对外开放成为国家对外开放战略的重要组成部分。2017年《职业教育与继续教育2017年工作要点》中再次提到，"深化国际交流与合作、研究制定推动职业教育与企业协同走出去的政策措施。加强与重点国家、国际机构的政策对话与项目合作。鼓励职业院校与国外知名学校、职业培训中心开展双向合作。积极参与制定职业教育国际标准。推动职业院校教师和校长出国培训工作"。

新时代，新起点，新使命，新担当。中国要融入全球、要走进世界舞台中央，就要求教育特别是高等教育承担起更多的使命。无论是培养具有国际视野、知晓国际规则、参与国际事务的复合型人才，还是技术技能型人才都需要教育战线主动作为。

中国职业技术教育学会会长鲁昕在中国职业教育国际化发展高端论坛上指出，过去70年，中国职业教育发展取得了突出成就，在教育公平、增加就业、经济转型、产业升级、对外开放等方面做出重要贡献。在中国职业教育面临全球化、信息化、智能化的新挑战，同时也迎来新经济、新模式、新业态等新机遇的今天，中国的职业教育肩负着为强国建设培养人才、为文化自信传承创新文化等重大使命，需要对接进一步扩大开放的国家战略、对接新一轮科技进步的国家战略、对接产业高质量发展的国际标准、对接国内外市场的人才培养需求。鲁昕希望，中国能与世界各国的职业教育一起，共同传承和创造人类文明，共同建设人类命运共同体，共同促进教育国际化进程，共同参与全球教育治理，共同打造世界教育高地，为世界文明发展贡献中国方案与中国智慧。

新时代，职业教育如何推进国际化发展，提升国际化水平，以更自信与更开放的态度立足世界教育的舞台，增强职业教育国际影响力，构建具有中国特色的职业教育品牌，是新时代赋予职业教育的新的任务。

2. "一带一路"倡议纵深发展对职业教育国际化提出新要求

"一带一路"是"丝绸之路经济带"和"21世纪海上丝绸之路"的简称，由国家主席习近平2013年在出访中亚和东南亚国家期间提出的。近6年来，中国秉持"共商、共建、共享"原则，推动"一带一路"建设取得了重要进展和显著成效。教育也充分发挥在"一带一路"建设中的基础性、先导性作用，"一带一路"教育行动取得积极成效。截至目前，教育部已与24个"一带一路"沿线国家签署了高等教育学历学位互认协议，在54个国家联合建立了154所孔子学院和149个孔子课堂；支持60所高校在23个沿线国家开展境外办学，16所高校与沿线国家高校建立17个教育部国际合作联合实验室；推动职业教育与企业协同"走出去"从个别试点走向普遍实践。同时，"一带一路"教育行动与部分省（区、市）协同不断推进。地方和高校参与不断深化，平台建设不断增强，可视性成果不断丰富。

下一步，教育部将打造"一带一路"教育行动升级版，深化政府间教育交流合作，推动中国与更多"一带一路"沿线国家实现学历学位互认、教育标准互通、经验互鉴。将加快培养"一带一路"急需人才，增加"丝绸之路"中国政府奖学金项目的硕士、博士学位名额，积极推动"一带一路"中外合作办学规模和水平稳步提升。将积极支持高校和职业院校与沿线国家学校建立高校联盟、职教联盟，加强校际合作，开展联合科研和人才培养，为沿线各国经济社会发展以及"一带一路"建设提供人才和智力支持。

随着"一带一路"战略深入推进，我国职业教育国际化面临着新的机遇与挑战。随着中国企业"走出去"步伐不断加快，企业和"一带一路"沿线国家对高素质技术技能型人才产生了巨大需求，作为与生产技术联系最为紧密的职业教育要服务于"一带一路"建设，为中国企业提供人才与智力支持，要抓住机遇，改革创新，增强社会服务能力，提高内涵建设，提升国际化水平，为"一带一路"倡议的纵深发展提供坚实的人才与智力保障。

因此，在新时代，积极配合教育对外开放战略，服务"一带一路"建设，系统审视我国职业教育国际化发展的趋势特征与行动策略，为"一带一路"培养具有国际能力的技术技能人才，开创国际教育新格局刻不容缓。

（三）国家"双高"计划建设为高职院校国际化提出新的目标

在"双一流"已成国内普通高校标杆的背景下，高职院校迎来"双高计划"。2019 年，教育部、财政部发布了《关于实施中国特色高水平高职学校和专业建设计划的意见》（简称"双高计划"）。"双高计划"的总体目标是，到 2022 年，列入计划的高职学校和专业群办学水平、服务能力、国际影响显著提升，为职业教育改革发展和培养千万计的高素质技术技能人才发挥示范引领作用，使职业教育成为支撑国家战略与地方经济社会发展的重要力量。形成一批有效支撑职业教育高质量发展的政策、制度、标准。到 2035 年，一批高职学校和专业群达到国际先进水平，引领职业教育实现现代化，为促进经济社会发展和提高国家竞争力提供优质人才资源支撑。职业教育高质量发展的政策、制度、标准体系更加成熟完善，形成中国特色职业教育发展模式。

"当地离不开，业内都认同，国际可交流"是中国特色高水平高职院校的基本要求。"双高计划"对于高职院校国际化水平建设方面提出了明确指标要求。"双高计划"建设的提出为高职院校的国际化发展提出了明确的指标，高职院校要在竞争中脱颖而出，挤进国家双高建设计划，提升内涵，提高办学水平，就必须走国际化发展的道路。高职教育的国际化已经成为新时期高职院校创新发展的重点和新的增长点。

二、我国职业教育国际化发展的现实困境

在国家政策的支持下，通过开展政府间的合作进行师资培训和交流，高等职业院校间开展国际交流与合作，以及依托优势专业配合企业"走出去"，我

国高职教育国际化取得了一定的成绩。但是，我国高职教育在国际化发展过程中，依然存在着比较严峻和需要解决的问题。

第一，高职教育国际化意识不强。目前大部分高职院校没有意识到在全球化的大背景下，高职教育进行国际化办学已经成为一种必然趋势，这就严重阻碍了高职教育的国际化发展。从宏观角度看，虽然我国高职教育的国际化活动呈现逐年上升趋势，但参与国际化办学的高职院校并不普遍。

第二，在高职教育国际化进程中，引进国外经验与成果较多，但输出较少。近十年来，通过政策对话、合作办学、学生交流、教师交流与培训、合作研究，以及一般性的交流与访问等途径，引进优质教育资源，我国在政府层面和院校层面均进行了不同程度的高职教育国际化活动。但是对于我国近十年来高职教育取得的丰富理论成果和实践经验，输出却比较匮乏。

第三，缺乏高等职业教育国际化的顶层设计。我国高等职业教育在国际化交流、合作与办学等方面虽然进行了积极努力的探索和尝试，但是由于多方面的原因，尚缺乏系统有效的管理和相配套的顶层设计，导致国际化程度普遍不高。

第四，我国高职教育本身的内涵式发展不足。现阶段，校企合作质量标准不够清晰、缺乏获得国际认同的质量标准、境外劳动力资源的技术技能水平差异较大等问题，均制约了高职院校高质量国际化发展。

第五，区域职业教育国际化发展不均衡。我国的高职院校众多，但国内发展的不平衡导致高职院校国际化发展不均衡。高职院校国际影响力 50 强院校中，江苏、浙江、广东等省份高职院校国际影响水平始终居于省域排名前列。经济发达地区和沿海省份国际化水平明显高于其他地区。区域发展的不均衡性也同样制约了我国教育国际化水平的整体提升。

新时代赋予了高职教育新的机遇与挑战，面对国际国内新的形式和新的机遇，如何加快推进职业教育国际化，培养国际化技术技能人才；如何加快现代职业教育体系，以国际化促进现代化；如何根据区域特色构建区域国际化发展模式和院校自身功能定位选择国际化发展策略等问题是我们迫切需要解决的问题。

因此，高等职业教育国际化的发展既是顺应时代的诉求也是适应现实发展的应然之策。

第二节 国内外相关研究现状与述评

一、国内外研究现状

（一）国内研究现状

1.关于职业教育国际化基本概念有关的研究

陈保荣 [①] 提出高职教育国际化就是职业院校依据一定的国际标准，运用科学合理的教学方式，培养具有国际视野、在国际范围内通用的技能人才，是一个一体化的教育过程。陆启光 [②] 从理论概念角度界定高职教育国际化，认为其是为了培养国际化高技能人才，把跨国界和跨文化的观点和氛围与高职教育的管理、教学、科研和社会服务等主要功能相结合的过程，既有学校内部各方面因素，也有外部大环境的变化因素。

2.关于职业教育国际化因素构成的研究

俎媛媛 [③] 提出，职业教育国际化因素应包含职教标准、职业资格认证制度、现代职业教育体系等多方面的内容。胡海燕 [④] 等从系统论的视角从主客体的角度简单直观地对高职教育国际化的要素进行归类，包括国际化主体（管理者、教师、学生）、国际化客体（观念、课程、资源）及主客体要素之间的作用形式——国际化活动（管理、教与学、研究、交流）。

3.关于职业教育国际化发展的现状、对策的研究

翟帆 [⑤] 认为当前我国职业教育国际化发展存在着企业"走出去"、缺少人力资源支撑，职业院校"走出去"、缺少经费和经验等问题。因此，需要采取措施来推动国际化的发展。刘育锋 [⑥] 提出我国职业教育国际化活动存在单向性特

---

① 陈保荣.我国高等职业教育国际化发展对策及研究[J].职教论坛，2012（10）：15-18.

② 陆启光.关于我国高职教育国际化容感问题的思考[J].广州职业教育论坛，2012（06）.

③ 俎媛媛.国际化背景下我国高等职业教育的发展[J].职业技术教育，2014（31）：10-14.

④ 胡海燕，郭永生，黄萧萧.系统论视角下高职院校国际化发展策略[J].顺德职业技术学院学报，2016（01）:24.

⑤ 翟帆.企业"走出去"，期盼职业院校跟上来[N].中国教育报，2015-08-17（003）.

⑥ 刘育锋.告别来而不往，我国职教增强"输出"底气[N].中国教育报，2015-12-24（009）.

征强、参与院校不广泛等问题。要落实"一带一路"愿景与行动精神，服务企业"走出去"，我国需要采取若干措施来提升职业教育国际化水平。

4.关于高职院校国际化评价指标体系研究

杨小燕[①]指出国际化是当今高等职业教育的重要发展趋势，但高等职业教育国际化的评价标准尚未达成共识，构建科学、有效的高等职业教育国际化评价指标体系，应遵循职业性、参与性、行业性和发展性的基本理念。

（二）国外研究现状

1.关于职业教育国际化基本概念和策略的研究

奈特（加拿大）认为，国际化是"将国际的、跨文化的或全球性的层面融入高等教育的目的、功能和供给的过程"。德国学者 Dirk van Damme[②]对高等学校国际化的表现形式进行了梳理，归纳出 7 种形式，即学生和教师的国际流动、课程和专业的国际化、相互认同协议、合作办学、大学合作研究、远程教育及大学交流网络。泰勒（John Taylor，2004）指出，大学国际化发展的关键是制定国际化战略，领导力的作用至关重要。制定国际化战略必须将国际化目标与大学的使命紧密地联系在一起，并且建立系统有效的评价体系和保障机制。

2.教育国际化结果的利弊分析

教育国际化发展有利也有弊，不同的学者、专家在基于不同的立场与视角的前提下提出了不同的观点。菲利普·G·阿特巴赫[③]和简·奈特[④]认为教育国际化，特别是商业性的跨国教育活动，能够为大学和其他教育项目的提供者赢得可观的收入。然而，印度学者詹德赫亚拉·B·C·提拉克提出了截然相反的观点。基于发展中国家的立场，他认为教育国际化会给印度等国家带来文化与教育的不断趋同、脑力劳动者和高技能人才的大量流失等负面影响。

3.教育国际化的政策研究

Jane Knight 根据对澳大利亚、加拿大、欧洲和美国高等教育国际化策

---

① 杨小燕.使命的召唤：高等职业教育国际化发展研究[M].西安，西安交通大学出版社，2013：12.

② Van Damme Dirk.Qality Issues in the Internationalization of Higher Education [J]. Higher Education,2001(41):415-441.

③ 菲利普·G·阿特巴赫，简·莱特.高等教育国际化的前景展望：动因与现实[J].别敦荣，杨华伟，陈艺波，译.高等教育研究，2006，（1），14-15.

④ 简.奈特著.刘东风、陈巧云主译：激流中的高等教育：国际化变革与发展[M]北京大学出版社，2011：58-66.

略的比较研究结果，提出了四种院校层面的国际化策略，分别是开展学术性项目、启动科研与学术合作活动、推进外部协作以及开展课外活动。Joy Shaw，Kieron John Shaw 以及 Suzanne Blake 认为，在全球社会中，所有的教育部门应将国际化视为重要行为准则，提出了职业教育与培训国际化发展的障碍和问题，建立一个可以确保不同利益代表——学生、教师、培训人员以及雇主等多方自主、自由探求国际合作的范式是必要的。

4. 关于院校国际化评价指标体系研究

精细的院校国际化评价指标体系的建立是 1999 年由经济合作与发展组织（OECD）开发的，简称 IQRP。IQRP 是高等院校根据其既定的目的和目标来评估并提升其国际化水平的一种程序。IQRP 采用基准化分析法设计了院校国际化指标，在该指标体系中共设有 9 个一级指标，57 个二级指标。

二、研究评述

国内外研究为本课题提供了值得借鉴的思路和基础。从本项目研究主题和研究需求出发，还存在一些不足：（1）国外学者的国际化研究成果主要还是涉及高等教育的内容，对于职业教育关注的还不够。（2）国内学者对于职业教育国际化宏观层面的研究较多，微观层面院校可操作的发展策略研究较少。（3）对职业教育国际化评价指标的研究不多，如何构建科学、有效的高等职业教育国际化评价指标体系还有待深入系统的研究。（4）国内外学者对区域和地方只有院校国际化发展的相关研究不多，如何根据区域特色构建区域国际化发展模式和院校自身功能定位选择国际化发展策略等问题需要进一步系统的研究。

第三节　研究的意义思路与方法

（一）研究的意义和价值

1. 厘清高等职业教育国际化的内涵、原则，丰富和发展高等职业教育国际化的相关理论，促进高等职业教育国际化战略的研究，为区域高等职业教育和高职院校国际化发展提供理论支撑。

2. 研究我国区域高等职业教育国际化的动因及存在的问题，借鉴国际上发达国家和国内区域高等职业院校教育国际化经验，为推进我国区域高等职业教育国际化提供建议与策略。

3.可为区域高职教育和高职院校国际化发展提供对策和建议。

4.有利于创新区域高等职业教育和高职院校办学模式，提升区域高职院校竞争力水平和国际化办学水平。

（二）研究内容

第一，绪言。分析区域高职教育国际化的时代背景与现实困境，提出本研究的目的和意义、研究的思路与方法。

第二，本研究的理论基础。首先，对教育国际化内涵、要素及特征以及发展历程进行解读；之后在此基础上对区域高等职业教育国际化的核心概念、构成要素、以及区域高等职业教育国际化发展的动因理论进行初步分析，构建本研究的理论基础。

第三，从历史的角度来描述新中国成立前后职业教育国际化发展状况；叙述改革开放40年来，我国高等职业教育国际化发展历程和取得的成就。分析"一带一路"倡议下我国职业教育国际化的发展现状和未来的发展趋势。

第四，在国际化评价指标体系相关研究的基础上，借鉴大学国际化评价指标体系，对接国家双高建设一流专业群国际化评价指标，对接国家和区域国际化相关政策，科学构建以理念与规划、组织与制度、人才培养、教师队伍、科学研究、交流合作、保障与服务、特色项目等八个一级指标为评价内容的区域高等职业教育指标。

第五，介绍澳大利亚、美国、德国、日本等发达国家职业教育国际化发展的先进经验，并分析其对我国区域职业教育国际化发展的启示。

第六，采用案例法，选取我国不同区域的几所国际化办学的典型职业院校（深圳职业技术学院、天津鲁班工坊等）作为案例进行研究，探讨其国际化办学经验，和服务"一带一路"倡议的国际化办学策略。

第七，在上述相关教育国际化理论研究和高职院校国际化实践探索的基础上，从政府的角度、从宏观的层面提出构建区域高等职业教育国际化发展战略，全面推进区域高等职业教育国际化进程。

第八，从院校的角度、从微观可操作层面提出提升区域高职院校国际化发展的策略和优化路径。

（三）研究目标

1.丰富区域高等职业教育国际化理论研究。

2.探索构建区域高职院校国际化发展的评价指标。

3. 深入区域高职院校国际化发展案例研究。

4. 探寻区域高等职业教育国际化发展战略和区域高职院校国际化发展策略，为提升区域国际化办学能力和院校的国际竞争力提出相应的政策和建议。

（四）研究方法

1. 文献研究法：通过查阅、搜集、鉴别、整理文献，获取与本研究相关的背景资料，形成对高职教育国际化内涵、构成的要素等基本问题的科学认识。

2. 比较研究法：通过对比分析研究国际上发达国家职业教育国际化发展的先进经验和战略措施，为我国区域高职教育国际化发展提供借鉴。

3. 调查研究法：以区域高职院校为调查对象，依据区域高职院校教育国际化评价的各级指标，制作调查问卷表。对区域高职院校国际化发展现状进行调查。

4. 访谈法：通过与部分院校的行政管理人员和教师进行个别访谈，全面了解区域高职院校国际化现状，探寻问题的根源。

5. 案例研究法：研究国内东部、南部和沿海发达地区以及湖南地区三所高职院校国际化发展的典型案例。

第二章 高等职业教育国际化的基本理论

高等职业教育是高等教育的一种类型，要研究高等职业教育的国际化相关理论，就要从高等教育国际化等相关理论出发进行研究。以此为基础进而分析高等职业教育国际化的理论框架，从而为后面的研究奠定理论基础。

第一节 高等教育国际化的基本内涵

高等教育国际化是近来常被学界与媒体提及的一个概念，也越来越频繁地出现在大众生活中。高等教育国际化涉及教育学、历史学、国际关系学等跨学科领域，对于这一课题的研究需要先对高等教育国际化的相关概念与理论进行梳理和分析。

一、高等教育国际化的概念

"国际化"这一概念最早出现在经济学领域。约翰·费耶维舍较早地提出了较明确的"国际化"定义。约翰认为经济领域内的国际化是指一切跨越国界的资源及要素的转移交流，包括资源、能源、资本、企业文化和人力资本等的国际流动与融合。而另一位美国学者理查德·罗宾逊在他的著作《企业国际化导论》中也提到，国际化就是在产品和生产要素流动性增强的过程中，企业对国际市场而不是对某一国家市场的变动作出反应。总体来看，经济学领域的"国际化"是指通过跨国界的资源转移或流动，持续渐进地增加国外市场的涉入程度，由本土经营到国际经营的一种过程，突出一种经济规模、业务范围和影响力已经超出某一国家的范围而呈现国际性的特点，体现出参与国际交换的商品生产者之间的相互联系和相互依赖在逐渐增强。

教育领域的"国际化"概念，则是由知识的国际性、流动性与公共性共同催生的。教育的国际化，是不断积累与不断丰富的过程，其发展的进程既受制于文化交流融合的规律，又受制于教育实践活动本身的发展规律，体现为一种

"化"，一种融合，一种趋势。国内学者舒志定[①]、魏腊云[②]、刘兰芝[③]等从高等教育的本质与核心要素切入，指出高等教育国际化是一种系统的、追求知识的无国界交流的能动活动形式，是以构建完备的高等教育体系，并以促进人的全面发展与人类社会的共同发展为最终目标的活动形式。杨启光[④]则认为"教育国际化"就是教育的国际性不断增强的一个过程，是不同国家间教育跨越国界的交流、合作与融合，趋于不断增强的发展进程。其实质是通过各国教育的不断开放，实现人类多元文化的理解与融合。杨启光的定义从本质上反映了国际化概念在教育领域的体现，也是当前比较受推崇的一种观点。国外学者将高等教育国际化理解为与国际课程、师资交流和国际项目合作相结合的教育活动与教育服务。加拿大学者奈特提到，高等教育国际化是一种教育面向国际发展的趋势和进程，是把国际的、跨文化的、全球的观念融入高等院校教学、科研和人才培养等社会功能中的过程。这里强调，高等教育国际化不仅局限在教育活动形式上，更应重视高等教育国际性的塑造。笔者赞同杨启光关于高等教育国际化的部分定义，认为高等教育国际化就是教育的国际性不断增强的一个过程，它依靠课程的国际化、师生交流的国际化和国际项目合作等外在形式不断推动各国教育走向开放、交流与融合，实现人类多元文化的理解与交融。同时再结合加拿大学者莱特关于高等教育国际化的提法，仅有外在形式仍不够，还应将国际的、跨文化的、全球的观念融合到形式中，内外兼顾，共生共长。

二、高等教育国际化的内涵与特征

（一）高等教育国际化的内涵

高等教育国际化是一个综合性的发展体系。高等教育国际化具有综合性的特点，是从制度、理念、文化、内容、目标等方面体现国际化的要求。

1.制度、理念、文化的国际化

高等教育国际化是一种理念上的革新，其打破了教育的地理限制，走向了相互借鉴、相互学习、相互促进的良性发展道路。在高等教育的发展历程中，本国的大学通过与其他国家大学的合作，吸收其他国家先进的办学理念与办学模式，同时结合自身的实际国情，推动本国高等教育的现代化进程，是一

① 舒志定.高等教育国际化内涵，特征与启示[J].全球教育展望，1998（3）.
② 魏腊云.全球化背景下高等教育国际化的哲学反思[J].理工高教研究，2002（6）.
③ 刘兰芝.高等教育国际化趋势[J].学术研究，2002（4）.
④ 杨启光.教育国际化进程与发展模式[M].北京：社会科学文献出版社，2011（11）:103-115.

种立足本土又面向世界的治理模式和思维。同时，也有学者从国际意识的角度指出"高等教育国际化是一个发展的趋势和过程，一是把国际意识与高校的教学、科研和社会服务的职能相结合的过程；二是把高等教育国际化等同于高等教育的国际交流与合作活动，其中包括课程的国际内容、学者与学生的国际流动、国际技术援助和合作计划等；三是认为高等教育国际化是一种精神气质和文化氛围，包括拥有全球意识、超越本土的发展方向和范围，并内化为学校个性等。"①

2. 教育内容的国际化

教育内容的国际化是高等教育国际化的重要组成部分，从整体上来看，"国际高等教育的三大组成部分是课程的国际内容，教师和学生从事与教育、科研有关的国际流动，以及教育系统从事跨国界的技术援助和教育合作计划。"②具体来说，实现高等教育国际化就需要做到"（1）开设专门的国际教育课程；（2）开设注重国际主题的新课题；（3）在已有课程中增加一些国际方面的内容；（4）推进国际普遍关注的重大课题的研究；（5）注重地区研究；（6）建立校际联系，把到国外参观学习与课程联系起来。"③ 所以，高等教育国际化就是要在教学内容上体现超越国界的特征。

3. 教育目标的国际化

高等教育国际化的目标是通过培养具有国际化视野与国际化背景的教师与学生，使得本国可以在全球化的竞争中获得更有利的机会，以更好地为本国服务。

对高等教育国际化进行思考：（1）大学国际化是一种现象、一种趋势，当代大学越来越带有国际色彩，多种语言、多种文化的交流与科学研究的合作成为高等教育的普遍现象。（2）大学国际化是一种理念、一种价值，强调未来更多地取决于全球的发展与共同的努力，因而更加注重面向世界发展教育，认为国际理解教育可以帮助个人和国家应对未来的挑战。（3）大学国际化是一个标准、一个尺度，国际化大学的教育质量和学术水准处在国际前列，因而对其他国家和地区有很强的吸引力。国际化大学人才培养和科学研究不但要满足国内

---

① 王海燕. 高等教育国际化的理念与实践——论美日欧盟诸国及中国高等教育国际化 [J]. 北京大学学报（教育学研究版），2001（S1）:254.

② 王海燕. 高等教育国际化的理念与实践——论美日欧盟诸国及中国高等教育国际化 [J]. 北京大学学报（教育学研究版），2001（S1）:254.

③ 方红，周鸿敏. 高等教育国际化的发展特点与趋势 [J]. 江西社会科学，2007（2）:216.

需要，而且要面向世界各国。科学研究的领域覆盖全球性的问题，教育制度富有弹性，交流面广，开放度高。（4）大学国际化是一个过程、一种状态，是一个国家或地区或一所高校为适应全球化、一体化时代而做出的努力的全过程，是从闭塞走向开放、从低水准提升至高水准的全过程。所以从内涵上来看，高等教育在制度、理念、文化、内容、目标等方面都实现了国际化。

（二）高等教育国际化的特征

日本学者喜多村和之[①] 将"通用性""交流性"和"开放性"作为高等教育国际化的三个主要标准，"通用性"强调本国高等教育的普遍适用性，即本国的教育制度、机构、文化等方面可以获得其他国家和人民的认可与接受；"交流性"强调的是高等教育进行过程中的互动性，高校可以实现不分国家、民族、种族、专业等限制，与各国各地区的学者与教育机构进行互动交流；"开放性"则是强调人人平等，将学校中不同文化不同国家的人一视同仁，而不是囿于国籍种族等背景遭受到不公平的待遇。因而高等教育国际化就是"通用性""交流性"和"开放性"三者的有机统一。

三、高等教育的全球化与国际化

高等教育"全球化"与高等教育"国际化"这两个概念并不是完全等同的。高等教育的"国际化"指的是"政府，或者学术系统与高等院校机构，甚至是私立部门所实施的政策和计划，以支持教师和学生的流动、鼓励开展合作研究、提供国际学术项目，在其他国家建立联合培养计划以及各种创新活动。"[②] 高等教育全球化则是"直接影响高等教育的广泛的经济、技术和科学发展趋势，在当今世界已经是不可避免的""其本质上是一种跨越国家边界的技术的流动、经济的流动、知识的流动、人的流动、价值观的流动、观念的流动等，全球化会根据一个国家不同的历史、传统、文化及其倾向等以不同的方式影响每个国家"[③]。全球化强调的是不同国家间高等教育的相似性，忽略国家的存在与多样性。"国际化正在改变着世界的教育，而全球化正在改变世界的国际化。"高等教育"国际化"与"全球化"是紧密相连但并不等同的概念，高等教育全球化

---

① 喜多村和之 . 大学的国际化 [J]. 大学论集，1986,(15),41-43.

② 龚放 . 大学的国际化与民族特色——海峡两岸高等教育面临的共同课题 [J]. 中国农业教育，2000（1）:20-21.

③ Hans de Wit. Barriers to International Student Mobility: Evidence From the Erasmus Program[J]. Educational Researcher,2013(2):70-77.

是跨国界的技术、经济、人员、知识、价值以及思想的流动，而高等教育国际化则是各国为提高自身的国际竞争力而采取的各种政策与措施，以期回应全球化的发展要求。高等教育全球化是高等教育国际化的背景与推动力，而高等教育国际化则是对高等教育全球化的一种因应。

四、高等教育国际化的动力分析

高等教育国际化是综合因素作用的结果，大体来看，内部因素与外部因素两方面共同推动高等教育向国际化方向不断发展。

（一）外部因素

1. 全球化的推动

21世纪世界发展的大趋势是全球化，在这其中，经济全球化的表现最为明显。"一是产品的国际化；二是生产产品所需生产要素的国际化，包括资本、劳动力、技术的国际化；三是生产要素生产的国际化，劳动力生产的国际化即教育国际化尤其是高等教育国际化，劳动力流通的国际化即劳动力市场的国际化，技术生产的国际化即科学研究的国际化（包括高等院校的科学研究）等。"[①] 经济全球化大大促进了资源、人员、资金、商品、服务、知识、技术以及信息等要素的跨国界流动，推动了各种生产要素和资源的优化配置。在经济全球化的背景下，各国经济的联系日益密切，同时各国在经济领域的国际竞争也越来越激烈，而这些竞争中，人才的重要性愈发明显。在全球化时代，任何国家想跻身世界民族之林，不被时代所抛弃，都需要保持自己在全球化进程中的地位。瑞士洛桑国际管理学院曾发表过国家年度竞争力报告，通过数据来评估一个国家的竞争力，在这些数据中，有相当部分的内容都是同各国的管理、科技人才的数量与质量密切相关，与各国高等教育培养足够数量的、通晓国内国际"游戏"规则、在国内国际上均具有一定竞争力人才的能力有关，与本国的高等教育能否在科学技术领域为本国占领制高点有关。高等教育国际化可以为本国在以知识为基础的世界竞争中提供人才与科技优势，成为本国保持国际竞争力的重要因素。而高科技产品的生产依托的正是高科技人才，这从另一侧面验证了高等教育国际化发展的紧迫性。在全球经济一体化的发展进程中，西欧、北美、拉美、亚太等地区相继建立了一大批跨国经济组织，欧盟以及世界贸易组织对

① Asian Development Bank.Asian Development Outlook 1998: Population and Human Resources[R].Asian Development Out look,1998:107.[EB/OL].http://www.adb.org/sites/default/files/publication/82346/ado1998.pdf.

于世界经济的发展都产生了深远的影响。世贸组织推进了世界经济一体化的进程，欧盟则以实际的运作，实现了欧洲范围内统一的劳务市场以及人员的自由流动。新时代的变化，要求欧洲各国高等学校加速调整教学内容，增强彼此了解，相互承认学分、学历和学位，使得高等教育国际化成为欧洲经济一体化的重要组成部分和实现区域内人才自由流动的必要条件。为适应经济全球化对国家提出的要求，各国的高等教育必须培养出更多熟悉世界经济贸易规则并具有国际竞争能力的人才，现代高等教育越来越与经济发展密切联系起来，从社会的边缘走入了社会的中心。

2. 信息技术的发展

知识的传播依赖于信息技术的发展，而信息技术发展的水平也决定了信息交流与共享的程度与规模。二战后，世界信息技术的发展日新月异，科技进步飞速，现实生活因为信息技术的影响也发生了天翻地覆的变化，人们的衣食住行等方面都因为信息技术的作用而与传统时代有了很大的不同，高等教育也在信息时代发生了巨大的变化。知识的传播途径、存储方式以及信息的获取都得益于信息技术的飞速发展，尤其是互联网技术的成熟与应用，使得高等教育在互联网的帮助下实现了质的变化，研究、分析、交流都可以借助互联网来实现。高等院校以及科研机构中，信息技术的应用使得非住校生可以获得和住校生相同的教学程度，借助于网络的远程教育也在国内与国际间迅速发展起来，公开课程、MOOC 等新的高等教育模式逐渐打破了国家地域的局限，产生了国际性的影响力。信息技术的高速发展，实现了信息传播的全球化，使得知识获得了传播的有利途径，有力地推动了高等教育国际化的发展步伐。

3. 全球性议题的压力

随着科学技术的发展以及国家间交流的频繁，尤其是全球化的不断深入，使得国家面临着越来越多的全球性问题，如气候变化、恐怖主义、传染性疾病等，这些问题的出现同世界经济、政治和社会生活的全球化有关，同科学技术的加速发展有关。例如，由于二氧化碳的大量排放，致使全球气候不断变暖，南北极冰雪融化，全球洋流受到影响，地区的整体环境逐渐趋于恶化，造成了全球气候问题频发，使许多国家深受其害。气候问题是全球问题，某一个或某几个国家并不能解决这一全球问题，必须有世界各国的共同努力，因此就产生了国际性的、政府间的研究生态学的合作计划——人和生物圈计划。经济全球化的不断深入发展，使得国家间的经济联系愈发密切，世界金融市场将各国联系在一起，成为命运共同体，任何一个部分出现了问题，都有可能影响到全球经济的稳定与繁荣，从而影响到每个人的生活。20 世纪末的金融危机以及 21

世纪初的主权债务危机，乃至近些年发生的欧洲难民危机等都具有世界范围的破坏力。这些从自然到社会的问题的解决都离不开具有国际化背景、能够进行国际合作的人才。培养具有解决这些全球性问题能力的高素质人才成了新时代对高等教育提出的要求。

4. 政府的推动

政府在高等教育国际化的发展进程中也有着重要的作用。教育与政治之间存在着密切的联系，高等教育国际化深刻地受到政府对外政策的影响，有学者甚至指出，高等教育国际化从某种程度上来说，正是国家外交的一部分。高等教育国际化除了受到政府外交政策规划的影响，其实施过程中所进行的国际教育交流与合作，也成了政府进行外交活动的工具。因而各国政府都非常重视高等教育国际化，力图通过高等教育国际化达到实现外交政策的目的。美国政府为大力推动高等教育国际化，投入了巨大的资金，设置了众多的奖学金、项目基金，对高等教育国际化予以支持。例如，美国设立了"教育与文化教育交流""富布莱特项目""本杰明·吉尔曼国际奖学金项目""国家安全教育项目""高等教育法第 6 款项目""富布莱特—海斯项目"等，通过这些基金项目，众多的美国学者、学生走出国门，到其他国家去学习交流，从而传播了美国的影响力。而美国也通过这些项目，吸引了世界大批的精英人才，对其进行潜移默化的影响，为未来美国对外关系的发展埋下了伏笔。不只美国政府如此，其他国家的政府也对高等教育国际化给予高度的重视，纷纷大力予以支持。正是得益于政府的重视和推动，高等教育国际化才在世界范围内得到了快速的发展。

5. 社会力量的推动

在高等教育向国际化发展的过程中，社会力量也发挥了重要的影响。一方面，从国际上来看，众多国际组织在推动高等教育国际化中发挥了重要的作用。例如，联合国教科文组织，其通过自身的渠道和能力，定期组织由各方参与的区域性或世界性会议，积极促进国家之间在教育领域进行广泛的沟通与交流。国际教育局（IBE）、经济合作与发展组织（OECD）、国际劳工组织（ILO）等国际组织在推动国际教育问题研究、教育改革等方面也发挥了积极的作用，有力地推动了世界高等教育国际化的进程；另一方面，各国国内的社会力量也促进了本国高等教育国际化的发展，这主要体现在公众的国际意识不断提高。借助互联网、电视等媒介，各国间的时空距离被极大压缩，任何地区发生的事情在很短时间内就会被世界所知晓，其他地区发生的事件也可能会传播到本国从而影响民众的生活。在信息化时代，民众越来越多地关注国外的事件，也越发使得民众意识到在教育中需要培养学生的全球公民意识，培养出具有丰富广泛知识背景的高素质人才。公众对国际意识的重视程度不断提高，社会对高等教育国际化的期许不断高涨，这也从另一方面推动了高等教育向国际化的方向不断发展。

在推动高等教育国际化的过程中，教育界起到了重要的作用。作为高等教育中的研究者与实践者，广大学者以及教师分析时代所发生的变革，思考了高等教育面向国际化的外在压力与内在动力，为高等教育实现国际化提出了建议与对策。极富远见的教育家们意识到全球化时代的到来，而高等教育为未来社会培养出适应国际化所需的人才，努力向国际化转变是高等教育对时代要求的积极回应。

（二）内部因素

高等教育国际化一方面是高等教育为因应全球化带来的外部挑战，另一方面也是高等教育自身发展逻辑的延伸。

1. 高等教育内容的国际化

知识、教师、学生、信息与技术等是高等教育的主要内容。知识具有普遍性的特点，知识的传授与散播并不囿于国界的限制，这使得高等教育作为知识的传播者和发展者，在世界范围内推动了知识的交流与传播。教师作为传播知识、进行教学科研的行为体，肩负着推进高等教育的重要职责。高等教育对教师提出的要求是：学术研究上不断创新、知识储备不断丰富、授业能力不断提升。这就要求教师能够获取最新的信息动态、研究成果，丰富与更新自身的知识体系，努力保持在学术的前沿。要做到这一点，教师就不能闭门造车，而是需要与世界范围内的学者进行深入的探讨，积极投入到国际合作与交流之中。学生是高等教育的接受者，其在高等教育中获取的是知识及能力，在全球化的今天，学生对于世界各地产生的新知识的渴求更为明显。大学需要为学生获取新知识提供条件与平台，使他们有机会了解其他国家与民族的政治、经济、文化、社会等方面的情况，与其他国家的师生进行无限制的交流，以提高自身的知识与素养，成为具有国际化视野的、符合时代要求的高素质人才。

2. 经济利益的驱使

高等教育机构包含营利性与非营利性两种。那些营利性的商业学校实施国际化的重要动机之一就是获取利益。从实际的操作上来看，营利性的高等教育机构往往通过在海外建立学校、收购别国学校、与别国的公司或教育机构合作等方式，在别国的教育领域建立自己的品牌与影响力，又因为这些教育机构自身的国际化背景，对所在国的学生形成了很强的吸引力，因此可以通过提供国际化的教育来获取高额的收益。在营利性机构为利益纷纷参与到高等教育国际化中的同时，传统的非营利性教育机构也在国际化的浪潮中加入到国际教育的市场中。根据调查，"这些非营利性教育机构国际化的主要动因虽然不在于财政因素，而是为加强科学研究，扩大知识容量，提高文化互认度以及达到其他一些相关的目标，但是也有很多大学是由于政府缩减公共拨款资助，鼓励学校向海外拓展（比如澳大利亚和英国），而加入了国际化行列。"① 高等教育国际化带来了大量外国学生，许多国家（如英国、澳大利亚、加拿大和美国）向外国学生收取高额的学费，为留学目的国带来了直接的经济效益；而这些留学生大部分都是其母国的精英，拥有着良好的教育背景以及优秀的素质，他们在留学的过程中给留学目的国带来了大量优质而又相对廉价的劳动力，为留学目的国创造了巨大财富。高等教育国际化可以带来巨大的利益，绝大多数国家都参与到高等教育国际化进程中，其中欧美国家因为自身的发展优势，具有优质的教育资源以及强大的吸引力，因而在高等教育国际市场中占据着主导性地位，而亚洲、拉丁美洲等发展中国家和地区则处于边缘地位，成为教育资源的购买国。教育的相关附属机制也为高等教育国际化创造了更大的财富，例如，外语培训、语言能力评价与认定、教育资格认证等都充满着商机。正是因为存在着高额的利益，高等教育国际化才拥有了巨大的动力。在经济利益的驱动下，美国的许多学者和教育机构极力赞成把高等教育视为一种可以买卖的商业性产品。如，美国的教育国际贸易全国委员会（The National Committee for International Trade in Education）、美国商业部服务业办公室（The US Department of Commerce's office of service Industries）和一系列以营利为主的教育举办者支持这一建议。

3. 满足受教育机会

随着国家发展水平的不断提高，社会对于高等教育的需求也日益强烈。但是因为教育资源分配的不平衡，有些国家存在着高等教育供给能力不足的问题，致使其国内对于高等教育日益增长的需求与本国供给能力的不足形成了矛盾。"高等院校系统全球性地联结起来，英语作为科学交流和教学通用语言的使用，特别是当与国际互联网（Internet）结合起来后，使得交流更加便捷和迅速。跨国高等教育机构的出现也使快速传播新课程和变革成为可能，并且使那些缺乏充足的教育举办者的国家满足其学生和国家经济的迫切需求成为可能。"② 因

① 皮特·斯科特著.周倩等译.高等教育全球化理论与政策[M].北京：北京大学出版社，2009.
② 菲利普·阿特巴赫，[美]佩蒂·M·彼得森著.陈艺波等译.新世纪高等教育全球化挑战与创新理念[M].青岛：中国海洋大学出版社，2009.

而面向高等教育供给不足的国家，为这些国家的学生提供高等教育的机会，也成为高等教育国际化的重要内容。

4. 软实力的内在需求

软实力是相对于硬实力而言的，硬实力通常指的是政治军事等传统的国家实力，而软实力则是指国家的文化、价值观以及国民的凝聚力，是一种"同化式实力，是一个国家思想的吸引力或者是确立某种程度上能体现别国意愿的政治导向的能力，文化、意识形态以及社会制度等，与军事和经济实力这类有形力量资源相关的硬性命令式力量形成鲜明对照。"① "软实力强调的是吸引力而非强制力，通过让其他人认同自己，或者认同自己制定的规则，使其追随自己。对一个国家来说，如果可以对他国产生强大的吸引力，鼓励其他国家遵守制定的规则，那么这个国家就可以不需要增强传统的经济军事等硬实力就可以来影响其他国家。"② 高等教育作为国家软实力的重要组成部分，在软实力重要性不断突显的今天，推动着对高等教育重视程度的不断提高。然而高等教育只是国家软实力资源，若将软实力资源转化为软实力影响力，则需要借助高等教育国际化的方式来推广高等教育的影响。所以，国家对于软实力的追求也会推动高等教育国际化的不断发展。

第二节　高等教育国际化的核心要素

通过对高等教育国际化评价指标的梳理，可以发现，虽然这些指标关注的视角、内容千差万别，但是有一些指标在大多数评价体系中都存在，受到学界、教育界的普遍重视，是评价高等教育国际化的核心指标，主要有以下几个方面。

（一）理念与目标的国际化

在发展高等教育的过程中，秉持何种理念，意图实现何种目标，将会直接影响到高等教育的发展方向，所以理念与目标是评价高等教育国际化首先应当考虑的问题。高等教育国际化的前提是国际化的教育理念，即应该超越本土或区域的视角，从全球、整个国际社会的视角来看待教育发展的问题。教育并

---

① 陈学飞.关于高等教育国际化的若干基本问题[C].北京高校引进国外智力工作文集（第一辑）.北京大学，2004.

② 汪霞，钱小龙.美国高等教育国际化的现状、经验及中国对策[J].全球教育展望，2010（11）:57-64.

不应该仅仅关注知识的传递，而是应该关注整个世界的发展与变化。只有在教育上坚持国际化的理念，才会在行动上寻求实现教育国际化的道路。同时，高等教育不仅仅是大学的一项活动，也是全社会共同的责任，因而除了学校的决策层需要具有国际化的教育理念之外，社会民众也需要具有国际化的意识，充分认识到高等教育国际化的长久意义，只有政府、社会、学校三者都坚持国际化的意识，形成一种国际化的氛围，才能给高等教育国际化的发展筑起坚实的基础。因而，高等教育的发展理念首先需要实现国际化。除了具有国际化的教育理念之外，在发展高等教育时也必须坚持教育目标的国际化。高等教育目标的国际化则是强调对学生进行国际化的培养：一方面需要培养学生的国际化意识，即在对学生进行教育时，不能只关注于本土的内容，而是要引导学生，加强学生对不同国家、不同民族、不同种族、不同文化的理解力，培养学生的多元化视角，引导学生从全人类的角度来分析和判断问题；另一方面则是培养学生的国际化能力，使大学培养出的学生能够掌握在国际社会工作中所必需的知识与能力。这其中，外语能力的培养是各国各大学尤为重视的。另外，除了培养学生优异的外语能力外，善于管理，掌握国际贸易、金融、法律等相关知识，具有敏锐的观察力与较强的国际意识，能够迅速适应国外生活与工作环境，具备与国外公司进行沟通、交流、协商的能力，也是高等教育国际化意图实现的目标。培养目标的设置影响到高等教育国际化的发展方向与未来，因而发展高等教育持何种理念、追求何种目标是考察高等教育国际化水平的一个重要评价标准。

（二）人员的国际化

高等教育国际化的另一个重要衡量标准是人员的国际化水平。高等教育中的人员包括学生与教师两部分。从学生来看，留学生的数量与规模是衡量一所大学国际化水平的直观和重要指标之一。例如，美国高等教育国际化就突出表现在留学生的数量和规模上。在吸引国际学生的同时，向国外派遣本国学生留学也是高等教育国际化的重要表现。本国学生通过去国外留学，拓展了国际视野，丰富了教育经历，也推动了国内外高等教育的交流发展。

从教师方面来看，因为教师在高等教育中占据着举足轻重的地位，因而高等教育国际化也必须实现教师的国际化。一方面是培养本国教师的国际化视野、国际化背景、国际化素养，这就需要将教师派往国外进修或访问，以此来提升教师的能力，丰富其教学与科研经验，改进教学方法，提升教学质量；另一方面则是丰富师资构成结构，吸纳高素质的国际教师加入，组建具有国际化特色的高素质的教师队伍。学生与教师作为大学的主体，其国际化水平与规模直观地展现了一所大学、一个国家的高等教育国际化水平，因而这一指标也是评价高等教育国际化的重要指标之一。

（三）课程内容的国际化

课程作为知识的载体，是教育的重要环节和组成部分，课程内容决定了高等教育实施的效果，因而课程内容的国际化程度也直接影响到高等教育国际化程度，其在评价高等教育国际化上又是一个不可或缺的指标。经济合作与发展组织在一份有关高等教育的报告中指出高等教育的课程国际化应包括以下方面：（1）课程内容需要具有国际学科的特点；（2）通过国际的比较方法扩大传统学科的领域；（3）培养学生的国际职业技能的课程；（4）凸出外语的重要性，培养跨文化交流能力的课程内容；（5）扩大国家及地区议题的研究；（6）培养学生获得国际专业资格的课程；（7）联合培养或者双学位课程；（8）外籍教师的主体地位；（9）海外学生的课程设计。从总体上来看，高等教育课程内容的国际化，强调在教学中的国际意识培育、传授知识的国际化、重视外语学习等特点，这也正是高等教育国际化所要努力实现的目标。

（四）交流与合作的国际化

国际化强调交流的重要性，高等教育国际化也突显了交流国际化的重要性。

高等教育在发展过程中不能闭门造车，只有通过与外部大规模的交流与沟通，吸收国内国际高等教育发展的先进成果与经验，才能在国际化的道路上快速前进。所以，交流与合作的国际化程度反映出一所大学获取新知识、发展经验及先进成果的能力，是评价高等教育国际化的另一个重要评价指标。

高等教育的交流与合作主要表现在以下几点：（1）国际合作，主要是通过国际组织的沟通、协调、组织，各国各大学之间进行跨国跨地区的教学与科研合作；（2）大学间的合作，主要是各国的大学之间共同完成合作研究与教学实践；（3）人员之间的合作与交流，即邀请国外的专家、学者、教师前来访问讲学或派遣本国的人员出国留学进修访问等；（4）国际会议交流，本国学者参与国内外的各种学术会议、研讨会等学术活动的规模与水平。另外，现代通信技术的发展使得生活发生了巨大的变化，也使得高等教育的交流方式有了天翻地覆的改变。信息时代的到来使得国际化的交流与合作变得十分便捷，各国在教育资源的共享方面获得了有利的条件，MOOC 的出现正是技术发展带来的高等教育交流方式的巨大变化。MOOC 是大规模公开线上课程（massive open online courses）的简称，是"大型网络课程关联主义学习理论和连接的知识"。① 通过 MOOC 系统，学生按照自己的意愿从协议签署学校所提供的网络课程中选择自己的个性化学习方案，而后通过学习、完成作业，即可获得学分并获得学位。如今这种网络课程已经成为了世界高等教育发展的一种趋势，著名大学都在大力发展网络大学，并在此基础上构建虚拟大学，实现在国际范围内的教育资源的交流与共享。教育理念与教育目标、学生与教师、课程内容、交流与合作这四个方面是任何一所大学在推进国际化进程中所必须重视的四项内容。教育理念与教育目标的国际化是前提保障，为高等教育国际化的发展提供了基础，直接决定了高等教育国际化的发展方向及成败与否；学生与教师作为高等教育的主体，其国际化水平直接反映出大学的国际化水平；课程内容作为高等教育的重要环节，直接影响了高等教育的效果，课程内容的国际化是高等教育国际化的关键环节；国际合作与交流是高等教育发展的依托，也是高等教育国际化对高等教育发展提出的基本要求。教育理念与教育目标、学生与教师、课程内容、交流与合作这四项内容是高等教育国际化的关键所在，需要给予高度的重视，努力有所突破，才会推动高等教育国际化的快速健康发展。

第三节　高等职业教育国际化的基本理论

一、高等职业教育国际化的基本概念解析

（一）高等职业教育

高等职业教育，是一个有中国特色的概念。世界上其他国家很少有人使用这一名词。从 1997 年推出的"国际教育标准分类"最新版本—修订本第 3 版（Revised VERSIONIII）来看，对原版本中的三级分类系统做了较大的调整，提出了新的教育层次分类方案，将整个教育体系划分为 7 个层次和 3 种类型。在"标准分类中"，高等教育处于第 5 层次，分为 A、B 两类，ISCEDSA 层次的课程具有较强的理论基础，并提供足够的资格证书使之能进入高等研究课程和高级技术专业的职业；ISCEDSB 层次的课程实际上是一种职业定向的特殊课程，主要设计成获得某一特殊职业或职业群所需的实践技术和专门技能——

---

① 樊文强.基于关联主义的大规模网络开放课程（MOOC）及其学习支持[J].远程教育，2012（3）:32.

对学习完全合格者通常给予进入劳动市场的有关资格证书^①。由此可见，"国际教育标准分类"最新修订本中的 5B 是我国当前所强调的要积极发展的"高等职业教育"。它是以培养具有一定理论知识和较强实践能力，面向基层、面向生产、面向服务和管理第一线职位的实用型、技能型专门人才为目的的职业教育，是职业教育的高等阶段。

国内外对高等职业教育的定义都是从其类别性和层次性两个角度界定的，认为高等职业教育是由"高等教育"和"职业教育"相结合形成的，同时具备"高等教育"和"职业教育"二者的属性。一方面，高等职业教育属于职业教育。相对于中等职业教育而言，它是一种以较高学历为基础的更高阶段的职业教育，接受高等职业教育至少要获得高中学历或高中同等学历。其具有明确的培养目标，即培养具有一定文化、理论知识和较强实践操作技能的人才，同时也能够胜任一线服务的工作；另一方面，高等职业教育又是高等教育的一种类型，与普通高等教育不可等同。高等职业教育不能简单理解为是普通高等教育的低级或高级层次。高等职业教育培养的是实用型和技能型的专门人才，这是高等职业教育与普通高等教育的根本区别所在。

（二）高等职业教育国际化

在职业教育领域，不同的学者对高等职业教育国际化的含义有不同界定。有一种观点认为：国际化是高等职业教育的内在属性，在经济全球化的大背景下，高等职业教育国际化是各个国家（地区）在技术应用性教育方面相互交流、相互借鉴的过程，是加强国与国（地区）之间交流与合作的重要方式之一。赵龙祥^②提出，高等职业教育国际化是一个国家在发展和提升国内职业教育总体水平的基础上，再向国际教育市场寻求更好的资源、经验等内容，是把不同国家的、不同民族的、不同文化的、全球的观念融合到本国职业教育教学、实践和服务等作用中，提高本国办学水平的过程。笔者认为高等职业教育国际化是指职业教育的合作与交流，它要求将我国职业教育的发展和改革融入世界职业教育发展的大浪潮中，树立国际眼光，强化与不同国家（地区）的职业教育的交流与合作，确保教育资源之间互通有无，以培养国际化专业技能人才为重要目的。

（三）区域

"区域"是一个空间地理的概念，通常按地理特征来划分地域单元，在这

---

① 赵龙祥.论高等职业教育的国际化[J].江苏经贸职业技术学院学报，2005（4）:19-22.
② 同上。

些地域单元内，有一些共性的地理特征。作为这一概念的延伸和运用，政治学上按照行政权力的覆盖面，将"区域"定义为行政单元。社会学上则把"区域"定义为具有共同社会特征（如语言、宗教、民族、文化）的人类的聚居社区。经济学对区域有多种定义，可根据资源、市场、运输成本、人口等经济要素进行划分。由于自然条件、生产力发展水平、社会状况、历史传统、文化背景等诸多因素的差异，依据不同的区位因素划分的行政区域、经济区域和教育区域不完全一样，他们之间有区别也有联系。某一区域的教育系统是该区域社会发展中的一个子系统，前者必须适应后者的发展，并受到后者的制约。因而，行政区域、经济区域是教育区域的基础。

目前我国有关区域的划分方法有多种，比较通用的有三种：第一种是指省级行政区域；第二种是按照国家统计局在全国经济普查时采用的东部、中部、西部三分法；第三种是依据现代化战略研究中心中国现代化报告课题组采用的发达地区、中等发达地区和欠发达地区的分类方法，该分类法的指标包括：人均国民生产总值、农业增加值比重、第三产业增加值比重、农业劳动力比重、城市人口比例、每千人口医生数、婴儿存活率、预期寿命、成人识字率、大学普及率等。由于教育受社会经济发展水平的影响较大，因此，本书对区域高等职业教育国际化研究中的"区域"界定采用的是第二种分类方法。

（四）高等职业教育国际化构成要素

高等职业教育国际化要素包括国际化教育理念、国际化专业设置、国际化课程实施、国际化师资队伍、国际交流与合作。

1. 国际化教育理念

简而言之，国际化教育理念就是落实高职院校在管理、教学、科研等方面的"走出去、引进来"模式。高职院校通过让高校管理者"走出去"开阔视野，进行学术交流，学习世界上职业教育治学水平较高的国家的经验与成绩。同时，高职院校还要积极引入国外优秀院校的培养观念和培养目标，做好培养理念"引进来"。

2. 国际化专业设置

高职院校借鉴国外职业院校的专业设置标准，在院内开设一定数量的，与国际行业、职业相匹配的专业。不仅有利于我国本土高职院校迅速提高办学实力，而且有利于增强高职院校对生源的吸引力。

3. 国际化课程设置

对于高职院校的学生而言，他们是国际化课程设置中最大的受益者，学生们通过院校开设的国际课程，使用该课程在国际领域的通用教材，接受国外教师的讲解，使学生不用走出国门，在学校的课堂教学中就能体验国际化。

4.国际化师资队伍建设

国际化师资队伍是高职院校发展的根本保障，高职院校的国际化人才培养主要依靠教师的引导来逐步完成，无论是国际化知识的讲解、国际化技能的实践，还是国际交流合作的运行，都需要专业知识过硬和外语功底扎实的教师们来协同实现，没有具备国际化能力的教师支撑，高职院校就难以实现培养国际化人才的目标。

5.国际交流与合作

这是高职院校国际化人才培养的关键环节，由于高职院校培养的技术型、应用型人才最终都要走向行业、企业一线岗位，因此以高职院校为平台开展的校企合作及与跨境学校合作办学项目，其实践意义巨大。高职院校的学生，无论专业与年纪，只要经过自身的努力，通过家庭的支持与学校的赞助，都有机会参与到国际化交流与合作项目中，进行语言学习、攻读学位，或是文化交流、岗位实习。学生们在这些国际化培养活动中，开阔了视野、增长了自信、弥补了本土高职教育中的缺失，国际化培养的这段经历对他们来说受益终生。

二、高等职业教育国际化的相关理论基础

（一）依附理论

依附理论最初是在20世纪50年代从拉丁美洲的研究中提出来的，并在随后的60—70年代得到发展并日趋成熟。通过政治和经济相结合的角度，依附理论阐述了发展中国家与发达国家之间存在一种依赖关系。依附理论按照立场和主张的不同，可分为改良主义、激进主义和正统主流依附理论三种不同的流派。改良主义依附论理论的主要代表为巴西学者卡尔多索（F.H.Ggardoso）。他的观点是发展与依附不是相互对立、相互排斥的两个范畴，而是相辅相成的状态。发展中国家不应该盲目地摆脱发达国家的经济体系，而应该充分利用发达国家经济体系来为其创造发展的条件。激进主义依附理论的主要代表是美国著名经济学家弗兰克（Gunder Frank）和埃及著名经济学家阿明（Samir Amin）等。他们认为西方化的现代化理论的本质是经济体系一体化的过程，它将发展中国家纳入以西方发达国家为主导的经济体系中。该理论指出了发展中国家的经济体系受到发达国家的制约和剥削，这种制约和剥削是导致发展中国家贫穷落后的关键因素之一。同时，该理论建议发展中国家如果需得到进一步发展，可通过脱钩的方式来摆脱对发达国家的依附，这是一种行之有效的方法和途径。正

统主流依附理论的代表人物是巴西著名社会学家多斯桑托斯（T.Dos Santos）。在他的观点中，依附理论的主体是经济和贸易存在明显差异的两个国家，通过国际交流与合作，经济条件较好的一方可以提升和强化自己，而相对落后的一方则只能依附于另一方。

通过上述研究可以看出，教育国际交流与合作过程中出现的不平衡性与不平等性等特点正在引起国际社会的重视。这也可以为发展中国家与发达国家开展高等职业教育的国际交流与合作提供建议。鼓励发展中国家突破高等职业教育国际化中出现西方化的限制，引导发展中国家学习发达国家的教育模式或提出全新的教育模式。

（二）比较优势理论

经济学主要创立者亚当·斯密先生在《国富论》中提出了绝对优势理论。基于绝对优势理论，著名学者大卫·李嘉图在《政治经济学及赋税原理》一书中论证了比较优势是决定国际贸易的基础这一观点。在绝对优势理论的基础上，建立了比较优势理论。比较优势理论的内涵是：在两个国家之间，劳动生产率的差距并不是在任何产品上都是一样的。当各国之间的劳动生产率存在一定的差异时，生产成本和产品价格也会出现相对差别，这也使得各国在不同的产量上具有比较优势。因此，每一个国家应集中生产和出口具有比较优势的产品，进口具有比较劣势的产品。绝对生产成本差异是各国进行国际分工和贸易的基本依据，各国资源利用率、劳动力和资本效率将实现最大化，这也带来了劳动生产率的极大提升，同时各国的物质福利也有所增加。比较优势理论可以用来解释国际贸易形成和发展的原因，它也被认为是西方国际贸易理论的基础，可作为主要的分析手段来研究现代国际贸易服务，这在高等教育国际交流与合作中也有所体现。例如，美国与中国相比，其在 MBA 教育以及其他一些科学技术学科上拥有绝对优势，但并非世界各地的学生都去美国学习，仍有不少欧美国家学生来我国留学。究其原因是由于我国的比较优势，尤其是学费较低起到了关键性的作用，低学费突出了我国高等教育在教育服务中的比较优势。也就是说，各国在国际教育服务中都应充分发挥各自的绝对优势，加强教育开放，缩小教育差距，提高教育质量，对教育供需的每个关键因素进行权衡和分析，发挥自己的特长和特点使其成为比较优势，才能在国际教育服务贸易中得到提升和发展。

（三）开放系统理论

20 世纪 50 年代，开放系统理论被提出并逐步发展和完善。开放系统理论的基础是贝塔·郎菲提出的一般系统论，一般系统论将组织看作开放的系统，认为组织的设计和活动是一个具有生命力的机体，并不是一成不变的。一般系统论的前提条件是组织系统与其所处的复杂多变的外界环境之间存在着物质、能量和信息等多方面的交流。组织系统与其所处的外界环境之间存在着相互依赖的关系，该依赖关系是开放系统理论所关注的内容。开放系统理论着重强调开放的组织与所处的环境之间的特殊关系，开放的组织系统理论取代了封闭的组织系统理论，是后续组织理论发展的基础。将这种开放系统理论用来讨论各个国家之间开展的高等职业院校国际交流与合作的活动是一个全新的视角。高等院校可以看作是一种组织机构，是一个完善的系统，必然和他所处的外界环境间，即与其他国家的高等院校之间发生能动的相互作用。高职院校国际交流与合作是将高等教育看作是一个开放系统的结果。高等教育组织系统开放程度目前有三种主流观点，即相对平衡态、近平衡态和远离平衡态。高职院校如果要成为一个动态有序的开放性组织系统，其基本条件是全面实行开放政策，加大教育的交流与合作力度。通过交流与合作获得丰富多样的物质、能量和信息，从而进一步推动院校建设，提升办学声誉和办学水平。

（四）人力资本理论

20世纪60年代人力资本理论兴起，典型的代表人物有西奥多·舒尔茨（Theodore Sehultz）、加里·贝克尔（Grys Becker）、罗默（P.E.Romer）和卢卡斯（R.E.Lucas）等。人力资本理论有以下三个主要观点：一是，人力资本理论被认为是经济学的核心问题，它认为所有资源中最为重要的一种是掌握了知识和技能的人力资源。奥多·舒尔茨界定了人力资本的定义，认为其是通过投资形成的，劳动者身上的技能、知识及体力（健康）等均属于人力资本。而人力资本投资中最重要的组成部分就是教育投资。二是，相比物资资本，人力资本在经济增长中占据的比例更为重要。人力资本投资也是影响国民收入的关键因素，教育投资能大大提高国家的劳动生产率或人均产出。三是，教育投资也要符合市场供求规律。劳动者知识与技能资本的获得是人力资本理论所强调的。国家需要通过对教育的投资来促进经济的增长，以加强国民知识和技能的储备。因此，在全球高等职业教育国际化进程中，世界各国首先应提高高等职业教育投入，充分开发和利用本国人力资源。另外，也要着重建设高质量的高等职业教育资源，吸纳世界各地的优秀人才。这是国家经济快速发展的动力，也是建设高等职业教育强国的基础。

第四节　区域高等职业教育国际化的动因分析

一、区域高等职业教育国际化发展动因分析

（一）经济全球化的推动

随着生产力、信息技术、市场贸易和国际贸易的快速发展，经济全球化的影响愈加突出。经济全球化不管是对各国经济还是对社会、文化和教育都产生了深刻的影响。经济全球化发展这一趋势是各个国家都无法避免的，并且都要积极参与其中。由于经济全了球化的发展，各国面临着全球性的激烈竞争。为了能够更好地顺应经济全球化的发展并在激烈的竞争中突出自身优势，国家经济和先进生产力的发展都需要高素质和高技能的人才，这便需要高等职业教育应对全球化的要求作出必要的回应。高等职业教育的发展也必须要顺应全球化的发展，不断优化调整自身发展目标和组织形式，提高自身竞争力水平。经济全球化的发展促使各国间经济、文化和教育之间的合作交流更加频繁，各国教育领域和劳务市场不断向国外延伸，职业教育的国界性也随之淡化。在经济全球化的推动下，职业教育已经从本国市场跨向国外市场，走上国际化发展道路。现如今，各国和各地区的职业教育体系正跨越国界、跨越文化和民族朝向一体化发展趋势前行。国际交流与合作便成为了教育国际化发展的重要和必经路径。高等职业教育参与国际化，能培育出具有国际视野、国际竞争力和通晓国际规则的国际化人才。

（二）政策法规的指引与支持

在国家社会经济发展的进程中，高等职业教育发挥着不可或缺的重要作用。职业教育的发展离不开国家政府部门的大力支持，需要各级政府部门将职业教育的发展作为工作中的重要一环。开展国际交流与合作是职业教育走向国际化道路的必要措施，国家政府部门也早已意识到此举的必要性，并出台了一系列政策措施来指引和支持高等职业教育开展国际交流与合作。在出台的《国家中长期教育改革和发展规划纲要（2010—2020 年）》中，提出要"加强国际交流与合作。坚持以开放促改革、促发展，开展多层次、宽领域的教育交流与合作，提高我国教育国际化水平。"在《职业教育与继续教育 2017 年工作要点》中也明确提出"深化国际交流与合作。研究制定推动职业教育与企业协同走出

去的政策措施。加强与重点国家、国际机构的政策对话与项目合作。鼓励职业院校与国外知名学校、职业培训中心开展双向合作。积极参与制定职业教育国际标准。推动职业院校教师和校长出国培训工作。"党中央、国务院发布的《关于做好新时期教育对外开放工作的若干意见》也对新时期教育对外开放工作进行了重要部署,"一带一路"倡议也表明了教育国际化发展的重要性。

为配合国家政策,部分省市和区域也相继发布了推进教育国际化战略的文件,例如江西省发布了《江西省中长期教育改革和发展规划纲要(2010—2020年)》,浙江省、广东省、湖南省也明确表明支持职业院校引进国(境)外高水平专家和优秀课程资源,鼓励区域内学校与国外学校进行教师互派、学生互换。鼓励各类学校与国外有比较优势的同类型学校开展多种形式的合作。支持职业院校与国外一流职业院校合作办学,培养高水平技术技能人才。从国家和部分省发布的政策来看,都表明了鼓励教育对外开放和支持职业教育国际交流合作的明确态度,为区域职业院校开展国际交流与合作提供了良好的政策保障。

(三)区域社会经济发展的需求

第一,区域经济利益的驱动。教育国际化经历了从个人对知识的普遍追求到国家或地区对国外教育国际化优秀经验与做法的学习借鉴的发展过程,转变的过程中区域经济与政治利益起到重要作用。在高等教育大众化日益普及的背景下,高校办学经费与日俱增,不少国家教育财政资金吃紧,而高等教育国际化则为高校办学贡献了不少经费,渐渐成为一国高等教育财政的重要收入之一。同时,随着经济发展速度的加快,对科技与知识的需求增强,产业结构也面临着迅速更新换代的局面,这就导致全社会对高水平、高层次人才的需求不断加大,但是一些发展中国家的教育水平尚跟不上人才培养的需求,这就为开展世界范围的教育贸易服务创造了条件。目前,教育服务贸易已成为许多发达国家重要的出口产品。美国高等教育服务和培训不仅为本国培养人才,同时也积极面向国际吸引人才,教育服务及培训产业发展所得的利益对促进美国高等教育的发展具有重要意义。在《高等教育资金筹措法》《海外留学生教育服务法案》和《高等教育法》陆续出台之后,澳大利亚之前的免费招收留学生政策被"教育服务出口政策"所代替,衍生了教育服务贸易这一新兴产业。毋庸置疑,美国、英国和澳大利亚是世界上最受海外学生欢迎的留学国家,也是最有实力提供教育和培训服务的发达国家。发展至今,已有越来越多的国家纷纷开展引进留学生等多项服务,在经济利益的驱动下,区域高等职业教育走向国际化也成了必然。

第二,区域社会发展的需求。教育国际化不仅会受到本国或地区社会经济发展的影响与制约，随着区域开放性的增强，教育国际化还会受到世界政治经济文化发展的影响。当今世界局势复杂，矛盾丛生，但各国的交往与沟通却更加频繁，这就为教育突破国界和本国政策的束缚，实现教育跨国界的交流与往来创造了更多便利。随着经济全球化进程的加快，人才竞争日益加剧，而培养具有国际意识和国际视野的高水平人才也渐渐成为世界教育发展的共识，这也为高等职业教育走向国际化创造了优越条件。就文化发展而言，无论是民间交流还是政府间交流从未间断过，随着交通与通信技术的发展，世界范围内的交流变得更加快捷与方便，这也为创造世界范围内的认同提供了便利条件。教育作为文化交流与传承的载体，自然承担了更多交流与合作的责任。就科技发展来看，随着知识经济的兴起，对创新人才的需求不断增强，大学生作为知识创新的主体，渐渐成为各国创新力量的源泉。各国的科技之争也渐渐演变成高等教育之争。因此，无论从社会政治、经济、文化还是科技因素来分析，高等职业教育走向国际化已成为必然。

经济全球化对地方经济的推动是高等职业教育国际化的主要动力，经济全球化促进了地方生产、销售及管理与服务的国际化，这就推动了高等职业教育向国际化方向发展。换句话说，高等职业教育国际化的主要动力是地方经济的发展要求，而不是在高等职业教育内部产生的，与地方经济社会发展要求相脱节，这也就意味着高等职业教育在走向国际化道路上，最强大的外在动力就会失去，所以，在某种程度上适应地方社会经济的发展是高等职业教育国际化的重要任务。在国际化与地方性两者之间，地方性才是目的，国际化是达到目的的手段。高等职业教育要走国际化道路，首先，要抓住国际化是为地方经济服务的基础。高等职业教育的发展要保持中国文化的特点，这样才能为高等职业教育国际化指明正确的方向；其次，在实践层面上，要多关注地方社会经济发展的最新动态，与教育市场的特点和规律相结合，采取相应的有效措施。地方经济的发展是高等职业教育的国际化和地方性的驱动力。

（四）区域高职教育改革创新的内部需求

高等职业教育自身的持续性发展，是促进我国高等职业教育国际化的内在动力。我国高等职业教育起步晚，发展时间短，基础较差。高等职业教育体系还不健全，培养目标、教学内容、师资、课程结构、设施等均存在不足，高等职业教育国际化经验还有所欠缺，职业教育资源还有待重新优化，国际市场竞争力还不强。我国要认真学习和借鉴国外高等职业教育改革方面的有益经验，以促进我国高等职业教育改革的进一步深化。第一，深化我国高等职业教育改革，要有国际化、法制化的观念，建立一种开放的教育模式，培养国际化人才。

第二，我国高等职业教育的课程设置、教学体制等方面还有许多不足，仅仅依靠自身力量进行改革是不够的，必须借助外力即国际化的力量，使我国的高等职业教育在教育理念、培养模式和课程教材上依据国际化的要求进行调整和改革。第三，高等职业教育正在进入国际合作。世界各国都在逐步调整本国的职业教育发展战略，采用高等职业教育国际交流与合作、扩大留学生规模、海外建立分校等方式走国际化道路。我国的高等职业教育要增强国际竞争力，也需要按照国际标准，融入教育国际化发展的大浪潮中。许多发达国家如澳大利亚、德国等高等职业教育已经取得很大成功，有很多值得我们借鉴的地方。因此，要大力推进高等职业教育国际化进程，认真借鉴世界上发达国家的成功经验，同时通过相互交流与合作，更新思想观念，提高我国高等职业教育水平。

区域高等职业教育国际化要根据区域特色构建区域国际化发展模式，根据院校自身功能定位选择国际化发展策略，走出一条特色个性的道路。一是打破旧体制和传统观念，对国外职业教育成功的办学经验进行学习和借鉴，以开放的态度大胆地进行改革创新。二是要具有国际性和开放性的思想观念和视野，创建开放的教育模式和培养国际化人才的目标。三是通过进行国际交流与合作借鉴他国成功的办学经验并结合院校自身实际情况，按照国际化要求优化区域教育理念、培养目标、教学模式、课程设置，以迎合国际市场，提升自身竞争力水平。四是积极参与高等职业教育国际性合作项目，调整职业教育发展战略。通过进行国际交流与合作、合作办学、互访交流、扩大留学生规模、参加国际性学术会议、科研合作等方式加入职业教育国际化发展队伍。五是根据国际化发展要求和国际化标准进入国际市场，积极与国外院校进行合作交流，走国际化发展道路，通过整合利用国外先进的资源，一方面能有效缓解地方高职院校招生和就业的压力，另一方面可有效提升区域办学实力和国际化办学水平。

（五）国际市场对国际化人才的需求

近年来，职业教育发展面临着国际市场竞争的优胜劣汰。目前，高素质人才资源的竞争日益激烈，原有的国际界限日益模糊，整个劳动力的就业市场已逐渐面临着"重新洗牌"的新格局。比如近年来，世界旅游业的发展速度不断呈现出高增长的趋势，因此，旅游业需要越来越多的高素质人才资源，随之竞争压力也日益剧增。旅游业就业市场的国际界限越发模糊，大量的国际知名旅游企业开始在国际范围内招聘员工，寻找市场和进行人力资源配置。我国高等职业教育的宗旨是为就业学生的不断成长和发展服务。工作机遇好的工作岗位很多，但有时一些优秀人才变成了一种稀缺资源。在就业岗位的创造、就业门路拓宽的基础上，企业往往更关注高素质人才的培养。如果能拥有国际上承认的就业资格证书，就会具有一定的国际竞争能力，就能从国内人才市场竞争的圈子跳到国际市场发展。这就要求我国的高等职业院校要顺应国际化的发展趋势，在各方面都与国际接轨，培养或培训既能适应国内市场需求，又能在国际市场上充分发挥自身能力的高质量高素质的应用型人才，不断提高人才的国际竞争能力，以更好地适应就业市场国际化的需要。

区域高校也需积极探索对外开放合作的新路径和新模式，并与其他省市共建统一开放的市场体系，共同推进国际合作。要全面对接和融入"一带一路"倡议，与区域优秀企业共同开拓国际市场，培养出符合国际市场要求的高技能高素质的国际化人才，为服务优秀区域走出去提供人才与智力支撑。因此，国际交流与合作是区域高职院校顺应国际化发展趋势的首要选择。通过国际交流与合作，不仅能促进高职院校自身的改革与发展，还能培养出适合国内外就业市场所需的高素质技能应用型人才，从而满足国际市场对国际化人才的需求，提高院校自身发展水平和国际竞争力。

第三章　我国高等职业教育国际化发展历程

第一节　我国高等职业教育发展历史回顾

一、新中国成立前高等职业教育的发展

洋务运动初期，为了向西方学习科学技术，洋务派代表李鸿章、左宗棠等兴办了一些旨在培养技术人才的洋务学堂。实业学堂以培养能够运用机器的技术人才为目标，这类实业学堂是我国近代职业教育的最原始形态。这些学堂培养的人才基本上只会进行一些简单的操作和制造方面的小技能，伴随着大量外国机器的买入，我国需要大量精通有关维修方面的技术人才，这些高技工人才基本上依靠国外引进，为解决高技工人才短缺的问题，洋务派等一些人便开始想方设法在高等学堂中增加这方面课程，这就是高等实业教育形式的出现。清朝末年是我国高等职业教育的初始阶段，到20世纪初已具有一定规模，1909年全国共有高等学校39所，其中高等实业学堂13所，已占当时高等院校总数的1/3。1917年，中华职业教育社成立，职业教育实践开始进入迅速发展时期，不少学校增设了职业科。这个时期的院校不管是在数量方面还是在规模方面，发展得都比较快。1922年之后，高等职业教育进入了崭新的发展期。到1926年，根据中华职业教社统计，当时全国的职业机构大概有1518所左右，高等职业教育机构在这个时期迅速增加，以前实业教育的范畴在各个院校的结构体系方面也有突破，建立起多个行业的机构体系，如农业、工业、商业、海事等等。高等职业教育的办学形式及理论在这个时期还没有发展成熟，但都有了较大发展，整体上来看职业教育发展达到了新中国成立前的顶端。1926至1935年之间，由于中国处于严重的经济危机中，还有之后抗日战争等种种因素的影响，以前的教育机构或高等职业院校，有的停办了，有的被合并了，教育机构

与高等职业院校所剩寥寥无几，这时候我国的高等职业教育处于低谷期，到1949年之前一直是这种局面。

二、新中国成立后高等职业教育的发展

（一）复苏阶段

1949年开始，我国的职业教育稍微有了起色，在以前的基础上开始恢复，并继续改造。1950年，国务院颁布了新中国成立后的第一项专科教育法规——《专科学校暂行规程》，明确规定了专科学校的办学宗旨。在1952年至1953年间，我国专科教育的发展经历了第一次曲折，院系调整后，高等职业技术教育又以专科的形式继续发展。1955年国家提出在办好普通教育的同时，要大量举办正规的从小学到大学的成人教育，于是成人高等教育得到迅速发展。在这一时期，成人高等专业教育和半工半读专科教育就具有了高等职业技术教育的形态。"文化大革命"期间高等职业教育又进入低谷时期。随着改革开放的政策变化，为了适应社会经济发展对应用技术性人才的大量需求，我国高等职业教育进入初创阶段。

（二）初创阶段

十一届三中全会后，在逐步确立社会主义市场的情况下，开辟高层次高等职业技术教育之路，是职业教育战线的一项很紧迫的任务。1985年，中共中央提出"要积极发展高等职业技术院校"。截至1985年底，我国开办了128所职业院校，这时高等职业教育数量开始上升。20世纪80年代末到90年代初，由于高等职业教育进一步发展所需求的条件尚不充分，高等职业教育并没有持续发展。90年代中期，我国社会经济发展水平迅速提高，随着市场上产业结构的不断调整，各个行业对工作人员的知识和技能的要求也逐步提高，也因此为高等职业教育的发展提供了良好的社会环境。

（三）快速发展阶段

20世纪90年代末，在连续几年的高等教育扩招中，高等职业教育得到了跨越式的空前发展。1998年至2003年，全国高等职业教育人数大幅度增长，截至2003年，大约有200万人，占普通高校人数的52.3%。2006年至2007年，我国高等职业院校的数量增长异常迅速，国家还提出建设示范院校的计划，并评选出100所示范院校。这些评选的示范高职院校对全国高等职业院校的改革与发展起了带头作用，影响很大，高等职业教育迎来了一个发展的高潮期。综上所述，新中国成立以来，我国高等职业教育迅速发展，越来越受到政府、学

校、社会的关注，有力地推动了我国高等职业教育走国际化之路。

（四）内涵发展阶段（2005—2013 年）

1. 提出建立现代职业教育体系

2005 年 11 月 7 日，国务院在北京召开全国职业教育工作会议，会议首次提出要发展中国特色的职业教育，建立和完善中国特色的现代职业教育体系[①]。2010 年，《国家中长期教育改革和发展规划纲要（2010—2020 年）》出台，指明了现代职业教育体系必须具备的三个基本属性：要体现经济发展的需求性；要体现终身学习的开放性；要体现职业教育的系统性。2012 年，教育部印发《国家教育事业发展第十二个五年规划》，强调完善职业教育体系结构，促进职业教育与经济社会发展有机结合，加强职业教育与普通教育、继续教育的相互沟通，并提出要改革职业教育办学模式和构建现代职业教育体系试点。[②] 这些政策文件的出台对后续建立和完善现代职业教育体系提供了坚实的基础。

2. 加强职业教育基础能力建设

职业教育基础能力既包括职业学校校园、教学设施设备、学生试验装备等一系列"硬件"，还包括职业教育师资队伍和职业学校管理制度等"软件"。2005 年 10 月 28 日，国务院印发了《国务院关于大力发展职业教育的决定》，11 月国务院召开了全国职业教育工作会议。在新闻发布会上，教育部副部长吴启迪强调：特别突出的有"四大工程"和"四项计划"。100 亿元具体将用于"四大工程"和"四项计划"中。"四大工程"与"四项计划"是全国职业教育工作会议提出的发展职业教育的重大措施，"四大工程"即"国家技能型人才培养培训工程""农村劳动力转移培训工程""农村实用人才培训工程""成人继续教育和再就业培训工程"；"四项计划"即实施好"职业教育实训基地建设计划""县级职教中心建设计划""职业教育示范性院校建设计划""职业院校教师素质提高计划"。教育部强调与国务院相关部门的积极协调配合，推进"四大工程"与"四项计划"的组织与实施，有利于加强职业教育基础能力建设，确保职业教育提升办学质量与水平所需的硬件条件。[③]

---

① 朱永新，王继平．中国教育改革大系．职业教育卷 [M]．武汉：湖北教育出版社，2016:299-301．

② 教育部关于印发《国家教育事业发展第十二个五年规划》的通知．(2012-06-14)[2020-05-16]http://old.moe.gov.cn/publicifiles/business/htmlfiles/moe/moe_630/201207/139702.html.

③ 100 亿将用于职教四大工程和四项计划中．.(2005-11-17)[2020-05-16].http://product.eol.cn/zhao_biao_2284/20060323/t20060323_149767.shtml.

在中央财政的大力引领下，各地方政府对职业教育的投入也在不断加大。在专项职业教育经费的大力支持下，职业院校的基础设施也得到极大改善，并取得显著效果。除政府财政补贴外，国家大力倡导和鼓励社会各界大力进行教育资助，不断拓宽教育筹资渠道。在此种社会氛围下，职业教育的教学条件得到明显改善。

3.推进办学改革，提升内涵与质量

2005年，《国务院关于大力发展职业教育的决定》提出，坚持"以服务为宗旨、以就业为导向"的职业教育办学方针，积极推动职业教育从计划培养向市场驱动转变，从政府直接管理向宏观引导转变，从传统的升学导向向就业导向转变。

2006年，教育部、财政部落实《国务院关于大力发展职业教育的决定》精神，启动实施了"国家示范性高等职业院校建设计划"，按照"地方为主、中央引导突出重点、协调发展"的原则，遴选100所高职院校进行重点建设，这项计划被誉为中国高等职业院校建设的"211工程"。示范性高等职业院校建设计划是加快高等职业教育改革与发展的重要战略举措，有利于鼓励各地根据自身特点采取政策措施，促进高等职业教育持续、健康发展。2010年，教育部印发《中等职业教育改革创新行动计划（2010—2012年）》提出加强校企合作、创新多样化的校企一体办学模式，通过"合并、共建、联办、划转"等方式加强建设，推动规模化办学，建成实力强、规模大、声誉好的示范性职业学校；依托示范性职业学校、行业组织和覆盖行业的企业组建"行业型""区域型"和"特色型"职业教育集团。国家对职业教育集团化办学的支持以及职业学校、企业行业自身的积极配合，促进了全国集团化办学规模的不断扩大，有利于实现教育资源共享、职业学校优势互补与共同发展，职业教育集团化办学如今已经成为中国特色的职业教育办学模式之一，以及产教融合、校企合作的一种重要的职业教育形态。同年，《国家中长期教育改革和发展规划纲要（2010—2020年）》提出，建立健全政府主导、行业指导、企业参与的办学机制，制定促进校企合作办学法规，推进校企合作制度化[①]。除此之外，园区化办学、东西部合作办学等多种办学模式层出不穷，竞相发展起来。

---

① 国家中长期教育改革和发展规划纲要(2010-2020年).(2010-07-29)[2020-05-11]. http://old.moe.gov.cn/publicfiles/business/htmlfiles/moe/info_list/201407xxgk_171904. html.

4.提高师资队伍整体素质

2005年，温家宝在全国职业教育工作会议上强调："要加强职业教育师资培养和培训，建立职业教育专业教师到企业生产一线实践的制度，制定和完善职业教育兼职教师聘用政策，鼓励工程技术人员、高技能人才到职业院校兼职。"2005年，《国务院关于大力发展职业教育的决定》也强调，要加强师资队伍建设，实施职业院校教师素质提高计划以及加强"双师型"教师队伍建设等。2007年，教育部颁发《国家教育事业发展"十一五"规划纲要》，提出切实加强教师队伍建设，全面提高教师队伍，完善职业教育兼职教师的聘任与管理制度，积极鼓励职业院校从行业企业招聘教师。

（五）黄金发展阶段（2014年至今）

2013年9月和10月，习近平先后提出共建"丝绸之路经济带"和"21世纪海上丝绸之路"的重大倡议。科学谋划职业教育在"一带一路"建设中的行动策略，为我国及沿线国家建设"一带一路"提供人才支撑和智力支持，既是中国职业教育的历史担当，也是中国职业教育应有的行动。

2015年3月5日，李克强提出制定"互联网＋"计划，强调"推动移动互联网云计算、大数据、物联网等与现代制造业结合，促进电子商务、工业互联网和互联网金融健康发展，引导互联网企业拓展国际市场"①。产业的变革必然会对"互联网＋"背景下的职业教育带来巨大的挑战与发展机遇。2014年，李克强在达沃斯论坛上发出"大众创业，万众创新"的号召，强调要形成"万众创新""人人创新"的新态势。2015年，《国务院关于大力推进大众创业万众创新若干政策措施的意见》提出，将"双创"从个人层面上升到国家政策层面，这是时代赋予创新创业的内涵意义。

十二届全国人大三次会议首次提出了"中国制造2025"，明确提出制造业是我们的优势产业，要坚持创新驱动、智能转型、强化基础、绿色发展，推动产业结构迈向中高端，加快从制造大国转向制造强国。"中国制造2025"对人才的需求，向职业教育提出了新的挑战。2015年，教育部副部长鲁昕在全国高职高专校长联席会议上指出：我国加快发展现代职业教育的理念和蓝图已经形成，现代职业教育体系建设正在加快推进，科学合理的人才结构逐步成型，技术技能人力资本不断提升，中国特色现代职业教育的发展道路基本确立，职业

---

① 李克强.政府工作报告——2016年3月5日在第十二届全国人民代表大会第三次会议上.(2015-03-05)[2020-05-29].http://www.gov.cn/guowuyuan/2015-03/16/content_2835101.htm.

教育改革发展进入黄金时期。[①] 基于上述背景，职业教育开始了轰轰烈烈的改革试点。

1. 聚焦质量提升，优化人才培养

为了积极推动工学结合的人才培养模式改革，2014 年，《教育部关于开展现代学徒制试点工作的意见》印发，该意见提出：各地要高度重视现代学徒制试点工作，加大支持力度，大胆探索实践，着力构建现代学徒制培养体系，全面提升技术技能人才的培养能力和水平。2015 年，教育部下发了现代学徒制试点工作实施方案，确定以职业院校自愿申报的方式进行，教育部分两批布局了 364 个现代学徒制试点，覆盖 600 多个专业点、5 万余名学生（学徒）。2018 年，教育部布局第三批试点工作并且对首批试点院校进行验收。专业设置不断满足产业发展需求。2015 年，《教育部关于深化职业教育教学改革全面提高人才培养质量的若干意见》印发，研究制订规范职业院校课程设置和教学实施的有关意见，发布了新修订的高等职业学校专业目录和专业设置管理办法，并调整和补充了中等职业学校专业目录，遴选和建设了一批国家产业发展急需的示范专业点，深化 100 个国际水平专业教学标准的开发与应用试点[②]。2016 年，教育部继续推动专业设置、课程内容、教学方式与生产实践对接[③]。2017 年，教育部加强专业、课程和教材建设，修订中等职业学校专业目录[④]，推动了我国职业教育专业设置的优化。2014 年，教育部印发《中等职业学校德育大纲（2014 年修订）》，阐述了德育的作用地位、指导思想，详细列明了德育目标、德育内容、德育原则、德育途径、德育评价和德育实施六方面的内容。国家还先后出台了《完善中华优秀传统文化教育指导纲要》《关于全面深化课程改革落实立德树人根本任务的意见》《关于在各级各类学校推动培育和践行社会主义核心价值观长效机制建设的意见》《关于深化职业教育教学改革全面提高人才培养质量的若干意见》，将"立德树人"作为教育的根本任务。

---

① 鲁昕. 我国职业教育改革发展进入黄金时期.(2015-10-26)[2020-05-16].http://www.tech.net.cn/web/arti-cleview.aspx?id=20151026091648484&cata_id=N002.

② 教育部关于深化职业教育教学改革全面提高人才培养质量的若干意见.(2015-07-29)[2020-05-16]. http//www.moe.edu.cn/srcsite/A07/moe_953/201508/t20150817_200583.html.

③ 职业教育与继续教育 2016 年工作要点.(20160321)[2020-05-16].http//www.moe.gov.cn/s78/A07/A07_gggs/A07_sjhj/201603/t20160325_235210.html.

④ 职业教育与继续教育 2017 年工作要点.(2017-024)[2020-05-16].http:// www.moe. gov.cn/s78/A07/A07_gggs/A07_sjhj/201703/t20170301_297770.html.

2.着手从政府层面建立产教融合制度

从宏观领域来看,《现代职业教育体系建设规划（2014—2020年）》《制造业人才发展规划指南》等顶层设计类文件都明确提出要充分发挥行业企业作用,积极推进和健全产教融合、校企合作机制。从微观领域看,国家已经开始完善产教融合、校企合作的实施细则。2014年,教育部印发《关于开展现代学徒制试点工作的意见》,明确了现代学徒制试点范围、试点内涵、试点管理,更确立了试点项目任务书及备案审核制度。2016年,教育部联合七部门印发了《职业学校教师企业实践规定》,该规定对职业学校教师到企业实践的重要意义、实践内容和形式、组织管理与实施、保障条件与机制、考核奖惩措施、适用范围和对象等方面进行了具体明确的规定,落实了教师企业实践制度。同年,国家发展和改革委员会、教育部、人力资源和社会保障部联合启动实施了职业教育产教融合工程规划项目,"十三五"期间拟投入50亿元,支持100所左右高职院校深化产教融合校企合作,加快建设现代职业教育体系,全面增强职业教育服务经济社会发展能力。2018年,教育部等六部门联合印发了《职业学校校企合作促进办法》,该办法旨在促进、规范、保障职业学校校企合作,发挥企业在实施职业教育中的重要办学主体作用,并进一步明确了"企业开展校企合作的情况应当纳入企业社会责任报告"[①]。这一文件阐明了企业参与职业教育的动机和责任,在政府干预层面和构建产学融合制度方面具有划时代的意义。

3.完善"双师型"教师的培养制度

教师是立教之本,兴教之源。2014年,《国务院关于加快发展现代职业教育的决定》继续提出要建设"双师型"教师队伍。此后,政府继续加快了对职业教育教师队伍深化建设的步伐。2016年,教育部联合七部门印发了《职业学校教师企业实践规定》,对职业学校教师到企业实践的重要意义、实践内容和形式组织管理与实施、保障条件与机制、考核奖惩措施、适用范围和对象等方面进行了具体明确的规定,细化为28个条目[②]。根据《教育部、财政部关于实施职业院校教师素质提高计划（2017-2020年）的意见》,教育部2017年颁布了《职业院校教师素质提高计划项目管理办法》,该办法提出:以造就一支师德高尚、素质优良、技艺精湛、结构合理、专兼结合的高素质专业化"双师

① 教育部等六部门关于印发《职业学校校企合作促进办法》的通知.(2018-02-22)[2020-05-16].http://www.gov.cn/xinwen/2018-02/22/content_5267973.htm.

② 教育部等七部门关于印发《职业学校教师企业实践规定》的通知.(2016-05-13)[2020-05-16].http://www.moe.edu.cn/srcsite/A10/s7011/201605/t20160530_246885.html.

型"教师队伍为总体目标。①

2018年，教育部等五部门印发的《教师教育振兴行动计划（2018—2022年）》再次明确提出要大幅增加培养具有精湛实践技能的"双师型"专业课教师。可见，各种"双师型"教师理念开始落地成发展措施和政策制度。②

4. 职业教育助力精准扶贫

随着职业教育的发展，它不再只关注自身内涵的发展，也开始在其他领域发挥着不可替代的作用，不仅为经济发展提供了技术技能型人才，还在精准扶贫中展示了自身独特的作用。《职业教育东西协作行动计划（2016—2020年）》提出：精准脱贫与职教发展相结合；以职业教育助推精准脱贫，以精准脱贫带动职业教育发展；围绕脱贫攻坚的部署和需求，盘活、扩大优质职业教育资源，进一步做强中职、做优高职、做大培训，增强职业教育办学的针对性，形成精准脱贫与职教发展相互促进的良好局面。③ 教育部、国务院扶贫办印发的《深度贫困地区教育脱贫攻坚实施方案（2018—2020年）》也提出了全面落实东西职业院校协作全覆盖行动、东西协作中职招生兜底行动、职业院校参与东西劳务协作等三大任务。④

5. "一带一路"背景下职业教育国际化程度提高

我国职业教育积极开展国际合作与交流，与多个国家建立了合作与交流关系，形成了类型全面、形式多样、领域广泛的职业教育交流合作格局。《职业教育与继续教育2016年工作要点》中提出，要服务"一带一路"建设和国际产能合作，积极落实职业教育对外援助承诺，开展职业教育与企业合作"走出去"

---

① 教育部办公厅关于印发《职业院校教师素质提高计划项目管理办法》的通知.(2017-03-31)[2018-05-16]http://www.moe.edu.cn/srcsite/A10/s7011/201705/t20170512_304448.html.

② 教育部等五部门关于印发《教师教育振兴行动计划(2018-2022年)》的通知.(2018-03-22)[2020-05-16].http://www.moe.edu.cn/ srcsite/A10/s7034/201803/t20180323_331063.html.

③ 教育部办公厅国务院扶贫办综合司关于印发《贯彻落实〈职业教育东西协作行动计划(2016-2020年)〉实施方案》的通知.(201706-02)[2020-05-16].http/www.moe.gov.cn/srcsite/A07/zcs_zhgg/201706/t20170615_307017.html.

④ 教育部国务院扶贫办关于印发《深度贫困地区教育脱贫攻坚实施方案(2018-2020年)》的通知.(2018-01-15)[2020-05-16].http://www.gov.cn/xinwen2018-0227/content_5269090.htm.

试点，开发与国际先进水平相对接的专业教学标准和课程体系[①]。《职业教育与继续教育2018年工作要点》中提出，要积极参与中德政府磋商职业教育分论坛等，借鉴德国"双元制"等模式，推动职业院校服务企业转型升级，联合商务部等开展职业教育"走出去"专题调研，打造以"鲁班工坊"等为代表的品牌项目，共同支持建设一批新的试点，服务好我国在国际产业体系分工中有竞争力的重点产业和企业。[②]

第二节　我国高等职业教育国际化发展历程回顾

我国职业教育国际交流的起步是在政府的完全主导下进行的，改革开放初期，经济建设的发展急需大批应用型、实用型、技术型人才，因此职业学校应运而生。但职业教育作为当时一种崭新的教育类型，在教育体系构建、办学模式、人才培养目标、专业设置等方面都没有经验可循。因此，我国将目光转向国外，尤其是发达的工业国家。出于通过改革发展职业教育促进经济发展与提高人民生活水平的目的，中国政府希望学习和借鉴发达国家职业教育的成功经验，对此与发达国家展开了国际交流与合作。随着对国外先进经验学习的逐渐深入，我国也意识到推进职业教育的改革发展与现代化水平的进一步提高，不能只通过学习国外先进经验，也要积极开展国际交流与合作。通过与国际组织、发达国家的积极合作，职业教育国际交流的内涵进一步深刻。职业教育的国际化由浅层次的外延合作逐步发展为具有实质性的内涵交流与合作，随着改革开放、"一带一路"的日益推进，职业教育国际化日益规范，中国特色也逐步凸显。

一、职业教育国际化浅层次的外延合作（20世纪80年代初至90年代初）

（一）职业教育体系的学习

20世纪80年代初到90年代初期，职业教育的国际化发展是由政府牵头

---

① 职业教育与继续教育2016年工作要点 .(2016-03-21)[2020-05-16].http/www.moe.gov.cn/s78/A07/A07_ggs/A07sihj/201603/t20160325_235210.html.

② 职业教育与继续教育2018年工作要点 .(2018-02-26)[2020-05-16]http://www.moe.gov.cn/s78/A07/A07ggs/A07_sihj/201802/t20180227_327906.html.

的，合作对象是以德国、法国、澳大利亚、美国为代表的发达国家，合作方式主要是访问、开展交流会议、成立学习小组等，学习发达国家教育体系与先进的职业教育办学经验，并与其达成初步合作意向，在职业教育体系构建与经验分享上开展初步的交流与合作。

　　1980 年 5 月 15 日至 6 月 20 日，教育部长蒋南翔先后访问了联邦德国、法国与美国，通过了解三国的教育体系及职业教育体系，汲取了三国在职业教育发展中的先进经验。1981 年 8 月 10 日—20 日，联邦德国教科部部长比约尔恩·恩霍尔姆等考察了北京、西安、上海部分高等学校，着重了解了我国职业教育方面的情况，表示愿为中德两国职业教育的合作努力。1985 年 5 月 9 日—17 日，中德双方签订了"职业教育合作协议"，双方就发展和完善职业教育的基本问题进行协商，交换考察团、了解对方职业教育的情况并相互交流意见与经验，互相提供有关对方职业教育的重大活动信息，以便商定是否派官员或专家参加等。1985 年 10 月 1 日，中国与澳大利亚签署教育与培训合作谅解备忘录，为中澳两国在教育领域的互利合作打开了更广阔的空间，促进了两国在包括职业技术教育在内的多个教育领域的广泛合作。1987 年 11 月，欧洲共同体职业教育专家代表访华，表示中国的职业教育存在一定的可学之处，就中国与欧洲共同体在职业教育方面开展合作的可能性进行探讨。1991 年 3 月 4 日—8 日，中加高中后职业技术教育研讨会召开，会议围绕中国和加拿大各自的高中后职业技术教育的特点和形式、职业技术教育在社区发展和地方性经济发展中的作用、学院和地方之间的合作、中加高中后职业技术教育的发展及如何进一步促进中加两国高中后职业技术教育合作项目的推广等几个专题进行讨论。1994 年 9 月 28 日—29 日，中德职教联合工作小组成立并发表联合公报，指出两国在职业教育领域的合作取得了巨大成就，今后的主要任务是加强在职业教育领域的合作，希望通过加强合作一方面保障实训教师的地位，另一方面加强职业咨询和职业信息的交流，建立广泛的职业资格证书制度，并以此为抓手进一步提高职业教育的地位。1995 年 10 月 5 日—18 日，英国职业教育代表团访华，考察我国职业教育的政策与发展现状等，以寻求双方合作的共同点，这是英国职业教育界第一次组团来华访问。1998 年 5 月 18 日—27 日，亚非地区职业教育培训班在我国举行，此举的目的在于结合国际职业教育发展趋势，向参与者介绍中国职业教育发展的有关经验，探讨亚非地区发展中国家职业教育发展的模式和途径，特别是职业教育为中小企业服务等问题，这是我国职业教育走向世界、在国际职业教育舞台上发挥影响的一次初步尝试。

（二）职业教育办学模式

此阶段我国与联邦德国、英国、加拿大、韩国等国家展开初步的交流与合作，进而学习发达国家职业学校的办学经验，通过一系列的考察活动、项目制定、协议签署等，结合我国职业教育在办学方面的相关问题，我国职业教育办学模式得到了进一步的完善。1983年8月15日，中国与联合国教科文组织开展职业教育合作，教育部部长何东昌与联合国教科文组织总干事在北京签订合作备忘录，通过信托基金在中国举办职业教育培训班，并资助中国专家赴发达国家考察职业教育。1991年6月1日，中国和联邦德国签署职业技术教育换文，提出联邦德国将资助中方建设北京职业技术教育中心和上海、辽宁两地的职业技术教育研究所。1991年7月4日，中国与加拿大高中后职业技术教育合作项目确立，此项目旨在协助中国有关院校发展高中后职业技术教育，以非学位教育和培训为主。1996年6月24日—30日，我国职业技术教育代表团访问韩国教育部与劳动部，主要考察了韩国的部分企业和职业学校，并就职业教育方面的有关问题与韩方进行了交流。

从20世纪80年代初开始，我国陆续从国外引进先进的职业教育办学模式，比较典型的项目有1988年国家教育委员会在东北和华东地区6城市引进德国"双元制"职教模式试点项目、1991年中加高中后职业技术教育合作项目、2002年中澳重庆职业教育与培训项目。对国外先进的职业教育模式的引进，极大地更新了我国职业教育理念，丰富了我国职业教育办学实践。

（三）职业教育产学合作

20世纪80年代初期，职业教育国际化在产学合作上的交流主要聚焦在产学研三方的结合，极大地发挥了职业教育的经济功能，在职业教育产学合作国际化的学习阶段，我国主要与联邦德国建立密切联系，通过开展论坛、研讨会等形式学习联邦德国先进的经验，以促进我国职业教育产学合作取得更好的发展。1994年11月14日—18日，"中德职业教育合作十年的成果与展望研讨会"召开，会议提出扩大试验范围，加强改革成功经验的宣传和推广，进一步加强企业对职业教育的参与。1997年4月23日，中德高技术对话论坛召开，此次论坛不仅加强了两国政府的技术政策交流，同时还为两国科研机构和企业提供了一个磋商高技术研究项目及其成果产业化问题的场所。在职业教育国际化聚焦产学合作的过程中，不仅推动了职业教育经济功能的发挥，而且推动了产学研的结合紧密化，从而促进了我国职业教育的内涵更加丰富。

（四）职业教育师资培养

改革开放初期，在职业教育国际化的师资培养上，主要通过出国访问、进修、考察或聘请外籍教师来华任教等方式，宣传介绍发达国家职业教育的先进经验。在此基础上与我国签订职业教育合作意向书，并对我国建立职业教育师资培训中心提供资助。1982年4月19日，联邦德国巴伐利亚州经济合作部同意，向中国教育部提出资助我国建立职业学校、师资培训中心和德语中心的建议。1983年10月16日—26日，中国和联邦德国签订职业教育合作备忘录，联邦德国教科部和经济合作部共同研究同意，为今后在中国建立职业教育师资培训中心提供资助；联邦德国的巴伐利亚州、下萨克森州和北威州就帮助我国建立3所高等专科学校和1所企业管理培训中心达成意向性原则协议。同年，中国和丹麦也确定开展职业教育合作，双方主要就加强中等职业教育师资和在职教师培训等方面达成一致，丹麦将协助我国职业教育的规划研究。1985年6月11日，中国和联邦德国共同建立二汽职业教育中心，通过与德国的合作办学，我国职业院校的师资力量得到进一步加强。1985年9月27日，甘肃省与美国俄克拉荷马州签署职业技术教育合作交流协议书，美国俄克拉荷马州接受甘肃省6名职业学校管理人员和教师分两批进行为期半年的学习。1993年9月13日—18日，国际职业技术教育研讨会召开，会议围绕"现代化与职业技术教育"展开探讨，主要讨论职业技术教育在社会与经济发展中的地位与作用，企业在职业技术教育中的作用、职能和参与方式，职业技术教育的层次、办学和管理体制，职业技术教育的经费和师资问题，职业技术教育国际交流与合作问题，以此推动全球职业技术教育的进一步发展。

二、职业教育国际化实质性的内涵合作（20世纪90年代初至21世纪初）

（一）职业教育办学模式

基于20世纪80年代初至90年代初期职业教育国际化积累的些许经验，各级政府及学校尝试对职业教育办学模式进行国际交流与合作的动力明显增强。职业教育国际化在聚焦办学模式的国际化上，主要是通过一系列交流、研讨等方式，加深国外职业教育与我国职业教育办学模式的彼此了解，并在此基础上找到共性与差异，进而探求进一步合作交流的可能性，并将中外合作办学落到实处。

1980年4月30日至6月4日，我国代表团先后访问瑞士、联邦德国和奥地利，以考察职业教育与职业培训为重点，从企业、学校工会、工商联合会、雇主协会、联邦政府和州政府的有关部门等多个方面了解联邦德国职业教育的总体情况。在职业教育的内容、职业教育多样化、多元性的培训以及教育的方法上，推进四化建设，并在此基础上推进"双元制"试点。此后，教育部开始与德国汉斯·赛德尔基金会开展教育领域的合作，双方在职业教育领域的合作成果显著，在北京、山东、上海、江苏、浙江、湖北、甘肃等七个省、直辖市共同设立14个职教项目点。

1995年，国家教育委员会颁布的《中外合作办学暂行规定》更是明确指出，国家鼓励在职业教育领域开展中外合作办学。此后，职业教育中外合作办学机构和项目的数量有了较快增长，合作国及合作形式也更加多元。2003年10月18日—20日，第四届中国教育国际论坛召开，论坛主题为"构建终身教育体系，建设学习型社会"，设有农村教育、高等教育与高校毕业生就业体系建立、职业教育与职业资格证书等专题论坛以及中外合作办学研讨会和项目洽谈会。改革开放40年来，国家大力支持引进外国优质教育资源，鼓励在高等教育、职业教育领域开展中外合作办学，鼓励中国高等教育机构与外国知名的高等教育机构合作办学。这一时期我国的职业教育合作办学主要以引进优质资源为主，并且以引进澳大利亚、美国、英国、加拿大、韩国、德国、日本等国资源为主，聚焦在MES课程、CBE课程等。通过合作办学，在学习、吸收先进职业教育办学经验的基础上，结合我国的实际情况对其进行本土化改造，力求使职业教育的办学更为优质，职业教育办学水平进一步提高。

（二）职业教育学生培养

改革开放40年来，我国始终十分关注对职业教育学生的培养，在职业教育发展中，极力为学生提供国际化交流平台，为职业教育学生的更好发展搭建舞台，以提高职业教育学生的整体水平及职业教育人才的整体层次。职业教育学生培养国际化的实现，主要是以留学生培养为载体，通过留学生互派、国际交流等形式为学生提供广阔的平台，以学分互认等政策为学生培养提供保证。职业教育学生的国际化培养主要是与德国、美国、日本、韩国等国建立了良好的合作与交流关系。2011年8月4日，中美双方成功召开中美人文交流高层磋商机制第二次会议；2011年11月，召开中俄人文合作委员会第十一次会议和中俄教育合作分委会第十次会议，建立了"中俄学院"和"中俄工科大学联盟"合作平台；2015年，中德高等职业教育合作联盟成立，并达成了中德高教战略合作伙伴关系。启动"亚洲校园"试点项目，促进中日韩大学学分互认及人才联合培养，以服务国家教育改革发展和外交战略，进而构建教育国际交流与合作大格局。

（三）职业教育产学合作

职业教育产学合作的国际化主要针对协调职业教育与就业市场、劳动力资源配置之间的关系，通过对话、论坛等形式开展国际交流，针对职业教育与产业结构调整，协调劳动力市场、劳动力供需之间的矛盾，有利于各国交流职业教育产学合作方面的相关经验，以推动职业教育产学合作更加健康平稳的发展。20 世纪 90 年代，我国在德国的资助下先后成立了国家教育委员会职教研究中心和上海、辽宁职教研究所，这是改革开放后我国职业教育学术与科研机构同国外机构的第一次正式合作，并且这三所科研机构的影响在当下仍然十分深远。2004 年 5 月 11 日—14 日，"2004 年职业教育国际研讨会"成功召开，研讨会以"推进西部及东北地区职业教育发展——适应就业市场的劳动力资源开发"为主题，对支持西部地区职业教育发展、开展国内外合作、职业教育在加快城市化进程中的贡献、现代教育技术在职业教育中的应用、产业结构调整和职业培训等专题进行了深入探讨。2005 年 8 月 3 日，第二届中澳职教论坛在重庆举行，论坛以"合作与发展"为主题，系统总结了中澳职教项目的成果和经验，详细介绍了我国和澳大利亚职业教育改革发展的最新动向与趋势，探讨了职业教育与行业企业之间进行产教融合、校企合作的途径和机制。2008 年 11 月 17 日—19 日，国际职业技术教育论坛暨高等职业技术教育与产业合作研讨会举行。会议围绕提高职业技术教育质量、职业教育发展中的公平与效率、职业教育与培训与产业界的合作、全球化背景下的职业教育国际合作等问题进行了探讨，对各国促进职业技术教育与培训的政策框架和实践经验进行总结，进一步推动了职业教育的发展。2008 年中德职业教育国际交流大会召开，大会旨在推进产学研合作，进一步提高技能效率，介绍德国先进的职业教育体系，展示中德职教创新和课程改革成果，探索中德职教合作与交流的新途径，构建新平台。改革开放 40 年中，我国政府支持职业院校不断扩大对外交流与合作，鼓励我国职业院校与各国分享职业教育经验和成果，从而扩大对外开放，坚持政府合作与民间合作相结合，调动各方面的积极性，全方位、多角度、深层次开展合作，坚持教育合作与产业合作相结合，深化产教融合、校企合作，注重发展与中国企业和产品"走出去"相配套的职业教育模式。

（四）职业教育师资培养

职业教育师资的国际化培养主要通过一系列教师进修项目，对中等职业学校、高等职业学校的骨干教师进行选拔，满足条件者派遣至国外进修学习国外职业教育的教学方法，了解本专业领域的最新发展趋势，进而提高我国职业院校教师的专业教学能力。在职业教育师资方面的国际交流与合作阶段，主要通过与德国、丹麦、美国、英国、澳大利亚等国家开展合作项目、建设师资中心等形式，在职业教育师资质量提升方面进行合作交流，进而提高职业教育师资的整体质量水平。2003 年 11 月，同济大学职业技术学院、上海电子工业学校、东南大学职业技术教育学院、山东理工大学、山东一巴伐利亚职教师资中心、天津职业技术师范学院和重庆师范大学等 7 所职教师资培训机构为中德职教师资进修项目国内培训基地。2004 年，为落实《教育部、财政部关于实施中等职业学校教师素质提高计划的意见》，教育部与德国国际继续教育协会启动了"中德职教师资进修项目"和"中德骨干学校校长高级研修班"，计划 2004 年—2006 年每年为 300 名中职骨干师资提供赴德国进修的机会，并根据中国经济和社会发展的要求确定了 6 个技能型紧缺人才专业。2007 年 5 月 16 日，职业教育国际研讨会召开，会议以"提升人力资源、提高竞争能力"为主题，围绕高校在职业教育中的角色和贡献、职业教育师资的潜力培养与发展、不同国家职业教育文化、职业教育经济学的国际比较等专题进行进一步研讨。

通过国际交流与合作，加强职教师资培训，造就"双师型"师资队伍，使教师具备扎实的理论知识的同时具备丰富的实践经验，并不断拓宽与丰富其国际视野。在接下来的职业教育师资国际化培养中，要进一步明确目标，同时注意构建与职业教育"双师型"教师特征相匹配的课程培训体系，在此基础上加强与职业教育"双师型"教师相关的问题研究，尤其注重理论研究与实践问题的结合。

三、职业教育国际化标准建立经验输出（21 世纪初至今）

（一）职业教育办学模式

20 世纪 90 年代末至 21 世纪初，职业教育中外合作办学机构和项目如雨后春笋般大批出现，在中外合作办学数量快速增长、合作性质多样化、职业教育国际化程度日益凸显的同时，职业教育也暴露了一些不足之处。21 世纪初至今，我国不断总结职业教育办学的不足，进一步吸收借鉴发达国家职业教育的办学经验，通过分析比较，进一步推进职业教育办学的规范化，形成了具有中国特色的职业教育办学模式。同时通过介绍我国职业教育体系、办学模式等经验，为亚非等经济发展水平相对较低的国家提供支持与援助，推动我国职业教育走向世界，进一步提升其影响力。

2006年10月，中德职业教育研讨会召开，就职业教育领域具有前瞻性的发展模式、最新发展趋势进行了探讨，一致认为，不同国家的职业教育虽然采取不同的模式，但是目标是一致的，那就是实现可持续发展。2007年6月16日，第一届中韩职业教育论坛举行，论坛进一步推动了我国西部、东北部地区与韩国职业教育的交流，通过利用韩国的教育理念与资源，培养应用型技术人才，从而促进西部地区及东北老工业基地的经济发展。2008年12月24日，中国和埃塞俄比亚两国教育部根据中国高等职业学校的办学模式，在埃塞俄比亚建立职业技术教育学院，并将职业技术教育学院办成中国与非洲国家在职教领域合作办学的示范性学校。中国先后派出专家对埃塞俄比亚职业教育提供支持和帮助，并帮助其建立职业技术教育学院，学院为埃塞俄比亚培养实用性人才，提高其劳动力素质，对促进当地的经济发展起到了积极作用。2011年6月27日，教育部副部长郝平会见卢旺达教育部国务部长马蒂亚斯·哈里巴姆古，并介绍了我国职业教育发展的基本情况以及近年来中国与卢旺达在教育领域进行合作与交流的基本情况，表示愿与卢旺达在职业教育、留学生交流、孔子学院建设等领域开展更多的务实合作。卢旺达方面就我国在职业教育、人才培养方面的先进经验给予高度评价，并表达了与我国职业院校建立合作伙伴关系的意愿。2008年10月13日—14日，第二届中韩职业教育论坛召开，论坛围绕深化首届论坛成果而开展，以进一步促进中韩两国职业教育领域的合作与交流。2009年11月29日，中德职教合作三十周年庆典暨中德职教合作发展论坛召开，论坛指出，中国将进一步扩大开放，进一步加强与世界各国在职教领域的合作与交流，让世界认识和了解中国特色的职教体制在高素质、技能型人才培养方面的独特优势。

2011年8月4日，在教育部规划纲要颁布实施一周年的教育部党组务虚会上，提出制定《教育部关于推动高等教育中外合作办学科学发展的若干意见》，突出国家战略需求，明确引进优质资源的政策导向，将中外合作举办的本科高校纳入高等学校设置总体规划；鼓励高等教育和职业教育中外合作办学，成立全国合作办学专家评议委员会，建立全国统一的中外合作办学机构，探索建立中外合作办学质量认证制度。同年12月6日—7日召开了中英职业教育政策对话会议，教育部副部长鲁昕在主旨报告中指出：21世纪以来，中国政府从国家发展全局的高度把职业教育摆在非常突出的战略地位，职业教育呈现蓬勃发展的良好局面。会议期间，鲁昕会见约翰·海耶兹，通过对话达成共识，全面加强中英两国在职业教育领域的交流与合作，共同探讨现代职业教育体系建设，促进职业院校校企合作的开展及职业教育课程与教材的建设，以应对经济社会发展给职业教育带来的新挑战，从而为世界经济社会可持续发展做出更大的贡献。2014 年，《国务院关于加快发展现代职业教育的决定》指出：到 2020 年，形成适应发展需求、产教深度融合、中职高职衔接、职业教育与普通教育相互沟通、体现终身教育理念、具有中国特色与世界水平的现代职业教育体系。这一方面保证了中国特色现代职业教育体系与国际接轨，另一方面进一步推动了中国特色现代职业教育走向世界。2017 年，国际职业技术教育大会召开，会议以"不断变化的技能：全球趋势与本土实践"为主题，国务院副总理刘延东致信，希望各国共同努力，把握全球趋势，立足本土实践，积极推动职业教育发展及 2030 年教育目标的实施，为增进人民福祉、促进全球可持续发展做出新贡献。改革开放 40 年中，我国基于未来职业教育实现内涵发展、推进改革创新的要求，关注职业教育发展的内在特征与规律，从实质上形成了职业教育与其他类型教育的沟通衔接，从而在根本上建设包容性、开放性、融通性、终身化的现代职业教育体系。与此同时，我国一直在完善职业教育的办学模式，并不断在国际舞台上展示职业教育办学模式中国化的经验成果，进一步提高了我国职业教育的国际影响力。

（二）职业教育师资培养

21 世纪初至今，我国职业教育国际化的师资培养规范化程度越来越高，并逐渐形成中国特色。通过开展职业教育师资进修项目提高教师的素养与能力，并且在项目的内容、进修对象的选拔与考核标准及进修项目开展的工作要点等方面日益规范，尽可能确保职业教育师资能够更好地学习国外先进的专业教学法、提高专业教学能力等。

2007 年 4 月，教育部高等教育司明确了中德高等职业教育师资进修项目的项目目的、项目内容、进修对象、推荐条件及工作要点。项目的目的在于提高高等职业教育教学质量，加强职教师资队伍建设，配合国家示范性高等职业院校的建设，借鉴国外先进职业教育教学理论和经验。同年 4 月 20 日，北京市教育科学研究院职业教育与成人教育教学研究所召开了中德职业教育汽修专业研讨会，4 名德国职业学校的汽车维修专家为北京各类职业院校汽修专业的300 余名骨干教师介绍了德国职教汽修专业课程改革的情况。为加快职业教育改革与发展，北京市将职业院校教师队伍能力建设作为核心工作予以强化，并投入专项经费作为保证。2007 年 9 月 15 日，中德职业教育师资进修项目交流研讨会召开，旨在吸收国际先进理念并引领职业教育课程改革。参与该项目的中国教师超过 900 名。这是我国第一次大规模选派教学第一线骨干教师出国进修。该项目由德国教师言传身教、中国教师模拟实验，从理念更新到实践运用，从内容传授到方法训练，为中国职教的国际合作开创了一种新模式，使教师对德国"双元制"教育体制、"行动导向"课程方法有了深刻了解。2010 年 5 月 30 日，教育部副部长郝平会见来访的美国教育部助理部长布兰达·丹·梅西尔博士一行人。郝平指出，中美教育交流合作具有深厚的合作基础，希望双方在中美人文交流、高层磋商机制的框架下，不断探索新的合作模式，拓展更广阔的合作空间；双方还讨论了合作举办中美高等职业教育论坛及鼓励中国省属大学和美国州立大学之间合作的可能性。2012 年 10 月 29 日，教育部发布关于实施中英职业教育"影子校长"项目及推荐第一批中方项目人选的通知，通过实施该项目，中英双方互派职业学校校长到对方学校担任"影子校长"，体验对方校长的岗位职责，交流教育和管理经验，深化中英校际交流与合作，增进友谊，开阔视野，加快培养一批适应经济社会发展需求和国际化要求的职业教育改革发展领军人才，为推动职业教育改革创新、提高职业教育办学质量积累经验。

2013 年 11 月 4 日，中国教育国际交流协会职教国际交流分会成立，教育部副部长鲁昕站在产业结构升级及转变经济发展方式的全局高度，全面分析了加快发展现代职业教育的内涵及重要意义，充分肯定了高职院校领导海外培训项目所取得的成绩。该项目实施 5 年来，中方共组派 26 个境外培训团组，选派来自 95 所国家示范性高职院校、66 所骨干高职院校及 71 所省属重点高职院校的领导和后备干部共计 556 人，分别赴美国、德国、澳大利亚、加拿大、英国、新加坡、韩国等国接受培训。在近 10 年间，全国各地教育部重点建设的职教师资培养培训基地组织了多批骨干教师、专业带头人和校长培训团赴德国、美国、新加坡、澳大利亚等国考察研修，很多地方和职业院校就是得益于这些活动，学习借鉴了德国的"双元制"、美国的"合作教育"、澳大利亚的"CBET"，等人才培养模式，回国后深入推进各自学校的产教融合与校企合作工作，在此基础上明确了，到发达国家进修访学是制造类专业教师开阔视野、习得先进技术、提升专业能力的有效途径。

（三）职业教育国际化与"一带一路"

2011 年 1 月 11 日—12 日，由教育部、外交部和青岛市人民政府主办的亚欧职业技术教育研讨会在青岛召开，会议指出：亚欧会议机制运行已有 15 年的历程，在此期间，亚欧合作的宏观框架不断充实完善，亚欧在提高劳动者素质方面的交流与合作不断加强，从而促进了职业教育又好又快的发展，深化了亚欧会议的教育合作；通过研讨会这个有效的交流平台，各国代表们不仅有机会学习借鉴其他国家成功的职业教育办学经验，也有机会向国外同行展示自己在职业技术教育改革发展方面取得的成就和经验。

2012 年 5 月 14 日，第三届国际职业技术教育大会召开，大会通过《上海共识》，对改进职业教育的技能培养水平、提升职业教育体系的投入产出效率、消除社会不公和排斥、构建职业技术发展与终身教育相结合的技能体系等多方面提出了有针对性的措施与意见。

2013 年 9 月和 10 月，习近平在出访中亚和东南亚国家期间，先后提出共建"丝绸之路经济带"和"21 世纪海上丝绸之路"（简称"一带一路"）的重大倡议，得到了国际社会的高度关注。李克强参加 2013 年中国—东盟博览会时强调：铺就面向东盟的海上丝绸之路，打造带动腹地发展的战略支点。加快"一带一路"建设，有利于促进沿线各国经济繁荣与区域经济合作，加强不同文明交流互鉴，促进世界和平发展，是一项造福世界各国人民的伟大事业。中国政府积极推动"一带一路"建设，加强与沿线国家的沟通磋商，推动与沿线国家的务实合作，实施系列政策措施，努力收获早期成果。"一带一路"倡议为职业教育的国际化提供行动指南，进一步推动我国广泛吸收和借鉴沿线 68 个国家和地区的发展优势，共同打造"政治互信、经济互融、文化包容"的利益共同体、责任共同体和命运共同体。2014 年 6 月，教育部国家发展和改革委员会等六部门联合发布《现代职业教育体系建设规划（2014—2020 年）》，指出：要建设开放型职业教育体系，鼓励高等职业院校与国外高水平院校建立一对一的合作伙伴关系，举办高水平的中外合作办学项目和机构。国际化发展已经成为职业教育的内在需求和发展趋势，深层次、多形式、全方位的国际化办学将成为建设世界一流职业院校的显著标志，有助于提升我国职业院校的核心竞争力。在"一带一路"的背景下，推进职业教育的国际化适应了经济全球化、世界多极化的发展趋势，满足了沿线国家和地区的共同需求，为"一带一路"沿线国家实现优势互补、开放合作、互利共赢提供了全新的国际舞台，同时也为职业教育国际化的发展提供了更大的机遇与挑战。

第三节　职业教育国际化的特点与中国特色

随着劳动力市场国际化程度的不断提高，技术技能人才在全球范围内的流动与迁徙成为不可避免的潮流和趋势，在此背景下，各国纷纷将提升职业教育国际化水平、提高国际竞争力作为应对经济全球化的重要战略选择。技术技能人才作为支撑实体经济发展的重要力量,在推动我国产业结构升级与转型过程中起到了关键的作用,同时也影响了我国职业教育在国际合作与交流中的角色定位和功能发挥。

目前,我国已经成为全球第一大货物贸易国和第一大出口国,中国的商品服务、资本与劳动力正在大规模流向国外,在全球经济体系中,"中国制造"越来越成为无法忽视的重要部分。在这样的经济体系转变下,人们的工作、生活标准及语言、文化、规则方面的对接、互动逐步与国际接轨,国人的跨文化交流能力也逐渐提高,对于技术技能人才而言,掌握国际先进的专业技能已成为胜任未来工作岗位的必备条件之一。

改革开放以来,我国职业教育迅速发展并且取得了显著的进步。40年来,我国职业教育国际化水平日益提高,从单向学习国外的先进经验,到对国外的经验"取其精华、去其糟粕",在客观分析职业教育实际发展情况的基础上对国外先进的经验进行本土化改造与吸收,逐渐形成了自己独特的风格,并通过系列国际交流与合作的项目活动逐渐在国际舞台上发挥作用,国际影响力不断提高。随着"一带一路"倡议的逐渐深入推进,我国职业教育发展进一步走出国门,在国际舞台上成为技术技能人才培养标准的制定者和输入者,并且还将自身的优秀经验传递给其他国家,一方面提高了我国职业教育的国际信服力与影响力,另一方面也促进了发展中国家职业教育水平的进一步提升,切实为打造人类命运共同体做出贡献。

一、"适应规则"与"制定规则"协同并进

职业教育国际化是一个在办学等各个要素上都与国外先进标准进行对接的过程,是一个不断通过调整自身办学方向与行为以适应国际规则的过程。起初,在职业教育国际化的进程中,我国一直处于一种被动模仿的境地,在标准与规则的制定上尚未掌握足够的话语权。然而,在推动职业教育国际化的进程中,要明确职业教育国际化不仅仅是单向适应国际规则、国际标准的过程,而是应逐渐在适应的基础上通过模仿、创新等方式形成具有自身特色的"中国"标准与规则。随着"一带一路"倡议的推动与实施,我国应逐渐在职业教育相关国际规则的制定中掌握话语权,在国际舞台上发出中国声音。当然,职业教育国际化过程的主旋律是交流与合作,对规则的适应是进一步创新与挑战的基础,然而,倘若拘泥于对规则、标准的模仿与适应,又可能在国际化过程中失去发展动力。

因此，把握好"适应规则"与"制定规则"既是我国在职业教育国际化进程中积累的宝贵经验，也是我国在提升职业教育国际化水平和国际竞争力的过程中一直要把握的重要关系。

二、"引进来"与"走出去"双轨并重

中国职业教育国际化的发展成就是把先进的发达国家经验与自己国家的国情、发展阶段有机结合的产物。对于与一个国家和地区经济社会，尤其是与经济发展密切相关的教育类型，在一个国家和地区适合的发展方式未必适合别的国家和地区，这不是否定不同国家和地区之间在发展职业教育方面的互相借鉴，而是鼓励在"拿来"的基础上探索适合本国、本地区的职业教育发展之路。对"拿来主义"进行正确理解与运用，才可以更好地促进职业教育国际化的进一步发展。

改革开放以来，我国职业教育国际化发展的主流便是引入国际社会优质的职业教育资源，为了能够缩小我国职业教育发展同国外先进水平的差距，我国通过多种方式不断学习德国、英国、美国、澳大利亚在内的发达国家的职业教育办学经验，引入了德国的"双元制"、美国的 CBE 模式、澳大利亚的职业技术教育学院体系和英国的职业资格框架体系等先进的办学模式与经验，在学习先进经验的基础上，极大地推动了我国职业教育办学水平与办学质量的提升。

随着"一带一路"倡议的提出，我国职业教育的发展进一步走出国门，在此过程中，我国职业教育的发展充分贯彻"一带一路"倡议的愿景与精神，服务企业"走出去"，将职业教育国际化内涵更新，聚焦我国职业教育"走出国门"，实现了职业教育从"单向输入"到"双向互动"的转变。

在职业教育国际化进程中，"走出去"与"引进来"并不是两条相互矛盾的道路。一方面，我们通过"引进来"这一手段，充分吸收国外职业教育先进办学经验，并正视我国实际情况，对外国的先进经验进行本土化改造，切实提高我国职业教育的实力水平；另一方面，通过"走出去"的方式，进一步与"一带一路"的倡议贴合，服务"一带一路"的总体发展与国际产能合作，传播中国职业教育的特色经验，从而提升中国职业教育的世界影响力。

三、"顶层设计"与"基层创新"双轮驱动

职业教育国际化是一个涉及环境、观念、制度与实践操作，融合人员、财物、信息和组织等要素的系统工程，是一个由点及面、由浅入深、由低到高的

发展过程，推进我国职业教育国际化的发展要在整体上把握上述各个层面及各个要素之间的相互关系，各级政府需要在顶层设计的层面对其进行总体统筹与布局，并协调相关的影响因素，从而保障职业教育国际化视野发展能够稳步推进。

然而不容小觑的是，广大职业院校自身在推动职业教育国际化发展过程中所蕴含的巨大能量。我国职业教育国际化战略的具体实施者是广大职业院校，如果没有职业院校坚持不懈的努力，乐于探索，不断实践，那么职业教育国际化的宏观发展在落实的过程中将失去基层依托，也就会成为空中楼阁。因此，改革开放 40 年中，我国广大职业院校积极、主动地在实践中探索，总结基层创新经验，形成规律性的认识，进而提高职业教育的国际化水平。在接下来提升职业教育国际化水平、提高国际竞争力的发展过程中，各级政府也应进一步明确自身的角色定位，做好政策规则的制定者、职业教育国家化发展方向的把控者、职业教育国际化平台的搭建者，并在此基础上给予广大职业院校充分且独立的自主发展空间，进一步提高职业教育的国际化水平。

第四节　"一带一路"背景下职业教育国际化的改革方向

2013 年 9 月—10 月，习近平在出访中亚和东南亚国家期间，先后提出共建"丝绸之路经济带"与"21 世纪海上丝绸之路"的重大倡议，形成了"一带一路"构想，体现了习近平新发展观、新治理观、新全球观的新理念与新主张，这是我国在新的历史条件下对外开放的重大举措。2015 年，由国务院授权，国家发展改革委、外交部、商务部联合发布了《推动共建丝绸之路经济带和 21 世纪海上丝绸之路的愿景与行动》，具体阐释了"一带一路"倡议的主张与内涵，明确了"一带一路"的合作框架与行动指南，进一步提出在沿线 70 多个国家，承载超过 44 亿人口的区域内实现互利合作，共同打造利益、命运、责任共同体与人类命运共同体的美好愿景。

在"一带一路"倡议提出以来，中国与 80 多个国家和组织先后签署了"一带一路"合作协议，同 30 多个国家开展了机制化产能合作，在 24 个国家推进建设了 75 个境外经贸合作区，中国企业对"一带一路"沿线国家投资累计超过 500 亿美元，创造了近 20 万个就业岗位，促进了资本、技术、人员等相关要素的有序流动和优化配置。在我国与沿线国家签署的 270 多项合作文件中，科教文卫类占 16.67%，标准互认类占 14%，产能投资与信息技术类占 15.33%。各地同沿线国家区域缔结友好城市关系 707 个，建立中外合作办学机构和项目 1205 个。大数据表明，沿线国家的教育水平、信息化水平与人均 GDP 呈明显的正相关，旅游、钢铁与汽车等行业有望成为最受期待的合作领域。深刻融入"一带一路"，作为新时代背景下中国教育应肩负的历史使命，2016 年 7 月，教育部印发《推进共建"一带一路"教育行动》，明确强调了与沿线国家进行教育领域的合作是"一带一路"的重要组成部分，提出了中国将坚持政府引导、民间主体、开放合作、互利共赢等原则，携手沿线国家聚力构建"一带一路"教育共同体，全面支撑共建"一带一路"。

中国特色的现代职业教育体系是开放包容、博采众长的教育体系，且应主动适应全球化的趋势，并在全球化的过程中取长补短、融合创新、开放弘扬自身特色与优势，以此追求更好更快的发展。职业教育必须主动融入"一带一路"倡议中，对沿线国家的教育需求要有充分把握，才能实现与沿线国家的精准合作，学习并借鉴沿线国家的特色文化传统、发展理念与社会背景，不断促进职业教育的思想、经验的相互碰撞及资源的共享交流。《推进共建"一带一路"教育行动》等相关文件中提出了要着力构建支撑产业转型升级和"中国制造 2025"的现代职业教育体系，明确了我国职业教育国际化发展的六个导向：一是形成具有中国特色、世界水平的现代职业教育标准与体系；二是培养具有国际视野、通晓国际规则的国际化人才；三是协调建立教育合作双边多边机制，搭建国际合作平台；四是政府引导、统筹政府与民间教育资源，实现一体化合作计划；五是对接总体布局，与企业合作走出去，联合开展科技创新与成果转化；六是突出"一带一路"政策的落地性，提升教育行动质量与水平。目前，我国已经与"一带一路"的 64 个沿线国家签署了 70 份不同形式的教育合作协议或谅解备忘录。

一、职业教育国际化发展的趋势

（一）职业教育"走出去"与"引进来"的双重发展路线逐渐清晰

从职业教育国际化的全局视角出发，无论是职业教育国际化的政策还是职业教育国际化进程中的实践举措，都渗透出职业教育国际化的发展路线为"走出去"与"引进来"，并且在整个职业教育国际化进程推进中，"引进来"与"走出去"的路线不断清晰。职业教育"引进来"与"走出去"双管齐下的政策导向是以教育资源整合共享为基础，以学校持续发展和师生全面发展为目标的双向交流，注重本土化与国际化的融合与创新，从而真正实现双向的互动与发展，推动中外双方教育理念和教学质量的提升。

新经济背景下，职业教育配合国家"一带一路"的倡议，为优质产能的走出去提供进一步的推动力量，积极扩大与"一带一路"沿线国家的职业教育合作，主动挖掘"走出去"企业对于人才的需要，并在此基础上培养具有国际视野、通晓国际规则的技能人才与管理人才。与此同时，鼓励各职业院校将国际上先进的工艺流程、产品标准、技术标准、服务标准及管理方法引入教学实践中，发挥广大职业院校在专业上的优势，配合"走出去"的企业面向当地员工开展学历教育与技能培训。

（二）职业教育"自主培养"与"双向互动"的国际化体系初步建立

在人才强国战略的指引下，多种途径培育人才和多渠道吸引海外高层次人才工作加速推动。这一时期，确立了"以我为主，按需引进，突出重点"的国际交流方针。2011 年，《教育部关于推进高等职业教育改革创新引领职业教育科学发展的若干意见》指出，高等职业学校要服务国家"走出去"战略，满足企业发展需要和高技能劳务输出需要。至此，职业教育国际化的推动，逐渐由政策发展过渡到长期合作，以服务地区经济发展与个体终身发展等。学校、企业、政府多方共同努力合作，旨在促进国内外学校优秀人才培养的双向互动，与此同时，职业教育国际化中各方的主体角色与所发挥的功能日益清晰，职业教育国际化发展过程中的服务领域不断扩大、服务对象不断细化、服务内容不断丰富。由此可以看出，职业教育国际化政策制定和国际化实践不仅立足于我国的基本国情，并且根据全球化发展的趋势，真正在与世界的对话中逐步聚焦深化。

（三）职业教育国际化推动经济结构转型升级的目标日益明确

2014 年，《国务院关于加快发展现代职业教育的决定》提出：加快构建现代职业教育体系，推动职业教育国际化工作加速向纵深发展，积极发展与中国企业"走出去"相配套的职业教育发展模式，注重培养符合中国企业海外生存经营需求的本土化人才等。随着与各国资本、商品和服务的大规模交流互动，中国成为全球第一大贸易国，尤其是"一带一路"倡议的提出加速了中国与世界融合的步伐。如何通过转变职业教育发展模式，培养大量掌握娴熟技术技能、具有国际能力的优秀人才，以适应经济结构转型需要成为职业教育国际化进程中最关键的问题。

2016 年 7 月，教育部印发《推进共建"一带一路"教育行动》，呼吁加快推进本国教育资格框架开发，建立区域性职业教育资格框架，体现了就业市场中从业标准的一体化对促进地区的经济发展具有重要影响。《加快发展现代旅游职业教育的指导意见》中也提出探索与出境旅游快速发展相配套的发展模式，支持优质旅游职业院校到国（境）外办学，培养符合中国游客境外旅游需要的本土化人才。同时需要进一步提升职业教育集团服务发展方式转变的能力，通过转变职业教育集团服务发展方式，协调推进区域人力资源开发与技术进步，推动职业教育教学过程与行业企业生产过程相对接，推进职业教育教学改革与产业转型升级衔接配套，从而促进经济结构转型发展。

（四）从"要素优化"到"标准对接"的职业教育课程与教学国际化

从当前职业教育课程的发展状况来看，职业教育课程与教学的国际化从初期的"课程要素零散式"转变为"制度标准接轨式"。现有的职业教育课程认识到引进国外教材、课程以及教学工具等基础要素的重要性。通过开设双语教学课，职业院校自主设定、自主选择、从自身实际情况出发对课程与教学的内容进行相应的改善与尝试。《现代职业教育体系建设规划（2014—2020年）》提出，到2020年应基本形成对接紧密、特色鲜明、动态调整的职业教育课程体系。在职业教育课程与教学不断国际化的过程中，为适应中国特色社会主义市场经济的发展与产业升级、技术进步，应建立国家职业标准与专业教学开发机制，按照科技发展水平和职业资格标准设计课程结构和内容，通过行业、企业在职业教育课程设计与评价环节的参与，以及引进国际先进课程与国际证书，进一步体现职业教育对时代发展与技术进步的敏感性与反应速度。在课堂教学层面，通过强调教学内容、教学理念、专业教学方法与国际水平接近，建立教育教学项目、实训项目，促使职业教育课程与教学国际化方面的改革从初期零散的要素优化探索逐渐转向国际化标准和先进模式的引领，进一步促进职业教育课程与教学的国际化。

（五）从"资源引入"到"多维互动"的职业教育国际交流与合作

职业教育的国际化不仅体现在课程、师资、教材等引进数量的增加，更关键的部分在于依托项目合作与交流，搭建平等对话的平台，在此基础上通过国外资源本土化的过程提高国内职业教育资源的质量，并不断推进其国际化。《国家中长期教育改革和发展规划纲要（2010—2020年）》提出，合作设立教育教学、实训、研究机构或项目，提倡搭建高层次国际教育交流合作与政策对话平台。随后，《教育部关于推进高等职业教育改革创新引领职业教育科学发展的若干意见》提出，鼓励职业院校积极参与职业教育国际标准和规则的研究与制定。通过参与国际标准的制定，在国际舞台上进一步宣传中国的职业教育。此外，无论是在国际化办学还是职业教育的国际交流与合作方面，政策的引导与执行都体现了从片面强调资源逐渐过渡到聚焦多层次、宽领域的教育交流与合作，表明职业教育国际交流与合作的维度将进一步拓宽，职业教育国际化的道路也将进一步丰富。

第四章 区域高职院校国际化评价指标体系研究

第一节 关于高等教育国际化评价的研究

一、国内外关于高等教育国际化评价的研究

1. 世界大学国际化评价研究

当今世界高等教育国际化蓬勃发展，表现在大学自身发展上，都在或多或少地融入国际化的潮流，一个大学国际化发展程度如何、什么才是大学国际化的关键指标、如何进行正确评价成了不少教育国际化学者研究的课题。较早期，日本广岛大学的喜多村和之在 1984 年出版的《大学教育国际化》一书中提出衡量"大学国际化"的三条标准：通用性、交流性和开放性。May Paw 以美国 59 所大学的国际化实践为样本，从中研究显示，尽管各大学的国际化程度不一，但基本上都是通过留学生、外国者、国际赠款、体制性收入和支出等来体现。在对美国大学国际化进程中的教职员工和学生及社区代表进行相关调查时，发现领导的参与和支持、国际化课程、全球学习成果评估、资源分配、国际化的学院等都是国际化过程中必不可少的。[①] 以上对大学国际化的评价基本上是对大学国际化要素的状况描述，是观点和判断性的定性评价。精细的院校国际化评价指标体系的建立是 1999 年由经济合作与发展组织（OECD）下属的高等教育院校管理项目（IMHE）与学术合作协会（ACA）共同开发的，J.Knight 和 Hansde Wit 主持建立的高等教育国际化质量评审程序（The Internationalisation Quality Review Process，简称 IQRP）。IQRP 是高等院校根据其既定的目的和目标来评估并提升其国际化水平的一种程序。IQRP 采用基准化

---

① Olga.Educating Global Citizens:The Internationalization of Park University,Kansas City,Missouri,Union Intitute and University,2007.

分析法设计了院校国际化指标，该指标体系中，共设有 9 个一级指标，57 个二级指标。一级指标包括国际化规划和评价、教职员工参与和发展、院校的学术协议和合作、学生海外学术经历、本地校园的国际学生、课程与教学 / 和学习过程、科研与学术活动、国际项目（跨境教育、培训和发展项目）、组织因素等。他们运用国际化追踪方法，关注院校国际化的进展和质量，进而指导大学的国际化活动。[①]2007 年，德国高等教育发展研究中心（CHE），结合高校中教学、学术研究两项重要功能，根据输入、输出两个维度，研究提出涵盖教授、青年教师、学生、服务和管理、课程提供、毕业生以及大学国际声誉等核心指标的高等教育国际化指标体系。

2. 国内研究性大学国际化评价研究

国内学者也根据中国大学自身国际化的发展进行研究，期望建立适合自身发展的国际化运作规范，从 21 世纪初就陆续有学者开展大学国际化的评价探索。李盛兵[②]根据高等教育国际化指标体系的构成因素及权重，提出基本涵盖院校微观层面的国际化指标体系，其中包括国际化观念与规划、大学国际化机构设置、学生和教师结构国际化、课程内容国际化、科研项目国际化和中外合作办学等 7 个一级指标和 18 个二级指标。但其评价指标的权重系数来源依据没有具体说明。胡亦武[③]在总结西方发达国家国际大学国际化程度评价的一些通用指标的基础上，构建了由大学国际化程度的 6 个核心评估指标（明确的任务表达、学术支持、组织结构、外部资助、院校对教师的投入、国际学生与学生课程项目计划）、大学国际化动因分析评估指标（刺激因素、阻碍因素）和中国大学国际化战略实施的重点三大方面组成的中国大学国际化程度评价指标体系，采用模糊熵评价方法按照"985"大学、"211"大学、有研究生院的大学和其他一般大学四类进行国际化评价。对中国大学做过相似研究的还有陈昌贵等的《中国研究型大学国际化调查及评估指标构建》[④]、杨福玲的博士论文《大

① 简 . 奈特著 . 刘东风，陈巧云译：激流中的高等教育：国际化变革与发展 [M]. 北京：北京大学出版社，2011：58-66.

② 李盛兵 . 大学国际化评价指标体系初探 [J]. 华南师范大学学报：社会科学版，2005（6）：113-116.

③ 胡亦武 . 中国大学国际化评价及其机制研究 [M]. 广州：华南理工大学出版社，2009,27.

④ 陈昌贵，曾满超，文东茅，翁丽霞，于展 . 中国研究型大学国际化调查及评估指标构建[J]. 北京大学教育评论，2009，（10），116-135+190-191.

学国际化发展与管理研究》①及王文的博士论文《我国大学国际化评价研究》②等。这些研究没有对具体的学校的国际化程度做出评价，在对大学划分类别上的评价也只是以层次作为大体上的分类研究，没有从特色类别大学这个层面上去做评价。

3. 区域高校国际化评价研究

除了部分研究者对教育国际化评价进行研究外，作为高等教育国际化的管理者，为推进所管辖地区的大学的国际化进程，往往也通过国际化评价来促进大学国际化的实践。有的省份也发布了有关国际化评估的官方指标体系，如云南省教育厅 2007 年发布了《云南省高校国际化评估体系》供省内高校参考自评；广东省教育厅更是从文本走向实践，2009 年就依据发布的《广东省高等教育国际化评价指标体系（试行）》，在省内高校通过自我申请和自评、教育厅组织专家审评的方式，促进高校的国际化工作。该项工作虽然只对少数高校做了评价试点，但这为以后政府层面推进高等教育国际化做了尝试，并积累了宝贵的经验。当然，此类区域性大学的国际化评价也有其局限性，它只是较为大一统的评价，还没有分类型、分层次进行，没有体现出院校的特色。

纵观大学的各种评价指标体系的组成，不论是泛泛的大学国际化的指标，还是按层次类型分类的指标，又或是个别院校的评价指标体系的构建，都有几个突出的特点：一是设计较为烦琐、级数较多；二是以量性为主，定性较少；三是设置权重，进行赋值打分，但权重来源的客观性有待商榷。

二、大学国际化评价指标体系构建的原则

办学国际化不仅是高等教育自身知识无国界的本质要求，更是大学本身为追赶世界学术前沿、培养有世界眼光的人才、提高办学声誉等自我发展的需要。在当今世界经济全球化、社会信息化、教育终身化的背景下，教育国际化越来越成为大学发展的重要一环，是衡量大学办学水平和办学质量的重要指标。但就目前来说，我国大学的国际化存在发展水平参差不齐、特色不明显的现象。有不少高校国际化发展定位不精准、目标不清晰，处于从众或盲动的状态；建立大学国际化的科学评价指标体系，是引导其健康发展的重要手段，也是对其进行鉴别、评判和指导等的前提条件。近年来，不少大学和国际组织机构的专家学者从理论和实践出发，推出了种类多样的大学国际化评价指标体系，具有

---

① 杨福玲 . 大学国际化发展与管理研究 [D]. 天津大学，2011，5.

② 王文 . 我国大学国际化评价研究 [D]. 中国矿业大学（北京），2011，4.

一定的参考意义和指导价值。但对于不同类型和不同层次的高校，较少有专门的、有针对性的评价指标体系。本研究基于国际化评价指标体系精准化的初衷，根据区域特色构建区域国际化评价指标体系，以期指导区域高等职业教育的国际化办学实践，不断提高区域高职院校国际化水平。

（一）指标体系构建的原则

国际化评价指标体系是一个由若干个不同类别、不同层次、不同作用，体现大学国际化活动基本内容和状态，相互联系而又相对独立的指标所组成的有机系统[①]。要反映大学国际化建设的内涵，体现其管理的科学性和合理性，应该考虑以下几条原则：

1. 大学功能和办学要素相结合

遵循大学功能是大学国际化的目标价值，国际化的目的归根到底要为实现大学的功能服务，具体说就是为人才培养、科学研究、社会服务和文化传承创新服务。人才培养是现代大学的基础职能，是大学的根本使命。《国家中长期教育改革和发展规划纲要（2010—2020 年）》（以下简称《纲要》）提出：无论何时，人才培养都是大学教育的中心工作，大学的所有活动都要紧紧围绕这一中心展开。[②] 科学研究是现代大学的重要职能，是通过科研引领促进教学，是国家创新驱动的直接推动力量，也是提高大学教师水平和展示办学实力的重要体现。社会服务是现代大学职能的延伸，大学不仅为社会提供源源不断的合格建设者，还为经济社会发展提供诸如知识、技术、咨询等方面的服务。文化传承创新是大学的基本功能之一，创新文化是大学的崇高使命，《纲要》提出，要弘扬优秀传统文化，发展先进文化，包括发展高校的校园文化[③]。高等教育国际化的过程就是彰显高等教育这四大功能的过程，因此在选取大学国际化的评价指标时要体现大学教育国际化行为功能的全面性。教育是一个复杂的系统，陈桂生把构成系统的基本要素，分为教育主体、客体和教育资料三部分[④]。这里的教育主体基本上指教师，客体指学生，教育资料指教育主体和客体联系中介，也是指教育资料、设施和场所。这三个要素的互动，就实现了大学教育的人才培

---

① 王文.论我国大学国际化评价体系的构建 [J].社会科学家，2011,(7),74-78.
② 国家中长期教育改革和发展规划纲要（2010-2020 年）.http://www.moe.edu.cn/srcsite/A01/s7048/201007/t20100729_171904.html.
③ 国家中长期教育改革和发展规划纲要（2010-2020 年）.http://www.moe.edu.cn/srcsite/A01/s7048/201007/t20100729_171904.html.
④ 陈桂生.教育原理 [M].上海：华东师范大学出版社，2012,6-7.

养和科学研究这两项职能。因此，在构建大学国际化评价指标时要把大学基本功能和基本要素作为对象。诚然，为了使构成大学三个基本要素产生有机联动，大学管理是其非常重要的一环，这涉及大学的办学理念、制度规范、机制运行、资金投入等环节，所以指标体系的构成要素里面要涵盖这些方面，而且必须要注意考虑系统性问题。同时，抓住这些系统中关键的办学要素，指标体系的构建才能简约明晰。

2.定性和定量相结合

对大学国际化水平的评价，涉及大学的全部职能和要素，它是将整个学校作为评价的对象，单纯的定性指标（描述性）或定量指标（数字量化）都无法全面完整地反映一所大学的国际化状态。因此，在建构或选取指标时，要根据影响大学国际化的各要素的相关性程度及其特性来确定使用定性还是定量的指标，或是两者兼用，做到具体问题具体分析，这样才能较为全面准确地反映一所大学的国际化全貌。

3.共性和特色相结合

高等职业教育是高等教育的一种类型，高等职业教育国际化与普通高校国际化存在着既有联系又有区别的关系。目前大多数的大学国际化指标体系的构建是以普通综合性大学居多，没有兼顾到大学的不同类型、不同层次、不同地域、不同发展水平、不同国家文化背景等。在高等职业院校国际化评价指标的考虑上，除了关注其具有一般大学意义上的共性指标体系外，更需要重点考虑根据其不同方面，寻找体现大学特点和个性化的指标，建立更为符合自身发展水平和特色的指标体系。

4.发展性和动态调整相结合

评价指标的开发不仅仅局限于目前的状态，更重要的是利用指标有针对性地查找问题，弥补不足，在一定程度上要考虑其未来发展的趋势，用其来指导学校教育国际化的未来发展。伴随着经济社会发展，处于不同时期的大学国际化内涵也会有相应变化，衡量教育国际化的指标就要求其具有发展性和动态性。另外，不同办学层次的大学国际化衡量指标的要求也必然存在差异，因此，评价指标体系的构建还应是可调整、可扩充的，而非是一成不变的。

大学国际化评价指标体系的构建过程是对大学国际化过程中的各种要素进行高度概括和有效集成的过程。本研究在前人对该问题研究的基础上，首先采取共性的做法，主要从国内大学和专家对该问题的研究结果与境外组织、大学和专家的研究结果对比中，甄别筛选影响大学国际化的因素，按照目标层级分解，反复比较，取其共同的基本要素，再参考世界大学排行榜机构关注的重要国际化指标，初步确定指标要素。其次是结合地方高职院校的类型特点及区域教育的政策导向，修正指标体系里的相关要素内容，使其体现区域教育国际化的鲜明特色。再次是立足湖南省的地缘特征及湖南省高职教育发展的形势要求，来调适其指标要素或增加其指标的观测点，以形成区域高职院校国际化评价指标体系。

第二节 区域高等职业院校国际化评价指标体系构建

一、区域高等职业院校国际化评价指标体系构建的意义

（一）可以丰富区域高等职业教育国际化评价研究

国内针对区域高等职业教育国际化评价的相关研究并不多。2012 年侯兴蜀对北京市进行了职业教育国际化研究，构建了学校国际化、教师国际化、学生国际化、学习成果国际化 4 个方面的职业教育国际化评价指标体系，指出其核心是学生国际化，关键点是校长的国际化。2015 年，李盛兵根据高等职业教育特征对高职国际化内容进行调整，认为办学理念与办学标准国际化、教育理念国际化、课程国际化、实验实训国际化、人员国际化、国际学术交流、中外合作办学等是其基本内容，而活动策略和组织策略则是高职院校实现国际化的基本途径。杨公安[①]（2016）在坚持引导性原则、改进性原则、第三方评价原则、实践性原则的基础上，建构了一套由 4 个一级指标、10 个二级指标和 40 个三级指标按照不同权重组成的立体式职业院校国际化评价指标体系。齐丹（2017）以高职旅游专业为例，本着整体性、动态性、客观一致性和可测性原则，提出一套由 3 个一级指标、17 个二级指标和 24 个三级指标组成的高职院校国际化评价指标体系。黄文祥、顾永安[②]（2016）以新建本科院校为例，从发展国际化的目的出发，指出新建院校国际化的办学定位是面向国内、面向地方，培养满足国家和地方社会经济发展需求的人才，将国际化作为手段以提高人才培养质量，并结合新建本科院校发展特点，对这类院校国际化评价指标体系做出不同构建。而职业院校以"培养职业技术人才、提高就业"为基本理念，借助高等

---

① 杨公安.职业院校国际化评价指标体系构建[J].天津市教科院学报，2016(02):41-44.
② 黄文祥，顾永安.新建本科院校国际化评价指标体系构架初探[J].职教论坛，2016（25）:17-20.

职业教育国际化手段，助力国际技术人才的培养，满足国家和地区发展的需求。侯松、宋卉①（2016）从高等职业教育发展实情与特色需求出发，认为高职教育国际化的构成要素有：职业教育理念国际化、国际化和本土化结合的课程及人才培养目标、人员国际化、产学研合作、资源的国际输出等6个。潘小明②从高职院校教育国际化的内涵及动因出发，将高职院校教育国际化的要素概括为国际化教育理念、国际化培养目标、国际化课程、人员国际交流、实验实训国际化、国际学术交流与合作研究、教育资源国际共享等七个方面。

关于高等职业教育国际化评价指标体系的总体概况如下：（1）不同学者对高职国际化评价指标的构建皆是建立在高等教育国际化评价指标体系上，围绕着教育主题和国际化要素展开，只是各有侧重；（2）学者根据高等职业教育的职业性、技术性特征，以教育理念、人员、教学活动为主题，构建侧重于实验实训、办学基础条件等的高职国际化评价指标；（3）学者从高职院校国际化发展动因角度出发，注重学校形象和人才培养质量，而学习成果国际化认证与转换一项则是高职国际化的前提保障；（4）目前，高职国际化评价指标体系不够完善，仅是构建了一级和二级指标或是主要内容的解读，少有涉及各项权重分配，缺乏量化标准；（5）针对区域高职院校国际化的评价指标体系研究鲜有涉猎。

科学地构建区域高等职业教育国际化评价指标体系有助于丰富高等教育国际化发展理论，为新时代区域高职院校国际化发展提供理论支撑。

二、区域高等职业教育国际化评价指标的构建

（一）区域高等职业教育国际化评价指标借鉴

本研究选取了国外较有代表性的经合组织（1995）IQRP国际化评价指标体系③、美国ACE（2001）"全面国际化模型"指标体系④、澳大利亚AUQA/

① 侯松，宋卉.高等职业院校教育国际化实施策略与路径——以广东食品药品职业学院为例[J].南宁职业技术学院学报，2016（1）:69-72.

② 潘小明.高职院校教育国际化的内涵要素与动因[J].职教论坛，2012（33）:10-15.

③ 王位.全球六种大学国际化评价指标体系的比较及启示[J].上海教育评估研究，2012，1，（4），25-32+62.

④ 冯晋豫，詹健.大学国际化水平评估指标的比较与分析[J].上海教育评估研究，2015，4，（2），32-38.

TEQSA 的"国际化主题审核"指标体系① 和日本大阪大学国际化评价指标体系② 作为借鉴的对象；在国内选取注重国家普适性层面的教育部的指标体系（2019）、反映本省地域特征的广东省教育厅的指标体系、余学锋等③人提出的体育院校的指标体系等进行对比甄别分析，选取大学国际化的共性要素，根据高等职业教育国际化区别于普通高校的职业性、应用性特征，在核心要素上有所区别。现把以上选取的八种类型指标体系的一、二级指标汇总如表4-1所示。

表4-1 国内外八种类型的大学国际化评价指标体系

指标体系	一级指标	二级指标
教育部（2015）：中国高等教育国际化发展状况调查指标体系（普通本科院校）（简称"中标"）	1. 教师	1.1 专任教师 1.2 外籍专任教师和港澳台专任教师 1.3 专任教师的海外经历与国际影响
	2. 学生	2.1 在校生 2.2 外国留学生的层次分布 2.3 外国留学生的国别分布 2.4 港澳台侨学生的层次分布 2.5 港澳台侨学生的地区分布
	3. 教学	3.1 课程与教学 3.2 专业 3.3 经欧美发达国家组织认证的专业清单
	4. 科研	4.1 科学研究
	5. 中外合作办学	5.1 中外合作办学机构 5.2 中外合作办学项目
	6. 境外办学	6.1 汉语教学 6.2 境外专业教学机构名单
	7. 国际学术交流与合作	7.1 国际学术交流与合作
	8. 组织与管理	8.1 管理机构 8.2 经费

① 王位. 简析几种大学国际化评价指标体系及其启示 [J]. 北京建筑工程学院学报，2012，28，（4），53-60+77.

② 刘亚琴. 山西省普通高校教育国际化评价指标体系研究 [D]. 山西财经大学，2016.

③ 余学锋，王芳，赵京慧，洪彬，王选，吴俊，董梅，杨旖旎. 高等体育院校国际化评价指标体系构建研究 [J]. 北京体育大学学报.2013，（6），17-21.

指标体系	一级指标	二级指标
广东省教育厅（2010）：广东省高等教育国际化评价指标体系（简称"广标"）	1. 理念与战略	1.1 办学理念 1.2 战略规划 1.3 重视度
	2. 组织与制度	2.1 组织保障 2.2 制度保障
	3. 基础条件	3.1 硬件 3.2 软环境
	4. 人员的国际流动	4.1 本校师资 4.2 本校学生 4.3 海外学者 4.4 国际学生 4.5 接待与出访
	5. 教学与课程	5.1 课程 5.2 联合培养
	6. 资金来源与投入	6.1 资金来源 6.2 对师资与管理人员的投入 6.3 对学生的投入 6.4 对国际科研合作的投入 6.5 对基础设施的投入
	7. 师资的海外背景	7.1 本校师资 7.2 国际师资
	8. 国际/港澳台科研合作	8.1 主体 8.2 项目 8.3 论文 8.4 专利 8.5 获奖 8.6 在校内举办过的国际（双边）会议 8.7 合作机构
	9. 特色项目（自定）	
华中师范大学（2015）：华中师范大学二级教学科研单位年度国际化考核指标体系（简称"师标"）	1. 教师队伍国际化	1.1 教师构成 1.2 教师交流
	2. 人才培养国际化	2.1 学生交流 2.2 课程设置 2.3 留学生教育
	3. 科学研究国际化	3.1 科研项目 3.2 科研经费 3.3 科研成果 3.4 国际会议
	4. 国际化条件保障	4.1 目标规划 4.2 组织保障 4.3 经费保障 4.4 信息保障
	5. 特色项目	5.1 学科建设国际化 5.2 专业国际化 5.3 合作办学（含校际交流单证或双证项目）5.4 资源拓展 5.5 孔子学院工作 5.6 国际化建设基地
余学锋等人（2015）：高等体育院校国际化评价指标体系（简称"体标"）	1. 办学理念和发展战略	1.1 办学理念 1.2 发展战略

指标体系	一级指标	二级指标
余学锋等人（2015）：高等体育院校国际化评价指标体系（简称"体标"）	2. 国际活动与国际交流	2.1 国际活动 2.2 国际交流
	3. 人员国际化	3.1 学生国际化 3.2 教职工国际化 3.3 智力引进
	4. 教学国际化	4.1 课程设置 4.2 合作办学
	5. 科学研究国际化	5.1 科研交流 5.2 科研成果
	6. 国际化的保障因素	6.1 组织保障 6.2 人员保障 6.3 经费保障 6.4 其他保障
经合组织（OECD）（1995）：IQRP 国际化评价指标体系（简称"经标"）	1. 背景概况	1.1 所在国地区高等教育体系概述 1.2 院校基本情况概述 1.3 院校开展国际化的国际背景
	2. 国际化政策与战略	2.1 国际化政策与战略
	3. 组织与支持结构	3.1 组织与结构 3.2 计划与评价 3.3 财政支持与资源分配 3.4 支持服务与设施
	4. 学术项目/课程/专业与学生	4.1 课程的国际化 4.2 本国学生 4.3 外国学生 4.4 海外学习及学生交换项目
	5. 研究与学术合作	5.1 研究与学术合作
	6. 人力资源管理	6.1 人力资源管理
	7. 协议合同与服务	7.1 合作伙伴与网络联盟 7.2 海外教育项目 7.3 发展援助 7.4 对外服务与项目
美国 ACE（2001）："全面国际化模型"指标体系（简称"美标"）	1. 明确表述的国际化承诺	1.1 战略规划 1.2 国际化委员会 1.3 学校利益相关者 1.4 评价
	2. 组织结构及职员	2.1 高层管理者 2.2 国际办公室（处、部）
	3. 课程、联合课程及学习成果	3.1 总体教育要求 3.2 各学科中国际化的课程 3.3 联合课程 3.4 学生的学习成果 3.5 技术
	4. 教师政策及实践措施	4.1 终身教授制及晋升政策 4.2 教师聘用指导方针 4.3 教师流动 4.4 校内职业/专业发展

指标体系	一级指标	二级指标
美国 ACE(2001):"全面国际化模型"指标体系（简称"美标"）	5. 学生流动	5.1 学分转换政策 5.2 财政资助及经费 5.3 迎新介绍会及入学指导活动 5.4 针对国际学生的持续性支持及相关项目
	6. 合作及合作伙伴关系	6.1 战略计划 6.2 合作伙伴的选择 6.3 正式协议 6.4 评价 6.5 合作伙伴协议执行情况的追踪
澳大利亚 AUQA/TEQSA 的"国际化主题审核"指标体系（简称"澳标"）	1. 途径 / 理念	1.1 战略及国际化规划，包括则政规划 1.2 目标设定和财政收入及学校声誉的风险管理机制
	2. 质量保障	2.1 学位项 / 专业的国家及国际认证要求 2.2 对教师进行学术及跨文化培训和支持以满足教授不同背景学生的需求（本土及离岸）
	3. 课程	3.1 课程的国际化 3.2 针对澳大利亚本土及国际学生的课程教材的开发 3.3 课程及评价材料的翻译（如采取非英文授课）3.4 师生的英文能力能够确保课程内容顺利教授 3.5 学校的信息系统能够确保课程内容顺利教授 3.6 对澳大利亚本土及国际学生具有一致性的评价方式和标准（本土及离岸，无论哪种模式）3.7 教育和确保澳大利亚本土及国际学生遵守学术诚信标准的政策和程序的公开透明
	4. 合作伙伴 / 跨国教育（包括教学和研究）	4.1 学校与伙伴高校间有完整的合同式协议 4.2 对学校及伙伴高校各方面职责的明确表述，包括学生、教师、课程材料、评价等 4.3 对学校及伙伴高校开展内部评审及接受澳大利亚或伙伴高校所在国相关质量保障机构外部评审协议和具体规定 4.4 市场推广及宣传方面的政策 4.5 学生支持服务方面的政策和程序 4.6 跨国教育的规模和性质，如直接面对面教学（密集式块状授课）、课程认证、在线教学、海外校园、混合式教学等

指标体系	一级指标	二级指标
澳大利亚 AUQA/ TEQSA 的"国际化主题审核"指标体系（简称"澳标"）	5. 本土项目 / 专业 / 课程	5.1 中介管理和市场推广方面的政策 5.2 确保遵守 ESOS 的程序 5.3 充分的学生支持服务
	6. 学生流动	6.1 鼓励学生流动的政策 6.2 保证学生本国及海外学业一体化的措施
	7. 海外校友会	7.1 对校友的支持政策及期待 7.2 对（所在国）国内运营校友会的法律法规充分理解 7.3 校友办公室
日本大阪大学国际化评价指标体系（简称"日标"）	1. 大学的使命、目标与计划	1.1 关于大学的国际化官方定义 1.2 责任执行制度 13 中长期计划以及战略目标的制定
	2. 结构和人员	2.1 国际化政策的决策结构和程序 2.2 执行组织结构 2.3 国际化领域的专业发展和绩效考核 2.4 问责制度
	3. 预算和实施	3.1 国际活动的部门预算制度 3.2 预算与实施
	4. 研究的国际化	4.1 研究简报成果 4.2 研究活动的国际化发展
	5. 支持系统、信息提供和基础设施	5.1 对国际研究者和学生的支援体系 5.2 对国际研究者和学生的日常支援
	6. 多层面的国际化联盟	6.1 大学联盟 6.2 海外办事处 6.3 与国内大学的联合计划
	7. 大学课程国际化	7.1 语言课程 7.2 一般学术课程（文科课程，语言课程除外）7.3 专业教育的国际化
	8. 与国外机构的合作项目	8.1 关于国际交换计划的一般事务 8.2 交换生 8.3 对大学合作计划的评价 8.4 新计划的开发

以上八大指标体系的选择既有国内的也有国外的，既有国际组织的也有国家层面的，既有一般综合性大学的也有专业性大学的，既有大学自身的也有职业学院的，总体来讲具有较强的代表性。通过比照各指标体系发现以下特征：

一是国内的指标体系一般为三级（第三级为第二级指标的观测点），国外的指标体系一般为二级，但不论是国内还是国外每一级指标都不超过 10 项。

二是指标体系的设计思路基本上体现了大学功能和大学管理要素。就如奈特和威特强调那样，高等教育国际化就是将国际维度与跨文化维度（国际意识）整合到大学的教学、科研和服务职能之中的过程。大学的社会服务功能很大程度上是通过国际化人才的培养和科学研究来体现。

三是国内指标有指标权重，国外一般不设指标权重，不少是以定性描述性为主，少数需要定量数据化的指标。

四是在一级指标（包括个别较为独立和重要的二级指标）的名称表述上虽有各异，但基本上意涵相近。笼统来说，都会涉及教育国际化的理念目标、活动过程和资源条件三个方面。

经过对以上八种评价指标内容的比照和研究，可以看出不同国家、地区和高校由于所处的高等教育发展阶段不同，由此相伴的高等教育国际化程度亦有所不同。美、澳的大学指标体系侧重在理念、学生、课程与合作伙伴及项目上，对科研、基础设施没有提及。主要原因是由于西方发达国家高校的主要任务是培养人才，科学研究在一定程度上来说是教师个人的事情，学校没有纳入校务来管理。另外从西方高等教育国际化发展阶段来讲，已步入较为成熟的发展阶段，国际化的设施设备建设已基本上满足，就可不必再作为指标内容考核。而国内的评价指标内容侧重在理念、组织制度、师资力量、学生、课程、科研、合作办学及条件保障上，由此也说明我国高等教育国际化还处于既要讲究内涵发展，又要重视外延保障条件建设的齐头并进阶段。总而言之，在高等教育国际化发展进程中，不同大学在其国际化方面应会采取与自身办学层次和自身特色相符合的指标内容。因此，评估指标的选取既要反映不同类型高校在国际化过程中的共性，同时也要考虑到不同地区、不同层次、不同类型的大学教育国际化发展的区别，突出办学个性和特色。

（二）区域高职院校国际化的评价指标体系构建

借鉴大学国际化评价指标体系，对标湖南双高建设院校和一流专业群国际化评价指标，对接国家和省教育国际化相关政策，科学构建以理念与规划、组织与制度、学生国际化培养、师资队伍国际化、教学科研国际化、涉外办学、国际交流合作、特色项目等 8 个一级指标、18 个二级指标、38 个三级观测点为评价内容的区域高等职业院校国际化评价指标体系。

区域高职院校国际化评价指标体系架构如表 4-2 所示：

表4-2 区域高职院校教育国际化评价指标体系

一级指标	二级指标	指标观测点
1. 理念与规划	1. 办学理念	1. 学院领导对教育国际化的认识和重视程度
		2. 是否定期研究和召开教育国际化工作会议
	2. 政策规划	1. 学校是否有专门的教育国际化五年发展规划
		2. 根据教育国际化中长期规划,制定每年的工作计划与目标
2. 组织与制度	3. 组织设置	1. 是否成立教育国际化专门管理机构,国际教育学院/国际交流处
		2. 专任外事工作人员人数
	4. 制度保障	1. 出台发展教育国际化的具体政策
		2. 建立教育国际化的目标绩效考核制度
		3. 留学生和外籍教师管理办法
	5. 经费保障	1. 每年的外事工作预算经费(万元)
		2. 师生留学奖励资助制度
3. 学生国际化	6. 国内学生	1. 年度出境学历学习学生人数
		2. 出境外学习非学历学习学生人数
		3. 协同企业走出去境外实习培训人数
	7. 留学生培养	1. 年度招收境外学生人数(学历教育1年以上)
		2. 年度培养境外学生人数(非学历教育)
4. 教学科研国际化	8. 课程与教学	1. 开设国际化课程数
		2. 开设国际化专业数
		3. 双语授课课程数
	9. 标准输出	1. 境外认可的教学标准数
		2. 境外认可的课程标准数
		3. 境外认可的行业标准数

一级指标	二级指标	指标观测点
5. 师资队伍国际化	10. 本土教师	1. 到海外学习研修（非学历）三个月以上的教师
		2. 在海外学习的教师人数
		3. 专任教师海外任职和兼职数
	11. 外籍教师	1. 每年聘请的外籍教师（语言类和专业类教师）数
		2. 每年聘请境外的知名专家来校讲学的数量
6. 涉外办学	12. 中外合作	1. 中外合作办学项目数
	13. 境外办学	2. 境外办学项目数
	14. 境外实习培训基地	1. 境外职业技术教育研究中心、境外专业培训基地、境外实习基地
7. 国际交流合作	15. 交流与合作	1. 每年接待外宾团组和人数
		2. 每年出访的团组和人数
		3. 与境外开展经常性师生交流项目或国际性会议
		4. 与境外机构和大学缔结合作关系的数量
	16. 国际化技能竞赛	1. 参与国际化竞赛数和获奖数
8. 特色项目	17. 服务"一带一路"建设项目	1. 参与"一带一路"国家培训获教育援助项目建设
	18. 其他特色项目（也可自定义）	1. 其他教育国际援助项目等
		2. 行业企业国际化资助项目等

1. 理念与规划

教育理念是对教育活动的理性认识和理想追求，是指导教育实践的思想观念。在国际化发展战略中，应将学校的发展置身于国际高等职业教育的发展体系中，按照国际标准对自身进行比较和检验，树立国际化的发展观念，根据学校短、中、长期的发展目标，制定教育国际化的发展规划和年度计划，为学校教育国际化发展指明方向，画好设计图，用以引领学校国际化活动，为教育国际化的价值取向和行为选择创造良好的舆论氛围。理念和规划主要包括：学校领导层有明确的国际化发展理念、规划和目标，定期召开教育国际化工作会议。

2. 组织与制度

大学应有专门的组织机构负责教育国际化的职能，并且有相应的人力资源，落实学校国际化的发展规划和计划，推动国际化活动的实施。建立起能保障教育国际化规范实施的一整套较为完善的管理制度，以及常态化的经费预算和奖励机制，确保教育外事工作运转有序，实施有效。

3. 学生国际化

学生国际化包括国内学生培养和来华留学生的培养，旨在发展职业教育国际化的双向流动。职业教育在借鉴国外优质教育资源的同时一定要加大输出自己的优质资源，扩大职业教育对来华留学生的学历教育和非学历教育的培养。培养具有国际视野和国际交往能力的人才是大学服务社会功能的重要体现。

4. 师资队伍国际化

双向流动还包括教师国际化的双向流动。在"引进"外来智力资源的同时，鼓励本校教师走出国门学习、进修、培训，以拓展国际视野和增加全球思维意识，提高自身的国际化水平。只有教师的国际化程度越高，才能更加做好学生的世界理解教育，增进学生的世界情怀。具体选取本国教师海外获得学位和海外研修三个月以上的教师数作为观测考核点；随着我国引进人才的优惠政策的出台，特别是引进人才待遇的大幅度提升，对全球化引进师资有了一定的吸引力，外籍教师的引进也成了重要的考察指标，我们把引进长期外籍教师和短期聘请外籍教师来讲学这两项内容也作为观测点评价。

5. 教学和科研国际化

科研是我国大学特别重视的指标要素，特别是办学层次越高的大学（培养研究生的高校）就越重视，相比职业教育，科研则落实在成果的转化和应用上。所以在教学上将设置课程和专业的国际化作为观察点，科研则体现在教学标准、课程标准和行业标准的制定与输出上。

6. 涉外办学

涉外办学分为中外合作办学和院校境外办学项目。合作办学一方面引进境外优质教育资源在本校举办各种形式的教育，主要是中外合作办学项目；另一方面是"走出去"办学，特别是发挥区域高职教育的优势，与境外高校和机构创办教育学院、研究中心、培训基地等。合作办学是大学国际化的重要手段和途径，是国际化人才培养最稳定、最经常、最可靠的有效路径。

7. 交流合作

交流合作是大学国际化的途径和方式，主要包括师生交流和合作办学。师生交流是最普遍的国际化行动，其观测点主要包含了与境外大学缔结友好合作关系的机构数、来访团组和人员数以及开展经常性的交流合作项目；近几年来随着我国职业教育国际化内涵的提升，还包括主办承办或参与国际技能竞赛以及国际竞赛获奖情况。

8. 特色项目

在评价指标体系中设置国际化特色项目，具体包括了"一带一路"项目、教育援建项目和自定义项目。这些特殊项目的设立既是鼓励大学根据自身历史文化积淀和学科专业特长发展本校的国际化特色，又有利于立足地方，发挥地缘优势开辟国际化发展道路，这都为大学的国际化发展留有一定的自主空间和余地，也体现了评价指标体系的开放性、特色性和发展性。

本指标体系在建构过程中，摒弃了不少国际化评价指标体系中过于复杂、程序过于烦琐、高校难于操作的特点，特别是为凸显其为一种发展性的过程，首先要考虑到容易为大学所接受，并以此为尺度去改进和发展本校的教育国际化，因此在指标中就慎用了定量的指标，以定性为主、定量为辅，对指标也没有进行加权。一方面是为避免因强调过多定量指标导致只注重追求数量而忽视质量、只追求面上的形式而忽视内在的建设这种功利短视行为；另一方面也避免因加权而可能导致的分等定级和排名效应。

附表：2019中国高等教育国际化发展状况调查问卷概览
（高职高专院校）

1. 国际化战略

表1.1　国际化发展战略与定位

指标编号	指标名称	选是与否	备注
1.1.1	学校发展战略规划中是否有落实《关于做好新时期教育对外开放工作的若干意见》（简称《意见》）及《推进共建"一带一路"教育行动》简称《行动》）的体现或是否结合《若干意见》及《教育行动》进行了调整		如选择"是"，请简要列出规划中的有关内容描述，并注明内容出处（不超过500字）

指标编号	指标名称	选是与否	备注
1.1.2	学校是否制定了国际化发展战略，以提质增效、内涵发展、服务人文交流和"一带一路"建设为重要目标，为国家经济建设和社会发展服务		如选择"是"，请简要列出战略目标的内容描述，并注明内容出处（不超过500字）
1.1.3	学校是否根据国际化发展战略，制定了中长期规划和实施方案		如选择"是"，请以附件提供"中长期规划和实施方案"内容（Word 文本）

2. 组织与管理

表2.1 组织机构

指标编号	指标名称	合计	备注
2.1.1	学校是否明确了党委对国际化工作的领导作用	选是与否	如选择"是"，请提供党委委员名单及职务（Word 文本）
2.1.2	学校是否有国际化工作委员会或领导小组等组织或部门，负责国际化发展规划的制定、实施与保障	选是与否	如选择"是"，请提供工作委员会或工作小组人员名单及职务（Word 文本）
2.1.3	学校是否建立和健全了国际化工作机制（规划、咨询、实施、评估、激励、保障等），对国际化工作的落地、成效、辐射作用以及国际化对教学科研的反拨、促进作用进行评价和反馈	选是与否	如选择"是"，简要列出工作机制的内容或佐证材料（Word 文本）
2.1.4	校部行政管理人员中，专职负责外事管理的人数		
2.1.5	校部行政管理人员中，专职负责外事管理的人员占校部行政管理人员的比例		

表2.2 规章制度

指标编号	指标名称	选是与否	备注
2.2.1	学校是否围绕《关于做好新时期教育对外开放工作的若干意见》制定了完善的与国际化发展相关的规章制度(外事接待、留学生、外籍教师、国际交流及出访等的管理规定)		如选择"是",请提供有关规章制度内容(Word文本)

表2.3 经费

指标编号	指标名称	合计	备注
2.3.1	当年全校国际合作与交流预算经费总额		如有,请列出各级各类奖学金名称及人数
2.3.2	本校留学生获得奖学金资助的人数		
2.3.3	本校留学生获得奖学金资助经费总额(万元人民币)		
2.3.4	当年全校科研经费总额		
2.3.5	当年获得海外或国际组织资助的科研经费数总额		
2.3.6	当年外籍与港澳台专任教师聘用经费		
2.3.7	当年外籍与港澳台专任教师聘用经费其中政府财政支出比例		

3. 教师

表3.1 专任教师结构

指标编号	指标名称	合计									
3.1.1	专任教师人数										
指标编号	指标名称	合计	其中:语言类教师	按获得学位划分				按工作内容划分			
				学士	硕士	博士	其他	教学	科研	管理	其他

指标编号	指标名称	合计						
3.1.2	外籍专任教师人数							
3.1.3	港澳台专任教师人数							

表3.2 专任教师的海外经历与国际参与度

指标编号	指标名称	合计
3.2.1	专任教师中,有海外硕士学位的人数	
3.2.2	专任教师中,有海外博士学位的人数	
3.2.3	专任教师中,持有海外专业机构颁发的资格证书的人数	
3.2.4	专任教师中,有三个月以上海外学习、工作经历的人数(含3.2.1数据)	
3.2.5	专任教师中,在国际组织、学术性协会、国际企业兼职/挂职的人数	

4. 学生

表4.1 在校生和毕业生

指标编号	指标名称	合计
4.1.1	在校生人数(学历生和非学历生,含港澳台侨学生)	
4.1.2	学历生(含港澳台侨学生)	
4.1.3	非学历生(含港澳台侨学生)	
4.1.4	毕业生中,获得国际职业资格证书的人数	
4.1.5	毕业生中,通过出国继续升学的毕业生数	

表4.2　出国留学生

指标编号	指标名称	合计	备注
4.2.1	是否已完善或计划完善"选、派、管、回、用"工作机制，加强全链条留学人员管理服务体系，优化出国留学服务	选是与否	如选择"是"，请简要列出工作计划中的有关内容描述，并注明内容出处（不超过500字）
4.2.2	毕业生出国留学人数		
4.2.3	在校生中，当年通过学校办理的参加海外实习的人数		
4.2.4	在校生中，当年通过学校办理的短期出国(境)学习(不修学分)、游学、参加会议或技能大赛的人次		
4.2.5	在校生中，当年通过学校办理的参加出国升学项目的人数（如2+X或者3+X项目）		

表4.3　来华留学生和港澳台侨学生

指标编号	指标名称	合计	备注
4.3.1	是否已完善或计划完善来华留学体制机制，创新来华留学人才培养模式，注重优化来华留学生国别、专业布局，提高学历生比例	选是与否	如选择"是"，请简要列出工作计划中的有关内容描述，并注明内容出处（不超过500字）
4.3.2	来华留学生		
	学历来华留学生		
4.3.3	非学历来华留学生		
4.3.4	学历港澳台侨学生		
4.3.5	非学历港澳台侨学生		
4.3.6	当年短期来华交流或学习的外国学生数		
4.3.7	学历留学生中，获得中国政府助学金资助的学生人数		

续　表

指标编号	指标名称	合计	备注
4.3.8	非学历留学生中，获得中国政府助学金资助的学生人数		

5. 学科与课程

表5.1　课程

指标编号	指标名称	合计
5.1.1	课程开设门数	
5.1.2	外语类课程开设门数	
5.1.3	使用全外语、双语授课的课程门数（不含外语类课程）	

表5.2　专业

指标编号	指标名称	合计	备注
5.2.1	专业设置数		
5.2.2	使用全外语、双语授课的专业数（不含外语类学科专业）		
5.2.3	经国外或国际认证组织认证的专业数		如有，请列明专业名称、认证时间、认证组织和可查询认证结果的网址

序号	专业名称	认证时间	认证组织	可查询认证结果的网址

指标编号	指标名称			合计	备注
5.2.4	可授予国际职业资格证书的专业数				

表5.3　实训基地

指标编号	指标名称	合计	备注
5.3.1	当年与外商独资企业和中外合资企业联合建立的实训基地数		
5.3.2	当年接受在校生顶岗实习的外商独资企业和中外合资企业数		

6. 涉外办学

表6.1　中外合作办学

指标编号	指标名称	合计
6.1.1	经教育部审批的中外合作办学机构数（不计具有独立法人资格者）	
6.1.2	在中外合作办学机构中就读学生人数	
6.1.3	中外合作办学机构的中方教师比例	
6.1.4	中外合作办学机构的外方教师比例	
6.1.5	经教育部审批的中外合作办学项目数	
6.1.6	在中外合作办学项目中就读学生人数	
6.1.7	中外合作办学项目的中方教师比例	

指标编号	指标名称			合计	
6.1.8	中外合作办学项目的外方教师比例				
6.1.9	中外合作办学的机构或项目是否以提升质量为目标，引进国外优质资源			如选择"是"，请提供证明材料（Word 文本）	
6.1.10	是否重点围绕国家急需的自然科学与工程科学类专业，全面提升合作办学质量			如选择"是"，请提供证明材料（Word 文本）	
6.1.11	是否建立招生录取管理办法、学籍管理制度和文凭管理办法			如选择"是"，请提供证明材料（Word 文本）	
6.1.12	是否建立了中外合作办学的教学评价与反馈机制			如选择"是"，请以附件提供该机制的有关内容（Word 文本）	
6.1.13	是否建立了中外合作办学的教师评价与激励机制			如选择"是"，请以附件提供该机制的有关内容（Word 文本）	
6.1.14	是否针对优质资源的使用效益和反拨、辐射作用建立自我监督和评价机制			如选择"是"，请以附件提供该机制的有关内容（Word 文本）	
6.1.15	是否有 1 所以上中外合作办学项目			如选择"是"，请列明 1 所中外合作办学项目名称、该合作办学项目合作方名称、合作办学的最主要方式（如专升本 2+2 项目）、该合作办学项目当年的招生数和毕业生数	
6.1.16	合作办学项目名称	合作办学合作方名称	合作方式	招生数	毕业生数

表6.2　境外办学

指标编号	指标名称	合计				
		亚洲	非洲	欧洲	美洲	大洋洲
6.2.1	经教育部审批的境外办学项目/职业技能培训点数量（非语言类专业）					

7. 学术交流与合作

表7.1　学术交流

指标编号	指标名称	合计
7.1.1	专任教师中，当年通过学校办理的短期出国研修、访学、参加国际会议与合作交流的人次	
7.1.2	当年通过学校办理的海外学者来华短期讲学与合作研究的人数（停留一个月及以上）	
7.1.3	当年校级领导接待海外来访团组次数	
7.1.4	当年校级领导赴海外考察团组次数	

表7.2　国际学术会议与合作

指标编号	指标名称	合计
7.2.1	当年本校主办或承办的一般性国际会议及国际技能大赛的次数	
7.2.2	当年本校主办或承办的重大国际会议及国际技能大赛的次数	
7.2.3	当年在有效期内的校级国际合作协议总数	
7.2.4	当年科研项目总数	
7.2.5	当年获得海外企业或国际组织资助的科研项目数	
7.2.6	与海外联合建立的联合实验室、国际联合研究中心或研发机构总数	

指标编号	指标名称	合计
7.2.7	建设国际技能培训中心或国际职业教育研究中心（基地）的数量	
7.2.8	如有，请列出培训中心（基地）的名称	
7.2.9	承办"一带一路"沿线国家高校教师或管理人员进修或培训项目次数	
7.2.10	与"一带一路"沿线国家开展的教学合作项目数（包括课程标准输出、教材和教师培训等）	
7.2.11	承办国家、省市和地方政府的国际合作或援助项目数	

表7.3　评价与激励机制

指标编号	指标名称	选是与否	备注
7.3.1	是否建立了鼓励开展国际学术交流与合作的激励机制		如选择"是"，请以附件提供该机制的有关内容（Word 文本）
7.3.2	教师评价中，是否体现了对国际交流合作背景和经验的重视		如选择"是"，请提供证明材料（Word 文本）
7.3.3	科研评价中，是否体现了对国际交流合作背景和经验的重视		如选择"是"，请提供证明材料（Word 文本）
7.3.4	当年是否请外部评估或专业机构对本校的专业、课程进行过评估或总结		如有，请列出外部专业机构的名称和所开展项目的名称、时间及进行评估的时间（Word 文本）

8. 人文交流与特色发展

表8.1　人文交流

指标编号	指标名称	选是与否	备注			
8.1.1	当年是否参与国家层面中外人文交流机制活动		如有，请列出项目名称和数量	数量		
				项目名称		
8.1.2	当年是否与发展中国家和周边国家开展交流合作，接受"一带一路"沿线学生来华学习或研修		如有，请列出来华学习或研修的人数、学历层次及来源国分布情况	来华学习或研究人数		
				其中学历生人数		
				非学历生人数		
				来源国		
8.1.3	当年是否参与国际教育援助，建设教育援外基地		如有，请列出教育援外基地的名称和数量	数量		
				基地名称		
8.1.4	当年是否开展国际交流层面的人文艺术、体育交流等项目		如有，请列出项目及数量	数量		
				项目名称		
8.1.5	是否有接待国外政要和社会知名人士		如有，请列出人名、国别、职务	人名	国别	职务

表8.2　特色发展

指标编号	指标名称	选是与否	备注
8.2.1	请学校根据自身国际化发展特色提交材料（例如：来华杰出人才培养、非通用语种人才及国际组织人才培养、国际重大科学计划和科学工程、全球教育治理、国际规则和标准制定、讲好"中国故事"、宣传中国职业教育、发布重要信息、建设外文网站和丰富外文图书资料等情况的描述）		请以附件提供相关证明材料（Word 文本）

第五章　国外发达国家高等职业教育国际化发展研究

　　经济全球化强化了高等职业教育发展与国家竞争力的联结，使得国际化不仅涉及高等教育的问题，也影响一个国家政治、经济的发展及综合国力的提升。各国皆开始正视高等教育国际化的重要性。国际化已成为各国高等教育和高等职业教育发展的重要契机与挑战，它不仅攸关其能否与世界高等教育的发展路线接轨，也决定其是否具有国际市场的竞争优势。尽管各国高等职业教育国际化的主要举措、重心不同，但均围绕学生国际流动、教师国际流动、课程国际流动和机构国际流动四大指标类别与策略形式展开。国际化课程体系的建立与改良、海外分校或教学中心的设立是新近高等职业教育国际化的做法。本章重点以澳大利亚、美国、德国、日本、新加坡的高等职业教育国际化发展为例，探讨其各自在高等职业教育国际化领域的重要经验，归纳共同的趋势与面临的挑战，为我国区域高等职业教育国际化改革与发展提供参考。

第一节　澳大利亚高等职业教育国际化发展

　　在经济全球化的影响下，基于政治、经济、文化和自身国际化优势等影响因素，澳大利亚政府充分认识到高等职业教育国际化对提升国家职业教育质量、促进国家经济发展、增强国家影响力和国际竞争力的重要作用，因此将高等职业教育国际化作为国家重要的发展战略。在高等职业教育国际化进程中，采取多种措施全面推进职业教育国际化，促使澳大利亚高等职业教育国际化的内容与形式不断丰富完善，使其达到世界一流水平。这其中不但包括办学理念国际化、课程国际化、人员国际化，还涉及国际合作与交流等多个方面。

一、办学理念国际化

　　办学理念是一所学校发展的灵魂，是学校办学精神和价值取向的集中表现，是对学校办学目标、发展宗旨与价值功能等发展的基本问题的总论述。如何树立世界眼光，根据高等职业教育在国家未来发展规划中的使命和功能，制定国际化行动的方向、目标和战略是国际化办学理念的集中体现。澳大利亚高等职业教育在 1974 年正式建立，作为一个年轻的教育类型能够在短短 40 多年时间内急剧上升成为澳大利亚国际教育服务的重要载体，实现自身跨越式发展，离不开国际化办学理念。作为重要的思想体系，其国际化办学理念主要体现在办学思想国际化和培养目标国际化两方面。

（一）办学思想国际化

作为英国曾经的殖民地，澳大利亚最初的高等职业教育移植于英国传统的学徒制。真正的高等职业教育创建于 20 世纪 70 年代，是在澳大利亚经济快速发展跨入资本主义发达国家和国际环境竞争激烈的时代背景下应运而生的，是澳大利亚经济社会发展现实的客观需求。在此之后，为了促进经济发展，自由党政府认为技工学校和矿校比正规大学更能适应工业的需求。加上此时美国进步主义运动如火如荼，于是澳大利亚积极学习美国进步主义思想，强调学习是为个人的创造性和将来的生活做准备，应着力培养学生的动手能力、观察能力以及创造性思维。这就使澳大利亚高等职业教育在创立伊始就秉承着着眼于世界的办学理念，并在这一理念的指导下对学校进行国际化定位。在这一时期，澳大利亚的高等职业教育就已经开始进行国际留学教育，并在高等教育体系中占据一定比重，作为国际上较早进行留学教育的职业教育，为国际职业教育发展树立了良好榜样。

20 世纪 80 年代后，教育市场化以及高等职业院校拨款经费减少则成了澳大利亚高等职业教育国际化的主要动力。为了更好地进入国际市场，澳大利亚联合行业、企业对高等职业教育体系进行改革。在课程、教学、师资等方面逐步建立标准体系，打造国际化品牌。2000 年，澳大利亚颁布了《海外学生教育服务法》，使其成了世界上首个为海外学生教育立法的国家。2014 年，澳大利亚政府制定"新科伦坡计划"（New Colombo Plan），鼓励澳大利亚和其他地区的学生双向流动。2016 年，澳大利亚制订了一项十年计划，即《国家教育战略 2025》，其中一个目的就是发展澳大利亚成为全球职业教育领域的领导者。它有利于澳大利亚的国际教育部门更具适应性、创新性和全球参与性，加强了澳大利亚教育体系的国际公认度，增加了全球伙伴关系，并推动了与当地社区和国际合作伙伴关系的建立。正如孔宪铎[①] 所说，"好的学校必须要着眼世界，在学无止境、学无国境的基础上，才能与世界一流学校展开竞争。若想达到世

---

① 孔宪铎.我的科大十年[M].北京：北京大学出版社，2004.

界一流水平，与知名学校平起平坐，也必须着眼于世界。若非如此，终将变成井底之蛙，拘于区域"。

（二）培养目标国际化

澳大利亚认为高等职业教育国际化培养的人才必须拥有以下能力：具有国际化的视野、基本的专业知识和熟练的操作技能、基础外语交流能力、了解国际礼仪与基本法律、尊重不同国家文化、终身学习。因此，澳大利亚高等职业教育注重培养学生的国际意识，提高学生的综合能力素养。为使学生能够深刻理解多元文化，增进学生对不同文化的理解与包容，澳大利亚高等职业教育需加强国际理解教育，面向世界招收教师、学习者，培养学生的跨文化交流能力。面对来自不同文化背景的学生，彼此之间的沟通交流不仅代表了学校的价值取向，更会给师生对不同文化的情感态度带来潜移默化的影响。以全球性的眼光来制定高等职业教育人才培养的内容、标准和层次，注意培养学生的外语应用能力、创新创业能力、勇于参与国际竞争的意识，以及在国际化和多元化社会工作环境下的生存能力，使其适应国际化发展需求。

二、课程国际化

课程国际化是职业教育国际化不可或缺的一部分，主要包括开设外语课程、国际区域研究等国际课程以及课程实施、管理标准化的过程。国际课程是指课程内容上具有国际倾向，以国际或国内学生为课程实施主体，使学生能够在多国背景下进行职业或社会活动的课程，比如英语等语言文化课程、国外文化课程和以世界、国际等命名的科目。课程实施管理等国际化是指课程内容的选择、实施、课程标准的制定与评估等方面与国际接轨，建立相互认可的学分和学位等制度，构建一个全球统一标准的课程体系的过程。澳大利亚高等职业教育课程国际化是一个将语言要素、文化要素和国际要素整合进行教学，既着眼于本国学生又服务于国际学生的系统工程。用国际维度和跨文化视角来对澳大利亚高等职业教育课程国际化进行探索实践，这也是澳大利亚高等职业教育国际化取得成功的关键。

（一）课程观念国际化

在高等职业教育国际化初期，澳大利亚在课程中增添国际化内容，帮助学习者在全球化和跨文化的工作环境中获得参与和发挥作用的能力。在 20 世纪 80 年代中后期，为了帮助学生在全球化工作中做好准备，澳大利亚提出通过课程的国际化来培养澳大利亚毕业生的全球化视野、知识、能力、素质、态度和价值观的课程目标。在国际化课程观念上，澳大利亚在最初就已以积极的态度应对国际发展趋势，重视国际性人才培养的同时，注重加强职业教育在全球的吸引力和国际竞争力。在 2000 年，澳大利亚提出"全球化课程"（world class education）概念，指出"全球化课程"不是一门具体课程，而是一种教育和课程的新理念，强调的是课程的全球观，旨在增进各国各族人民的相互认识与理解，增强澳大利亚高等职业教育体制的适应性和吸引力。进入 21 世纪，考虑到越来越多国际公司的建立所带来的国家经济之间劳动力流动性的增加，发展学生国际化相关知识、技能与国际化素质在高等职业教育课程中变得至关重要。

（二）课程内容国际化

一方面，澳大利亚十分注重语言课程的开设。外语，尤其是国际通用语言，作为国际交流的工具，具有不可比拟的市场价值属性。澳大利亚是最早将语言视为意识资源的国家之一。联邦政府提供了充足的资源，支持和鼓励学校发展语言学习。并于 1972 年颁布了澳大利亚历史上第一部明确的、在教育中最具影响力的官方语言政策——《国家语言政策》（National Policy on Languages），该政策在确保英语支配地位的基础上支持多种语言教育，使澳大利亚成了世界上第一个制定和实施多语文化的英语国家。1991 年 9 月澳大利亚颁布了《澳大利亚语言：澳大利亚的语言和读写能力政策》（Australian Language:The Australian Language and Literacy Policy），反复强调英语读写能力的主体地位及其在经济建设中的重要作用。英国加入欧共体后，澳大利亚失去了原料等资源出口市场。出于政治及经济目的，澳大利亚瞄准亚洲地区人口众多、劳动力廉价、市场广阔的优势，制定了"脱欧入亚"的国际战略。并于 1994 年签发了《澳大利亚学校中亚洲语言学习的国家战略》（The National Asian Languages and Studiesin Australian Schools Strategies 简称，NALSAS），在强调英语学习的同时推动澳大利亚学校学习亚洲语言，其目的不仅仅是为了吸引更多的海外留学生或是培养本国具有国际竞争力的技能人才，还为了避免本国受过国际一流教育的人才的流失。为了方便国际交流，澳大利亚高等职业院校中为本地学生均开设了英语学习课程，学生可以根据自身需要灵活选择学习等级。出于英语在国际交流中的重要性，使得留学生在选择出国留学地区时大多选择以英语作为教学语言的国家和地区。澳大利亚借此契机，推出英语留学培训机构，并与全球雅思合作，制定培训标准，满足国际学生语言学习需求，解决了国际化中语言学习这一重要问题。为了巩固留学市场，帮助澳大利亚超越加拿大、美国等竞争对手，澳大利亚教育部致力于提升国际学生英语能力，将英语语言能力列为强制项目，为留学生带来福利。其中，英语强化课程 ELICOS（The English Language Intensive Courses for Overseas Students）主要由各州的 TAFE 学院负责实施教学。并设置澳大利亚语言学习中心，代表全澳大利亚 120 多所会员学院，测量学生现有英语水平，按需授课，提高人性化服务，为来自世界各地的学生和专业人士提供优质的英语语言课程。目前，澳大利亚成了国际学生语言学习的理想地，在全球五大英语学习目的地中，澳大利亚继英国、美国之后，排名第三，参加英语强化课程的学生主要来自中国、日本和巴西。在六种指定的提供者类型中，高等职业教育学院占据了 ELICOS 学生的最大市场份额，达到 32%。

另一方面，在课程观念的引导下，澳大利亚高等职业教育国际化课程在构建和选择方面，主要表现为在现有或传统职业教育课程中增添国际性文化内容、开设多种形式的国际性新课程两方面。梅耶尔说过："具有竞争性的世界公民是需要与不断变化的世界打交道的，而与不同的国家打交道，就必须要了解该国的政治、经济和历史文化。否则，只是隔靴搔痒。"澳大利亚高等职业教育办学定位非常清晰。对于本国学生，所开设的国际化课程主要涉及外国语言、文化、历史等知识，加大国际知识、文化比较、文化理解等知识比重；及时将国外先进科学文化知识和科技成果转化为课程内容；对于国家外交重点地区，澳大利亚甚至专门设置了研究课程，比如亚洲研究等，以提高本国学生的文化修养和跨国交流、就业能力。而海外留学生选择去澳进行职业教育学习主要有以下三个目的：一是学习先进技术，获得公认文凭，方便就业。二是习得英语交流能力。三是通过职业院校学习，获得学分，转向更高层次内容学习。因此，留学生的课程主要集中在各种语言课程、技术知识文凭和证书课程以及学位课程。比如博士山 TAFE 学院（Box Hill）提供广泛的课程和服务，以支持学生进行国际学习。它目前提供 1400 多个课程，向具有许多不同兴趣、背景和需求的学习者、企业、社区团体提供教育。资格范围从证书 I 级到 IV 级，包括文凭和高级文凭，甚至是副学士、学士和硕士学位，并可获得国际认可。新州国际 TAFE 学院（TAFE NSW），一共开设 248 门国际课程，包括 174 门证书课程、52 门文凭课程和 22 门大学学位课程。课程内容具有实用性，以过程性知识为主，以陈述性知识适度够用为原则，顺应职业发展需要。

（三）课程实施国际化

国际化的人才培养目标渗透在课程实施中。为了适应国际化的课程体系结构，提高高等职业教育质量，澳大利亚建立了以岗位能力为本位的人才培养模式。该模式关注学生实际能力的培养，以学生为中心，教学内容以"够用和理论联系实际"为原则，使教学内容具有实用性和针对性。由于不同智能类型和不同智能结构的个体，对知识的掌握也具有不同的指向性，因此澳大利亚高等职业教育课程以单元或课程模块展开，以信息技术课程为例，不同等级的资格文凭分为不同的核心能力单元和选修能力单元，学生可以根据自己的学习兴趣进行选择。在课程学习方式方面，澳大利亚职业教育院校大都支持学习者根据个人需要选择课程内容、教学进度、教学地点和学习时间。另外，还可以根据实际情况选择全日制、半日制或者远程教育。理论知识的学习主要采用小班授课制，同时注重与工厂或企业的实践相结合，与企业界形成质量契约关系，以实现学生技术技能的积累和创新。实践性教学环节占比较重，职业教育理论课和实践课比例大体为 1∶1，一些重要的专业理论课都配置相应的实践课，二者的比例有时可以达到 1∶2。既实现了以工作过程为导向的课程教学，又为学生接触新设备和学习新技术提供了条件。在对学生课程的考核上，一般有观测、口试、现场操作、第三者评价、证明书、面谈、自评、提交案例分析报告、工作制作、书面答卷、录像和其他等 12 种标准测验方法供教师采用，以检验学生实际工作能力情况。

（四）课程管理国际化

在课程管理上，澳大利亚实行国际通用的课程管理制度，以实现课程标准国际化。为了统一全国职业教育标准，澳大利亚职业教育联合 11 个行业共同构建了全国统一的职业教育与培训框架体系，包括质量培训框架、培训包和学历资格框架。质量培训框架统一了全国的职业教育培训标准，保证了提供职业培训的机构质量。同时，澳大利亚国家培训局建立了行业培训咨询机构（ITAB）和各州教育服务部（ESD），在进行职业教育研究的基础上根据行业需要提出、制定、开发以及修改培训包。作为澳大利亚高等职业教育发展的一大特色，在国际性、实用性课程开发与选择中保证了澳大利亚高等职业教育课程教育质量。澳大利亚资格证书框架体系，致力于实现基础教育、职业教育和高等教育三者间的顺畅贯通，为不同层次和需求的学习者各取所需带来了便利，也为不同地区间的能力认可、资格认证提供了全国统一的标准。既有利于全国劳动力的自由流动，也有助于将"终身教育"理念真正付诸实践。同时也使澳大利亚高等职业教育的资格证书能够和国际接轨，获得全球认可，极大地提升了澳大利亚职业教育的国际声誉。与之配套的先前学习认可的学分转换制度，通过学分互换和学分累积，实现立交桥似的学历资格互通，满足了海外学生多元学习需求，具有极大吸引力。

三、学生国际化

（一）学生的流入

1. 留澳学生人数及其变化

招收海外留学生，是澳大利亚高等职业教育国际化的主要办学形式。在抢夺优秀人才的竞争中，优秀的海外学生可以提高高等职业教育在未来几代研究人员和雇主中的声誉，为国际合作伙伴关系的建立奠定基础。澳大利亚自身独特的国际化优势满足了亚洲地区日益增长的接受优质教育的需求，吸引了众多学生赴澳留学。据统计，2017 年，澳大利亚海外留学生人数为 418738 人，比 2003 年增加了 254646 人。2009—2011 年，受全球经济低迷影响，澳大利亚海外留学生总人数有所下降。2013 年，澳大利亚政府推出"新科伦坡计划"，与亚洲国家实现学生双向交流，海外留学人数开始上升。职业教育部门海外学生人数也从 2003 年的 22789 人增加到 2017 年的 123372 人，年均增长率为 12.8%。从 2003—2017 年间来看，澳大利亚海外学生总数和职业教育部门海外学生总数一直在持续增长，职业教育部门招收海外学生人数在澳留学生总人数中占有重要位置，仅次于高等教育海外学生总人数，2011 年占比达到 32.7%。

2. 留澳学生的主要来源地区分布和专业学习选择

据统计，2017 年澳大利亚高等职业教育海外留学生入学人数总体呈上涨趋势。在地区来源分布上看出，其主要来源地仍为亚太地区，中国留学生人数达 35983 人，占留学生总数的近 30%。其次是印度、韩国、泰国等亚洲地区。人数最少的国家和地区是沙特阿拉伯和赞比亚，分别是 51 人和 76 人。值得注意的是，澳大利亚高等职业教育对美国、英国两个西方职业教育发达的国家仍存在一定吸引力，美国、英国赴澳大利亚的高等职业教育留学生有近 300 人。在专业课程选择方面，2017 年统计显示，超过一半的学生选择工商管理和工程技术专业。大约 8% 的学生选择较低层次的混合领域课程（侧重于读写算）。

（二）学生的流出

1. 澳大利亚出国留学生的人数及其变化

学生参与海外学习的方案已成为澳大利亚高等职业教育国际化战略中的一个关键组成部分。学生在合作国家学习一段时间，不仅可以让学生接触到新的知识、技术和方法，还可以通过建立合作伙伴关系共同进行高等职业教育研究，以促成日后更深层次的国际合作。澳大利亚学生进行海外学习得到了政府和机构一系列举措的支持，包括 2004 年政府推出的援助贷款方案、海外学生网站、新科伦坡计划等。1998 年，澳大利亚最早的人口普查数据显示当时有 3375 人参加，到 2016 年参加人数约有 44045 人。短短 20 年中，参加海外学习方案的人数增加了约 13 倍。据统计，2016 年接收澳大利亚高等职业教育留学生人数最多的 5 个国家依次为美国、中国、英国、意大利、日本。

2. 澳大利亚出国留学生选拔标准及国外学习形式

在澳大利亚高等职业教育学生出国留学选拔标准方面，以博士山 TAFE 学院为例，要参加学校提供的交流计划，首先必须具备以下资格标准：①年满 18 周岁；②在申请时和参加交流时注册为 Box Hill 学院的学生（将优先考虑全日制学生）；③是澳大利亚公民或永久居民；④以预期的速度进行培训且已至少完成两个学期的学习；⑤具有一定的经济支持；⑥能够承担交流方面的所有责任并完成学业任务。在满足这些基本条件后，学生可以填写申请表，进行学习动机和学习计划的个人陈述，并提供近期学习成绩单以供考核。然后将由学校留学生计划小组进行审核和面试，遴选小组将从学生的学习成绩、学习成就、个人目标和动机以及个人技能等方面进行筛选。澳大利亚高等职业教育学生在国外的学习形式主要有四种：短期交换、学期交换、海外实习和参观考察。短期交换生通常学习时间为 2~3 周，通过预先安排的短途旅行和旅游帮助学生接触国外产业，在合作学校感受不同的国际教学和学习方式。一学期的交换生计划通常可持续半年，学生可以在合作院校正式注册课程获得学分，与本国互认。海外实习生可在交换期间进行国际工作并获得一定收入。参观学习时间为 1~4 周，旨在针对一个特定课程领域进行国际经验学习，获得一两个科目的学分。

四、教师国际化

教师是课程实施的重要主体，是制约教育发展的重要因素，在高等职业教育国际化发展中起着举足轻重的作用。澳大利亚十分重视师资的国际化建设，其高等职业教育教师的国际化发展包括两个方面：一是师资来源国际化，二是师资培养管理国际化。

（一）师资来源国际化

随着国际性市场经济的发展，澳大利亚教育行业已成为满足全球教师移动需求的一个重要场所，在促进专业教师人员全球移动的同时也提高了澳大利亚本国教师的国际化水平。澳大利亚师资来源国际化主要受人口和教育服务业的强劲增长两方面因素影响。2003 年，经济合作与发展组织（OECD）报告中指出，澳大利亚在未来几年内面临着经验丰富的教师严重短缺的问题。2008 年澳大利亚调查显示，澳大利亚教师平均年龄在 49 岁，出现了一定程度的老龄化现象，教师严重不足。随着教师成群结队地退休，再加上澳大利亚国际市场的不断拓展及教育服务业的迅猛发展，澳大利亚教师的未来供给是澳大利亚公共和私人教育规划者面临的一个重要危机，其解决办法是在澳大利亚培养更多的教师或是吸引更多移民教师到澳大利亚。而教育对人才的培养具有一定的延时性和滞后性，面对市场的巨大需求缺口，从全球招聘国际教师则是最为便捷和有效的办法。2003 年教育、科学和培训司（DEST）报告强调，澳大利亚需要吸引、培养和留住高素质的教师，其中包括移民教师。澳大利亚是一个移民国家，其教师移民历史更是源远流长，澳大利亚始终以一种开放、欢迎的态度面对国际教师，这为澳大利亚吸引国际教师奠定了良好基础。早在 20 世纪 70 年代，澳大利亚就开始从英国招聘很多教师，并拓展到美国、加拿大地区。近年来，随着与亚太地区合作增多，职业教育师资队伍也增添了许多来自亚洲和非洲国家的教师，再加上澳大利亚自身独特的地理资源优势、多元开放的文化环境、国家雄厚的经济实力以及世界一流的职业教育品牌，越来越多的全球优秀职业教育教师前往澳大利亚工作和生活。

（二）师资培养管理国际化

1. 规范教师培养和任用制度

单一的海外教师招聘虽然在一定程度上填补了澳大利亚高等职业教育国际化教师的缺口，但海外教师通常具有一定的流动性，治标不治本。通常，澳大利亚在本国有四种高等职业教育国际师资来源，并制定了严格的入职标准。澳大利亚注重本国师资培养，从 20 世纪 70 年代起，高等教育学院和大学共同组成了澳大利亚专任职业教育师资培养的学校体系。主要侧重于培养高学历的、有教学能力和具有专业实践经验的专任教师。澳大利亚大学通常采用前三年学生进行专业学位课程学习，最后一年进行教育专业课程学习的"端连法"模式。澳大利亚高等教育学院则采用"平行法"进行职业教育师资的培养，使其专业学位课程与教育专业课程同时学习，深度融合。近年来，"平行法"成为职业教育师资培养的主要形式。在拥有教师资格证、培训行业四级证书、3~5 年本行业工作实践经验并应聘合格，经过一年试用期后，才能被学校正式录用。而要成为职业院校国际教师，除了要达到上述条件外，还要求必须具有一定的海外学习背景和游学经历。因此，第一，澳大利亚积极实施国际化战略，与其他国家签署合作协议，如"新科伦坡计划"，以增加教师出国交流学习机会。第二，会选择在职优秀教师到国外进修，通过提供资金鼓励外出留学、开展国际合作、全球课程共同研究等形式提高在职教师国际化水平。第三，招收大量企业兼职教师。要求企业兼职教师具有学士以上学位和行业资格证，并在成为高等职业教育教师后进修教师专业课程，取得教师资格。除此之外，还要求具有一定的外企工作经历。第四，澳大利亚充分利用海外留学生资源，借助留学生高学历、较好的外语水平、专业化的技术技能培训资历以及全球的跨文化视角优势，允许学生归国以后从事国际教育。严格的高等职业教育国际化教师培养和入职标准保证了本土国际化师资的正规性和高质量，这在一定程度上满足了澳大利亚高等职业教育国际化师资需求。

2. 构建教师培训与考核机制

为了提升教师专业水平，满足国际市场发展需求，澳大利亚对高等职业教育教师的培训和管理十分重视。在成为一名职业教育教师后，新手教师必须进行上岗培训，经过培训后再由教育部门和学校进行评估考核，合格者才能进行教学。由于澳大利亚教师采取聘任制和职工工资与年度经费挂钩的管理制度，教师竞争激烈，因此促使在职教师必须进行培训和进修，以便提高绩效和进一步晋升。同时，澳大利亚政府也十分鼓励并支持教师在职进修，每年提供大量资金用于在职教师进修，并提出为每个进修教师提高奖学金支持，且免缴一定费用的优惠政策。鼓励澳大利亚高等职业教育教师进行学历学位培训、教育能力培训、信息化教学技能培训和企业实践等多种培训，并提供大量国外进修学习机会，以丰富教师国际视野，提升教师专业能力和教学水平，满足职业教育国际市场需求。注重对教师教育教学的评估，并以此作为奖惩的依据。评估内容主要包括评价教师专业知识水平、工作能力、国际视野、钻研进取精神、教学技巧、教学效果以及对教育政策的理解掌握程度等方面。澳大利亚高等职业教育国际化市场的不断发展，要求澳大利亚重视师资从职前培养、在职培训到教学质量考核评估的过程，而国际化的师资培养与管理在一定程度上又不断助推着澳大利亚高等职业教育国际化的发展，二者相互促进，缺一不可。

五、国际合作交流

20 世纪 80 年代末期，澳大利亚把亚太地区作为重要目标市场。一方面，大量招收海外留学生来澳满足其市场拓展需求；另一方面，借助澳大利亚高等职业教育品牌，积极发展新型教育出口方式。通过提供跨国教育机会，增设与当地在课程、学历等方面合作办学、远程教育、海外分校等国际化新形式，发展离岸教育（Offshore）市场，帮助学生就近学习澳大利亚本地高质量课程，获取同等学位。新的跨国职业教育的拓展形式既在一定程度上使输入国学生家庭无须承担经济负担便能就近享受澳大利亚优质的职业教育服务，又输出了澳大利亚的高等职业教育，从而极大地拓展了教育经费来源渠道，并提高了澳大利亚高等职业教育的国际知名度。合作办学、远程教育、海外分校等服务出口在国际市场上广受欢迎，促使澳大利亚在激烈的国际市场竞争中呈现良好发展态势。

（一）合作办学

澳大利亚积极开展高等职业教育国际合作办学，通过与世界各地签订交流合作协议和框架，建立了全球教育合作伙伴网络。合作办学主要是澳大利亚与输入国共同签订合作协议，由双方共同提供学习项目，实现学分互换，修完所需课程并通过考核之后便可获得"双证"，即国外文凭证书和本国文凭证书。两外还通过双联课程（Twinning programs）进行跨国教育课程衔接，与中国、马来西亚、新加坡等国家和地区的学校开展联合办学。双方就一些国际热门专业开展合作项目，共同制定课程内容和教学计划，专业课采用英文教材，由中澳双方教师共同授课。由于具有较为突出的英语优势，学生可以选择国内专升本，或是进行国外留学。因为合作项目学分获得澳大利亚大学认可，毕业后可赴澳攻读本科学位，续修学分，学制通常为1~2年。比如，澳大利亚新州国际职业学院为全球3000多名学生提供澳大利亚职业和教育培训课程，专注于制定联合计划和教育伙伴关系，包括行业培训。其于2013年与昆明冶金学院建立了业务联系，并于2015年开始提供环境监测与技术双重资格认证，这些资格证书具有相同的课程内容，与澳大利亚学生具有相同的资格，使昆明冶金学院学生在中国和澳大利亚都可以得到认可。博士山TAFE国际学院每年都会多次访问这些国际校园，与当地团队合作，与学生分享专业知识和经验。这意味着学生可以从独特的全球视角以及当地教师、行业专家和高素质的博士山TAFE国际学院员工的知识和专业素养中受益，就在他们的家乡，真正实现"留学不用出国"。霍姆斯格林TAFE学院国际合作伙伴遍布世界，包括中国、蒙古、日本、印度尼西亚、新加坡、马来西亚等地。其中，与中国7所职业院校，即成都技师学院、湖南国际经济大学、广东水利电力工程技术学院、南京晓庄大学、济南商业职业技术学院、武汉职业技术学院、宁波商业技术学院开展合作办学。

（二）远程教育

澳大利亚总领土面积约为762万平方公里，人口约2327万，地广人稀且人口居住分散。一方面，广阔的领土和低密度人口是促使澳大利亚远程教育发展的主要原因；另一方面，远程教育可以为受教育者提供更多的机会，这是澳大利亚终身教育、公平观念的体现。它可以为学校节省空间和设备，对于一些高等职业学校来说，在不可能招收更多学生时可利用远程教育吸引更多的人学习。因此，澳大利亚政府十分重视远程教育建设，早在 1910 年昆士兰大学便开始以邮寄资料的形式进行远程教育。到 20 世纪 80 年代末，TAFE 学院成为远程教育的主力军。近年来，澳大利亚第五代网络技术为保证未来远程教育的发展开辟了新的道路。再加上澳大利亚职业教育树立的国际品牌，国际市场需求旺盛。为了加速职业教育国际化发展，抢占国际市场，远程教育成为澳大利亚政府和学校积极拓展海外教育市场的主要方式之一，其主要采取一体化的双重院校模式，即校外学习和校内学习课程内容、课程考核、资格证书完全等值，只需本人向学校提出申请即可参与。同时，澳大利亚积极寻求合作伙伴，与海外企业、大学等结成教育联盟，与当地职业院校联合研发网络课程，提供远程教育。2017 年，澳大利亚共有 36765 名学生注册海外职业教育学习课程，管理和商业是最受海外职业教育学生欢迎的专业（占所有入学人数的 45%），其次是工程和相关技术专业（占入学人数的 15%）。中国成为澳大利亚最大的远程教育注册地。在远程教育课程方面，澳大利亚政府积极鼓励企业、图书馆、学校形成学习共同体，多部门协作，集中特长与优势联合开发远程课件，共享资源。目前，澳大利亚逐步建立起具有世界一流的、满足不同教育层次需求的现代远程教育系统，为学习者提供了方便、灵活、开放、适用的终身学习和培训服务的学习环境。如澳大利亚新州国际职业学院，已提供远程教育超过 100年，它是澳大利亚最大的在线教育提供商，也是新南威尔士州培训奖的获得者，拥有遍布澳大利亚和国际市场的 10 万多名在线学生。学校与国家服务工作室（前称 Your Tutor）合作，为学生提供实时在线帮助，包括论文和报告撰写、学习技巧和参考；提供 250 多种课程，包括航空、商业管理、社区服务、物流、旅游、营销等专业领域；提供短期课程、证书、文凭以及高级文凭水平的学位，方便学生进行多层次学习。另外还设置专门的远程教育机构，每年进行课程研发更新与教育质量考核。

（三）海外分校

设立海外分校是澳大利亚高等职业教育国际化输出的另一种重要途径。澳大利亚的高等职业教育机构经由输入国政府同意后在主国（Hostcountry）建立分校，负责分校运行，其课程内容与本部一致，并颁发相同学位证书文凭。20 世纪 80 年代，受教育经费削减影响，澳大利亚参与到国际化市场竞争中，开始筹建海外分校项目。90 年代，海外分校项目正式开始，澳大利亚在中东地区建立了最早的一所分校，即迪拜卧龙岗大学分校。21 世纪初，澳大利亚与亚太地区往来密切，为满足本国教育需求，澳大利亚在马来西亚、新加坡等地建设海外分校。近年来，澳大利亚高等职业教育国际市场拓展到阿联酋国家地区，并在科威特等地建立了部分海外分校。截止到 2016 年，澳大利亚各高校创办海外分校的数量为 14 所。海外分校采用合作办学和主校独资两种形式，具体采取何种形式则依据输入国当地法律规定。比如中国的《中外合作条例》中规定来华学校不能独立办学，必须采用与我国学校、企业等合作办学模式，而马来西亚则是二者皆可。海外分校一般都获得所在国高等教育部的机构认证，与许多本地大学签订了从属协议，允许毕业生继续攻读学士学位，并获得澳大利亚本部校颁发的国际认可文凭（AQF）。如果符合计划要求，他们还将有机会在澳大利亚本部学校继续深造。比如博士山 TAFE 学院 2007 年在科威特建立博士山学院科威特分校（Box Hill College Kuwait），现已发展成科威特国家领先的教育机构，并于 2010 年 10 月 22 日获得了私立大学理事会（PUC），即科威特国家高等教育部的机构认证。作为科威特唯一的私立高等职业教育机构，该校致力于为学生创造一个高质量的学习环境，提供获得必要知识和技能的机会，以便在当地就业市场取得优异成绩。目前提供管理、市场营销、银行服务管理、平面设计、室内设计和装饰以及网站开发等 6 个文凭课程，在为科威特女性获得技能并成为专业人员以及为科威特经济服务等方面发挥着关键作用。

第二节　澳大利亚高等职业教育国际化发展经验与启示

澳大利亚高等职业教育是在国际性和开放性的基础上创立的。面对全球教育国际化趋势，澳大利亚秉承其开拓创新、敢于实践的精神，致力于高等职业教育国际化的具体实践探索，寻找符合澳大利亚高等职业教育国际化发展趋势的策略，有效地促进了澳大利亚高等职业教育的发展，取得了丰硕的国际化教育成果，形成了丰富的经验。在澳大利亚高等职业教育国际化的发展中，澳大利亚积极借鉴别国先进经验，结合本国实际，寻求创新突破。在国际化导向的新观念指导下，澳大利亚着力构建了在国际市场中的话语体系、标准体系、协同体系与制度体系，在高等职业教育的品牌影响力、国际认可度、教育服务和战略执行能力等方面取得了巨大成功。这些经验，对于如今在"一带一路"倡议背景下如何让中国高等职业教育智慧理念更好地"走出去"，具有重要的参考价值。

一、澳大利亚高等职业教育国际化发展的经验

（一）国际化导向下的观念创新

1."引进来"与"走出去"相结合

从澳大利亚高等职业教育国际化发展的历程和内容来看，其国际化是"引进来"与"走出去"并行的双向交流活动过程。在"引进来"方面，20 世纪70 年代之前，澳大利亚高等职业教育以学习英国传统学徒制为主，各种培训机构和技工学校以不同方式建立，以满足个人和社会发展需要。1974 年的《坎甘报告》中明确提出澳大利亚高等职业教育概念。20 世纪八九十年代受美国"能力本位"思想影响，加上积极派遣专家、教师前去德国进行"双元制"模式的学习，确立了以能力为导向、行业参与、课程培训包等高等职业教育体系，造就了澳大利亚高等职业教育快速发展的黄金期。全球化时代，澳大利亚通过学习他国，引进国际先进资格证书体系、课程、数字化教学资源，构建了职业教育标准体系；选择专业相近的国外高水平院校进行共建实训基地，开发国际课程；利用扩大招收海外留学生及国际优秀教师等多种途径，既立足自己又善于学习他国先进经验，不断提升澳大利亚高等职业教育自身的国际竞争力。在"走出去"方面，澳大利亚通过教育援助、远程教育、合作办学等形式，输出教学仪器设备、专业标准与课程体系；积极参加和举办国际职业教育会议，参与职业教育国际标准与规则的研究制定，输出本国职业教育品牌；积极派遣TAFE 学院老师、学生进行国际合作交流，将澳大利亚高等职业教育传播到世界各地。

2."国际化"与"本土化"相结合

经济全球化背景下，澳大利亚充分认识到高等职业教育国际化是发展的必然趋势，因此树立了国际化的发展理念，积极进行高等职业教育改革。在借鉴国外先进教育理念的基础上，树立了国际化的人才培养理念，从全球的角度审视人才培养的标准和内容，把国际化、跨文化、全球化的理念融入高职院校的教学、研究和服务之中，制定职业教育国际化的战略并形成了一系列政策与制度体系。在国际化过程中通过改革课程、资格证书体系等与国际接轨；在学生、教师方面广纳海外人才，积极参与国际交流与合作，回应全球化对澳大利亚高等职业教育提出的挑战与机遇。教育是文化的产物，又是文化的动因。澳大利亚一向具有"创新者摇篮"的美誉。其本土化一方面是指澳大利亚的高等职业教育在学习其他国家先进经验时，有意识地注重教育的本土化或自身民族性，

建立了与澳大利亚文化相适应的具有特色的高等职业教育系统。比如，与其他国家不同，澳大利亚在1988年就开始解除政府对海外学生市场的管制，鼓励各大职业院校招收海外留学生，并拥有自行制定所收海外学生的费用的权利；通过市场化的运营，促进职业教育走上教育服务出口之路，确立了收付费体制的基本模式，鼓励职业院校通过招收海外学生进行创收。再如在学习美国能力本位方面，澳大利亚联合行业企业开发了课程包体系；在学习英国资格证书时，澳大利亚不仅建立了一套全国通用的资格证书，还在2004年率先增添了"副学士"文凭，形成了开拓性的创造；另一方面，本土化是指澳大利亚注重在"本土化"的视角下"走出去"。澳大利亚在国际化发展中有着准确的市场定位。前10位的贸易伙伴中有8个是亚太国家，其中6个是东亚国家。在合作交流前，澳大利亚会主动学习合作国家各具特色的文化传统、社会背景、法律制度状况，促进教育思想、经验与资源的相互交流与选择，以便准确把握沿线国家的合作需求。并对合作院校基本的教学条件、专业需求、标准要求、学校特色与优势进行考察，寻找合作契合点，针对不同国家不同院校制定不同的职业教育合作与标准输出战略。

（二）注重自身品牌影响力建设

话语权本身就是权力关系的代表，表现为操纵主流媒体的能力和话语主体实际地位的高低两个方面。高等职业教育的话语权是指一个国家在国际职业教育市场中现实影响力的表现。国际话语权容易对其他国家的选择倾向产生影响，从而在国际化中发挥出更大的作用，占据优势地位，主要体现在国际合作交流深度和广度、对海外学生和人才的吸引力、学生国际竞争力等方面。首先，在话语体系构建上，澳大利亚注重提升自身优势。除去天然优越的自然地理条件，澳大利亚善于把高等职业教育实现价值的基点放在学生技术技能的培养和更高层次教育机会的获得上，在课程、师资、教学、国际通用的职业教育资格证书、教育体制的立交桥设计等核心要素上进行改革，以达到国际一流水平。比如在课程上，推出留学生需求量大的热门课程，建立多维度的奖学金激励制度。同时，建立自身特色优势。如政策上允许澳大利亚国际生在不耽误课程学习的前提下可以半工半读；与移民政策结合，制定吸引高素质毕业生的移民评分制度，学生毕业后可以申请永久居留权。这些高等职业教育国际化市场中的稀缺资源，成为澳大利亚高等职业教育国际化竞争中的比较优势，形成了澳大利亚高等职业教育的特色品牌，在国际化市场竞争中发挥着重要作用。反之，如果一个国家的职业教育没有区别于他国的自身显性优势，在国际市场中只能被动适应，那么教育国际化的愿望也只能是空谈。其次，澳大利亚善于借助国际合作交流、通过参加国际项目等方式加强与其他国家的对话交流，组建国际职业教育发展智库。通过开展合作办学、远程教育和海外办学等形式，建立不同层次、不同领域的对话机制。积极参与国际组织与多边论坛，如联合国教科文组织、东南亚高等教育协会、教育部长会议等，与他国教育组织建立密切关系，准确把握职业教育合作需求与发展动态，"借船出海"，从而进一步推广本国职业教育理念。

（三）构建完善的职业教育标准体系

1. 统一全国职业教育专业教学标准

为了顺应时代发展要求，培养国际化人才和有效参与国际市场竞争，澳联邦政府在教师、课程等方面制定了本国统一的高等职业教育标准体系。在20世纪末，为了建立高素质的师资队伍，澳大利亚行业技能委员会（ISC）、各种注册培训机构、相关企业代表以及国家培训局等利益相关者在联邦政府国家质量委员会（NQC）的统筹监管下，联合开发制定了职教教师专业能力标准，对教师的所有教学环节进行了详细标准规定。在课程质量标准体系方面，澳大利亚自始至终都贯彻"以行业需求为导向"的职业教育发展思路，通过联合行业、企业制订课程内容，在教学设计、课程实施等方面以学生能力发展为本位，制定全国统一的课程质量标准体系以保障其职业教育与培训的质量。在资格框架方面，澳大利亚建立了以促进个体终身学习、国际交流为目的的职业教育、普通教育等各级各类教育资格贯通的全国性国家资格标准体系。在各级证书的知识、技能与应用方面统一全国标准，并与国际教育标准分类相对照。目前，澳大利亚约有40%的标准与国际标准一致。

2. 积极参与国际标准制定

澳大利亚积极参与国际标准的研究与制定。参与职业教育国际标准制定，有助于本国高等职业教育在国际市场中从被动适应向主动参与的角色转变。构建适应国际化发展的职业教育体系，是提升自身教育国际认可度和影响力的重要手段。澳大利亚主要从政策和技术两个层面参与国际标准化组织（ISO）、国际电工委员会（IEC）等国际标准制定机构的工作。在政策层面，澳大利亚标准协会制定委员会是ISO、IEC等国际标准组织成员，负责向国际标准组织提供意见和建议。在技术层面，积极参与国际技术委员会工作组会议、提供会议帮助，并主要负责参与国际标准文件的技术评论、向国际标准组织提供秘书处和主席候选人、积极采用国际标准等，为国际标准制定做出了一定贡献，并充分利用参与机会，向国际职业教育组织发出"澳大利亚声音"，输出"澳大利亚标准"。

（四）多元协同 "走出去"

澳大利亚高等职业教育国际化是一个多元主体共同参与的协同体系构建过程。政府、学校、行业企业、国际合作对象作为国际化的利益相关主体，是澳大利亚高等职业教育国际化的主要参与者，分别扮演着不同的角色，承担着不同的责任。政府参与主要体现在制定国际发展战略、完善法律政策和提供组织保障三方面。法律制度建设是多元主体如何实现利益均衡的依据，是治理之本。澳大利亚拥有一套一流的、相对固定的、可操作性强的高等职业教育国际化法律制度。同时，澳大利亚政府 2015 年推行的 "新科伦坡计划"，提出在未来五年里投入一亿澳元的奖励机制以及 2016 年的十年计划《国家教育战略 2025》，都对澳大利亚高等职业教育国际化发展提出了要求和具体实施办法，保证了高等职业教育国际化发展的稳定性和可持续性。在组织机构方面，澳大利亚设立了国际教育开发署、国际教育基金会等专门机构，以调查国际教育市场，协调和推动高等职业教育国际化项目顺利开展。国际开发署（IDP），1984 年改名为独立机构后，经由将近 50 年的发展，IDP 从昔日单一的澳洲项目办公室发展成为在全球拥有 100 多个办公室的跨国教育服务机构，主要负责留学服务、雅思考试、发展调研三方面工作。教育基金会（AIEF）和澳大利亚国际教育协会（IEAA），致力于赋予专业人士权力，并提高澳大利亚作为世界一流教育提供者的声誉。澳大利亚贸易和投资委员会（Australian Trade and Investment Commission），主要职责是开拓国际市场、促进教育国际化、为澳大利亚赢得国外投资。除此之外，TAFE 学院积极参与到国际化中去，开展语言学习，派遣学生到海外学习，并吸引海外学生来澳洲学习，制定学校的国际化战略目标。比如博士山 TAFE 学院为学生提供长期与短期海外交流、海外实习、参与国际项目等多种形式的国际化交流。霍姆斯格林 TAFE 学院着手制定 2018 年至 2020 年的战略计划，即 2020 愿景，通过提供教育和培训，使学习者能够为生活做好准备并为世界做好准备，能够在支持社会包容和凝聚力的社区中发挥着不可或缺的作用，与企业合作，培养适应现在并能迎接未来的员工队伍。在教育部的协调下，澳大利亚政府联合企业、行业形成教育服务出口产业的协作机制，共同推动高等职业教育国际化发展。澳大利亚有很多教育服务公司，致力于将高等职业教育产品推向世界，并根据客户需求进行个性化学习方案的定制。其他大部分的澳大利亚行业、企业主要通过参与国际化课程标准、资格框架的制定、师资培训、为学生提供实习实训基地等方式，参与澳大利亚高等职业教育国际化。同时，澳大利亚的高等职业教育国际化伴随着企业 "走出去"。作为澳大利亚历史最悠久的企业之一，西斯尔（CSR）集团在新西兰、亚洲各地都设有分支基地，经营多元化跨国业务，为适应西尔斯企业走出去战略，澳大利亚高等职业教育积极开展跨国技能培训，与企业开展海外合作办学项目，深化产教融合，服务本地企业海外经营。在与其他国家的职业教育国际合作交流方面，澳大利亚着眼于合作国家的职业教育实际，与合作国建立协同网络，构建长期的合作与人才流动模式。在由专业评估部门对合作伙伴进行详尽调查后，澳大利亚与合作国相应组织机构开展会谈进行交流沟通，建立平等、信任、和谐的合作伙伴关系，彼此清楚了解双方差异。并在合作时制定清晰详细的实施细则，明确合作双方权责，签署受法律保护的合作协议，根据合作国课程计划、人才目标等实际需求和共同发展目标，签署合作备忘录。在合作的整个过程中，与合作方定期开展会议沟通当前合作情况与问题，拓展高等职业教育国际化合作深度。

（五）完善制度保障体系建设

在澳大利亚高等职业教育国际化发展过程中，各项制度体系建设对于各教育主体及利益相关者的行为及目标起到了引导和规范作用，是高等职业教育国际化的机制保障和有效驱动力。首先，澳大利亚具有完善的教育国际化政策及法律体系。澳大利亚是一个法制化国家，历来重视立法工作。从最初的"教育援助"到"服务出口"、"国际学生招生"到"本国派遣留学生"，澳大利亚政府不断完善高等职业教育国际化方方面面的立法工作，实行国际化实践层面的具体措施，依托教育服务产业促进本国经济出口。如制定《培训保障法》《职业教育培训法》《海外学生教育服务法》"跨国质量战略""技术移民战略""国际教育国家战略2025"等，以增强法律及政策体系在高等职业教育国际化的质量体系、资金投入方面起到保障、引领和规范作用。其次，澳大利亚注重国际化的合作统筹体系建设，在教育部的统筹下，与澳大利亚政府贸易部、外交部、移民局、工业部等多部门合作形成了教育服务出口产业的协作机制，共同搭建了信息平台和资源保障体系。最后，澳大利亚高等职业教育国际化中十分重视海外学生社会服务保障体系建设。当外国学生从一种文化迁移到另一种文化时，他们会面临许多变化和影响，从而产生各种各样的心理问题以及跨文化适应问题。为此，澳大利亚留学网站十分注重人性化细节设置，为全球市场的消费者和潜在消费者提供包括学分如何转换、英语语言要求、签证办理程序、课程选择指南、收费制度等有关留学的各方面信息。并在学校中设立学生服务机构，如海外学生保险、勤工俭学支持、就业咨询中心、生活服务中心等，以完善国际学生社会保障体系。在文化适应方面，澳大利亚积极利用其优异的自然地理资源优势，通过风光游览等方式对国际学生积极开展文化体验活动。在课程内容中融入澳大利亚的社会文化内容，定期安排到澳大利亚文化馆参观等课外活动，拓宽国际学生彼此交流学习渠道，尊重彼此文化，促进多元文化融合，从而提升国际生的文化适应能力和满意度。2016年，独立研究公司I-graduate对全球各地的国际学生从申请到毕业的所有过程进行在线调查，结果显示澳大利亚职业教育留学生满意度水平高于全球满意度整体水平，其中在生活方面的满意度达到90%，高于全球2个百分点。

澳大利亚职业教育国际化政策环境的搭建为我国高职院校推进教育国际化提供了很好的借鉴。首先，推进高职院校国际化的政策制定要体现在政府部门或组织机构的协同上，从国家层面到省市层面虽分工不同，但需上下协同推进。其次，政策的制定需要考虑不同领域政策之间的衔接与补充。高职院校国际化牵涉的领域较多，包括质量保证与资格认证、留学生招收与派遣、教师交流、签证以及相关贸易政策与文化政策等，在制定高职教育国际化政策时，教育行政部门充分考虑到了政策的多样性与协同性。另外，政策的实施需要不同政府部门间的协调协作。高职教育国际化的实施主体是高职院校，但政府部门的资金支持、政策支持也非常重要。

第三节　日本高等职业教育国际化的实践与经验

日本在第二次世界大战后，经济得到了迅速的恢复和发展，由一个战后贫弱的小国跃居到经济发达国家行列，这与其高度重视并大力发展高等职业技术教育密不可分。目前，日本已经形成了一个开放、多元的现代高等职业教育体系，为学习者提供了专科乃至本科、研究生层次的学历和学位衔接教育，为满足不同层次类型的职业教育需求而设置了多种特色课程，并逐渐向实现职业教育的终身化和现代化不断努力。

一、日本职业教育的协调发展

日本高等职业教育形成了多层次、互为补充的较为完善的体系结构。日本职业教育体系的先进性体现在类型结构与层次结构的协调发展、人才培养目标的协调发展、专业设置与课程结构的协调发展方面。

（一）教育类型结构与层次结构的协调发展

日本高等职业教育以短期大学、高等专业学校和专业学校为主体，这三大教育机构在功能定位和专业设置等方面相辅相成、特色鲜明、优势互补，形成了"三位一体"的有机整体。按照学习年限长短划分，日本高等职业教育分为长学制与短学制两种，学习年限为3年以下（包括3年）的为短学制，学制4年及以上的为长学制。短期大学通常为2年制，也有部分医疗技术及护理专业为3年制，即在2年制的基础上设置了1年制及以上的专攻科。高等专业学校实行5年一贯制，在5年制的基础上还设置有2年制的专攻科。专业学校分为1年制至4年制不等，其中2年制的专业占了总体的半数以上，但也有1年制的厨师类专业、3年制的看护类专业和4年制的工学和医疗类专业。由此可以看出，日本高等职业教育不仅在不同类型的学校之间体现出学制上的多样化和差别化，更是在同一类型学校内部根据专业实际需求设置长短不同的学制，形成了长短学制相互协调的体系。从人才培养的层次结构来看，短期大学、高等专业学校和专业学校都相当于我国专科层次的职业教育，但是都在各自类型的内部设置了独立而层次完整的高等职业教育。

从日本高等职业教育层次结构我们可以看到，短期大学与专业学校都在专科职业教育的基础上，在内部设置了本科层次的教育，这为想要获得更高学历的学生们提供了一条便利的升学途径；而高等专业学校则在专科、本科的基础上，更是设置了9年制的研究生教育，可以说日本高等职业教育达到了一个新的层次和高度。总的来说，这三种学校的层级结构丰富，都能为学生们的升学之路提供一个有力的保障。

（二）人才培养目标的协调发展

人才培养目标是职业教育办学模式的重要内容。日本《职业教育法》指出，日本职业教育的总目标"旨在发展学生多方面的能力和培养其社会适应性，使其成为优秀的产业人员"。日本文部科学省制定的有关章程规定，日本职业教育重在"教授专业知识和技术，培养各层次职业所需的能力"，其培养目标是实践技术人才。

日本《学校教育法》对高等职业教育机构的办学目的有明确限定，在学校设置基准中对其培养目标也有所限定。根据《学校教育法》第108条规定，短期大学以培养学生专业知识和实际能力为主，教授高深专业学术知识，培养学生职业及实际生活的必要能力，培养产业界所需的中级技术人才和专业技能人才。

根据《学校教育法》第114条规定，专业学校以培养学生的职业和实际生活技能为主，重点关注学生综合素养的提升，并以职业资格为导向，帮助学生获得从事某一特定职业的资格与能力。根据《学校教育法》第115条规定，高等专业学校以教授较深的科学知识和技能，培养学生职业所需的工作能力和专业技术实践能力为主，重点培养工业领域和制造业领域中实践型的"中坚技术者"。因此，不管是私立学校还是公立学校，在人才培养目标方面都必须遵循《学校教育法》的相关规定，并在此基础上再体现各自的办学特色。三种类型的学校各自的培养目标明确、具体、精细，高等专业学校和专业学校主要培养中级技术人才，短期大学主要培养中级技术人员和具有专业技能的人才。日本高等职业教育都是围绕产业发展来培养技术人才，充分体现了培养目标的社会适应性，形成了适应日本产业结构的职业教育体系。

（三）专业设置与课程结构的协调发展

短期大学的专业学科主要集中在人文科学类专业和保健、家政等实用类专业，其中包括人文科学、社会科学、理科、工学、农学、保健、家政、教育、艺术等，毕业生从事幼儿园教师、营养师、看护师的比例较大。这一特点也与短期大学的男女学生比例有关，由于在校生中女学生占有极高的比例，因此在专业设置和人才培养方面也最大程度地体现了女性化的特点。与此不同的是，高等专业学校的专业学科主要集中在工科和商船科，因此教育对象以男生为主，毕业生大多服务于以制造业为主的第二产业。而专业学校在专业设置上与社会产业的需求关系非常密切，突出实用性和第三产业特征，并且文理兼备，男女学生比例较为均衡，综合发展优势明显。由此可见，三种类型的学校各自有着明确而清晰的定位，在专业设置和人才培养方面实现了错位互补。日本高等职业教育的课程设置以专业实践为导向，突出学生技能的培养与开发。在课程结构中，实践课程比例大，有些占比甚至超过了50%。短期大学的一般教养课约占10%，其他均为专业课程和实训课程，实践课比例在1/3以上；高等专业学校中一般教养课和专业课的比例大约各占50%，实践课的实际比例接近50%；专业学校的一般教养课占5%左右，技术类专业课程和实践课占比较大，实践课课时占总课时的50%以上。

（四）高等专业学校中高职贯通发展

为了满足科技发展和人才培养的需要，日本政府于1961年通过了《高专法案》，高等专业学校作为一种区别于大学和短期大学的职业教育制度开始实施。高等专业学校，作为"六三三四"学制的一种例外，实行五年一贯制职业教育，招收完成义务教育15岁年龄段的学生。目前高等专业学校在日本全国范围内有57所，拥有学生约6万人。由于其创设之初就具有浓厚的政府"计划"色彩，因此这57所学校中国（公）立学校多达54所。虽然从学校数量和学生数量上来看，高等专业学校都属于日本高等职业教育中的"少数派"，但是其以高水平的理论为基础，重视实验、实习和练习，培养既有专业知识，又有实践经验的一线科技人才，因此其毕业生得到了产业界的高度好评，至今仍然保持着平均 10 家企业争相录用 1 名高等专业学校毕业生的良好就业形势。由此可以看出，高等专业学校在教育对象和教育内容等方面通过两性分化、优势互补的理念，与短期大学完全错位，成为日本高等职业教育中极具竞争力的教育机构。

高等专业学校为在校生创建了三种升学渠道：一是三年级的学生可参加 4 年制本科大学或短期大学的入学考试；二是修完 5 年课程毕业者即可获得"准学士"学位，在此基础上，本校内还设置有实施更高层次水平专业教育的 2 年制专攻科，修完专攻科毕业者，通过大学评价和学位授予机构的审查，可获得"学士"学位（与大学学士同等）；三是修完 5 年课程的毕业生还可以通过考试转学升入技术科学大学。由此可以看出，高等专业学校为学生建立起了全方位的升学成长的"立交桥"；与短期大学主要通过与外部本科大学构建起升学通道的衔接方式不同，高等专业学校不仅有畅通的外部升学通道，更是在学校内部为学生创造了接受普通高等教育的机会，这一点在高等职业教育体系的构建上可以说是突破性的发展，大大提升了高等职业教育的教育水平和层次。

二、日本职业教育国际化发展

（一）日本职业教育国际化发展历程

日本中央教育审议会在 1956 年的报告中提出了推进国际交流的设想，九年后日本中央教育审议会发表的《所期望的人》报告中指出"要培养具有国际视野的日本人"。20 世纪七八十年代，教育国际化开始受到日本政府的重视。在 20 世纪 70 年代的日本中央教育审议会《关于教育、学术、文化的国际交流》报告中主张把教育放置于整个国际环境之中，用国际眼光进行考察，积极培养国际化的教育人才，以及培养"活跃于国际社会的日本人"。20 世纪 80 年代，日本设定了教育发展目标，认为"做经济大国和政治大国"的同时还要做教育大国。从 20 世纪 90 年代开始日本逐步进入稳定低速发展阶段，经济上继续开拓海外投资市场，教育上积极培养技术人才。2006 年修改的《教育基本法》中增加的"教育目标"之一为："培养学生为国际社会的和平与发展做出贡献"。由此可见，教育国际化逐步被纳入日本国家的总体发展计划中。

（二）日本职业教育国际化发展现状

日本高等职业教育非常重视国际合作与交流，短期大学、高等专业学校和专业学校推进教育国际化的积极性高，收效明显。三种类型的学校在实施国际化发展战略中各有侧重，互相补充。短期大学将国际化的重心放在为本校学生提供多样化的海外留学机会上，重点与欧美等英语国家合作较多，与中国合作较少，目前有2所学校与中方开展合作办学项目（高职层次）。高等专业学校高度重视"国际化人才培养"，实施全方位、多形式的国际合作与交流，既引导本校学生"走出去"，为他们提供海外留学与实习的机会，又采取"引进来"方针，积极吸收海外留学生；与中国30多所高等职业院校建立了合作关系，开展内容丰富的合作交流活动；国际交流与合作制度十分完善且成熟，但目前还没有与中国开展合作办学项目。专业学校以招收留学生为国际交流事务的重心，在这三种学校中拥有的留学生数量最多，且中国籍留学生数量最多，部分学校在中国直接设点招收留学生，对中国的环境和相关法规都比较熟悉，已经发展成为中日合作办学项目的主力军（高职层次）。由于学校数量多，专业学校的国际化水平和教学质量也存在参差不齐的问题。

三、日本职业教育国际化的基本经验

随着近几年教育国际化的不断发展，教育国际化概念的外延和内涵日益丰富起来，为职业教育国际化的可持续发展提供了条件和可能。日本在应对职业教育国际化上采取了一系列颇为有效的措施和方法。

（一）设立专门的质量认定机构

为确保日本本土技术人才教育的国际质量，培养本土国际通用的技术型人才，日本教育部在20世纪末成立了一般社团法人的日本技术人才教育认定机构。根据统一的检测标准，通过产学互助联合，日本职业教育系统进行了高等教育机构技术人才培养质量的认定。

（二）实施职业教育的衔接体制

早期日本的职业教育院校主要是短期学制的大学，即以女学生为主的两年制专科院校、职业高中和以初中起点的"3+2"的五年制大专。为了培养国际通用的高等职业人才，1991年对高专制度进行了调整，设立专升本制度，规定学生可升入本校的本科班或插班大学二三年级继续专业学习。除此之外，普通高中的高三毕业生也可以选择插班进入高专四年级继续专业学习。随着经济全球化的不断推进以及信息化的迅猛发展，社会对劳动者职业实践能力的要求不断呈现高端化、多样化发展的趋势，日本果断对本土职业教育机构进行了高层次的深化改革，于1999年开始实行职业研究生教育，其目标是培养专业技能型硕士和博士人才。

（三）拓展国际交流与合作

日本高职教育通过扩大交流与合作推进国际化。一方面，拓展留学生的派遣与招收规模。20世纪80年代中叶以来，随着日本经济迈向国际化，赴英美德等发达国家留学的日本人日益增多。80年代后期，日本加强留学生管理制度建设，先后制订并实施了"两个留学生计划"和"接受30万留学生计划"。截至2015年3月，日本国立高等专业学校与205家海外教育机构签订了办学交流协议，实现了学生与教职人员的双向派遣；另一方面，日本积极推动高职教育国际化战略。日本高职教育国际化办学高度尊重高职教育的基本属性和基本职能，最大程度地将"国际维度"和"国际教育"融入办学实践中，以国际教育标准为实施准则，以国际标准化教育为导向进行系统化职业能力的开发，以提高人才培养的可雇佣性和国际流通性，保障学生职业能力的培养和学生终身发展需求与企业需求的密切对接。同时加强保障机制建设，不断提升国际化办学质量，使质量评价管理与国际职业标准精准对接；有规划地出口高专项目，重点瞄准亚洲和中东欧国家，向其出口高专的教学大纲，受到了发展中国家的欢迎。

第四节　德国高等职业教育国际化的经验及启示

在经济全球化进程中，德国政府充分意识到高等教育国际化对于提升国家教育质量、增强国际竞争力的重要作用，因此将高等教育国际化作为现代高等教育改革和发展的重要战略。在高等教育国际化进程中，德国政府采取多种措施，加快改革步伐，全面推进高等教育国际化，使得德国高等教育国际化的内容和形式不断丰富和完善。

一、德国高等职业教育国际化改革

（一）德国新学位制的改革：学位制的国际转换

1. 应用科学大学开始开设本科和硕士学位

德国的高等学校根据其任务和性质主要分为三种不同类型：一是综合性大学以及与其同等级的高等院校，二是高等专业学院，三是艺术学院与音乐学院。高等专业学院这类大学在1998年之后称为"应用科学大学"。此类大学是德国高等教育机构的第二大类机构，专业设置面较窄，以培养高层次应用型人才为主。它所授予的学位水平低于综合性大学及同等级高等学院所颁发的学位，其学习时间一般为 4 年，此类学院类似于我国高等职业教育学校。

在博洛尼亚改革进程中，高等专业学院获得了开设本科专业和硕士专业包括连续性硕士专业、非连续性硕士专业和继续教育性硕士专业三种形式的资格。高等专业学院颁发的硕士学位与综合性大学的硕士学位一样，可以赋予学生读博的资格。不过，因为高等专业学院没有从事博士教育的资格，所以，其毕业生要想读博士，需要去综合性大学或与其同等级的高等院校。

2.国际双学士双硕士学位

随着高等教育国际化的深入发展，德国越来越多的高校与其他国家高校合作开办国际双学位项目。在这种办学模式中，学生可以在本国完成基础课学习，再到其他国家的合作高校上课。授课语言一般为英语，同时也开设当地国家的语言课程，最后获得两国高校都承认的毕业证书。据委托德国经济研究所执行的一项调查显示，那些拥有国际双学位文凭的毕业生在德国就业市场上会有很好的工作机会。德国高校提供了超过千个双学位专业，且每年都要从联邦教育和科研经费中拨出专款来资助这类专业。

3.新学位制的特点

学位学习时间缩短，增加了学生的选择机会，使学生的流动性增强，促进了德国与世界的国际交流。应用科学大学采用新学位制最为积极，创造了更多的提升和发展空间。德国应用科学大学起源于 20 世纪 60 年代末，设置专业涉及工科、农科、商科包括经济与管理两个领域和艺术等多个领域，其教育重点以"科学的应用型培养"为特征。德国应用科学大学自成立以来，为社会培养了大量高层次的应用型人才，成为德国经济迅速发展的秘密武器，同时也是德国高等教育结构中不可缺少的重要组成部分。自博洛尼亚进程启动以来，德国应用科学大学充分利用该机会提升其学位的国际认可度，在建立和实施新的学士硕士两级学位体系进程中，德国应用科学大学在德国三类高等教育机构中最为积极，不管是开设的学士硕士学位课程，还是国际双学位课程，其所占比例都为最高。德国应用科学大学积极地引入新学位制，使之拥有了与综合性大学相同并等值的学位体系，也为之创造了更多的提升和发展空间。

（二）德国应用科学大学国际化课程：课程的国际化接轨

在教育国际化的过程中，德国一直比较重视课程的国际化，从课程的观念、课程的设置、课程的实施、课程的管理以及课程的评价等多方面推进高等教育课程的国际化，旨在吸引更多的国外留学生，培养具有国际视野的国际化人才。在课程管理上，德国建立了国际通用的课程管理制度。如采取了与国际兼容的学士硕士学位体系，学分互换与积累制度、学位相互承认制度等。在课程实施上，德国的课程实施与国际接轨。为了适应全新的课程体系结构，保证高等教育质量，德国各高校参与了欧洲大学联盟的一个教育研究调整项目，把各自的课程朝着新型课程结构调整。

在课程设置上，德国联邦教育与科研部开始资助德国高校实施"面向国际的课程"。这些课程分为学士硕士两阶段，主要涉及经济学、科学、工程、文化和社会科学领域。这些课程的特点是具有专业资格，教学使用两种以上语言。第一学期使用英语，要求学生在国外学习一段时间，并且对国外学生提供特别的指导。

（三）语言的国际化推广

1. 扩大英语功能，方便国际交流

德国从基础教育开始就重视英语教育，在中小学，第一门外语通常是英语，在小学三年级就开始学习，在中学英语被作为必修课。因此，在基础教育阶段，德国学生学习英语的时间可能总共有一年。为了促进高等教育国际化，德国采取了诸多措施扩大英语功能，以方便德国高等教育与世界的交流。

2. 高度重视德语在世界中的地位

根据博洛尼亚进程修改现有的学位体系，开设新学位体系课程，尤其是"国际导向"的课程，并招募国际学生和教师。因此，德国高度重视德语在世界中的地位，特别是在欧盟机构中的地位。德国政府一直努力提升德语的语言教学和文化传播，期望将德语作为法语和英语之外的第三种工作语言，以使德语的使用状况与其经济比重相称。德国总理默克尔也指出，"移民应该学习德文，以便能在学校学习以及在职业市场上寻求机会。"根据新移民法，德国对外来移民提出了强制性的德语语言培训要求，该培训为免费培训，费用由联邦政府承担。大多数申请到德国上大学的学生除了英语类授课专业外都必须通过德福考试，这样才有机会在德国高校正式注册上课。

（四）跨国教育的拓展

最新的跨国教育是指"所有高等教育项目研究、课程学习或教育服务包括远程教育的输送类型和模式，它的学习者所在国与提供教育的大学所在国不是一个国家。这类项目可以属于一个国家的教育体系，但有所不同，也可以在任何国家体系之外独立存在"。广义的"跨国高等教育"，其内涵包括合作办学、远程教育、独立的海外分校、区域高等教育一体化等形式多样的跨国界教育活动。

德国跨国高等教育分为输入项目和输出项目。德国跨国高等教育的输入项目类型主要是特许、虚拟大学、分校、远程教育和联合课程。高等教育服务输入的主体主要来自英国和美国。英国高等教育的主要输入形式是向德国应用科学大学提供许多学位课程，而美国高等教育输入的主要形式是在德国开设许多分校。这些课程大多数是"学分交换课程"，修完这些课程可以获得联合学位或双学位。

德国的跨国高等教育输出项目起步晚，发展时间不长。但是，近年来，德国政府高度重视高等教育国际市场，向国外积极推出德国高等教育服务项目，并取得了显著成效，正如联邦教育与科研部议会国务秘书托马斯·拉谢尔在"没有边界的教育——德国海外教育项目"会议讲话中所指出的"这些项目不仅是保障了我们的世界竞争力，而且也丰富了我们同不同文化背景的人之间的对话，与不同价值体系、不同语言和传统的接触，以促进更好地相互理解。"德国联邦教育与科研部每年出资400万欧元，由DAAD实施"德国海外教育项目"计划，旨在尝试多种高等教育模式和组织形式，建立国际合作和伙伴关系，帮助德国高校提高在国际教育市场的竞争力。

二、德国高等职业教育国际化发展的策略

（一）积极参与欧盟高等教育国际化项目

德国是欧盟中最强大的经济实体，也是欧盟中人口最多的国家，历届政府把欧洲政策视为对外政策的核心。因此，在欧盟教育国际化的进程中，德国扮演着领头羊的角色，倡导并积极参与欧盟的各项高等教育项目，以此推进本国高等教育国际化的深入开展。

1. 欧盟促进教育国际化的项目

欧盟的前身在成立之初，主要是受经济利益的驱动，后来从经济联盟走向了政治与社会联盟，并进入了教育领域的联盟。在高等教育领域的合作，最早开始于"欧洲共同学习方案"。该计划的目标是为了推动伙伴院系之间短期的交流学习、教育互换以及合作项目的整体或部分发展。经过近年的努力，大部分交流活动都有力地促进了院校之间的密切合作，争取到了来自政府和学院的更多支持，也推动了大范围的课程整合。欧共体实行的伊拉斯谟计划又称"欧洲共同体关于大学生流动的项目"，旨在鼓励欧共体各国间大学生的跨国流动。该计划是欧共体高等教育发展计划中的核心项目。《马斯特里赫条约》开始实行，把教育确定为欧共体的一项常规任务，并且欧共体更名为欧盟。欧盟重新

整合先前各种高等教育计划，将伊拉斯谟计划整合到综合性的教育项目——苏格拉底计划中，使其成为最大的分支项目。

欧盟的高等教育国际化项目有明确的合作定位、专门的合作组织、规范的合作制度、具体的合作计划以及多元的合作方式，促进了欧洲区域内高等教育的国际化深入发展，也为世界其他地区的高等教育合作与交流的区域化发展提供了有益借鉴。

2. 欧盟与非欧盟国家之间的教育国际化项目

伊拉斯谟计划实施以来颇具成效，受到欧盟各国的认可，但是，该计划只局限于欧洲范围内，并非真正意义上的国际化，只能说是一种欧洲化。为了迎接教育全球化的挑战，提升欧洲高等教育品质并使之成为世界卓越中心，欧盟还积极致力于拓展与第三国家高等教育的交流与合作。2002 年，欧盟提出了伊拉斯谟世界项目计划，除了继续鼓励欧盟各国之间进行高等教育的合作与交流外，还更加强调与第三国家高等教育的交流与合作，以此增强欧洲高等教育在第三国家的吸引力。它的目标，旨在提高欧洲高等教育质量，通过与第三国的合作，促进人与文化的对话与理解。它还致力于加强欧盟与第三国的流动，以推动这些国家的高等教育机构人力资源和国际合作能力的发展。

3. 欧盟在德国教育国际化中的作用

欧盟作为德国高等教育国际化发展的重要动力源泉，其作用不容忽视。特别是伊拉斯谟计划和博洛尼亚进程实施以来，欧盟行动和政策成为了德国高等教育国际化发展的强大推动力。德国为推动本国高等教育国际化，积极参与到欧盟的高等教育合作项目中，先后参与伊拉斯谟计划、博洛尼亚进程、社区教育计划等项目。其中，对德国高等教育国际化影响较大的两个项目是伊拉斯谟计划和博洛尼亚进程。在德国，对于来自欧盟国家的大学生或学者，可以通过伊拉斯谟计划获得奖学金从而在德国学习一年或者作短期停留，也可以与其合作伙伴大学通过该计划交换学生。德国学生也可以通过申请伊拉斯谟计划到欧盟其他国家学习。近 10 年来，德国通过伊拉斯谟计划在促进德国与欧盟其他国家的学生流动方面取得了很大成绩。

（二）强力推动 DAAD 的对外文化交流与合作

DAAD 是德意志学术交流中心的简称，是德国高校和政府之间的中介组织机构。其基本成员为德国大学校长联席会议的高校成员和其他高等教育机构成员，以及学生组织。它的性质是一个科学性自我管理的教育中介机构。它有权参与管理、章程和发展政策的制定以及项目的设计等，因此决定了其执行机构的结构组成以学术人员和学术机构为主。

虽然是个教育中介机构，但事实上，该机构的资金主要来源是德国联邦政府，具有浓厚的官方背景，其实质上是德国政府的文化外交机构。因此，它名义上算是非官方的民间机构，但实际上是接受官方的指导乃至领导的。

目前，DAAD已开展了多个项目，每年资助8000多名德国国内外学者，覆盖范围很广。这些项目为赴德留学生提供奖学金，为德国学生提供出国留学奖学金，促进德国大学国际化，促进国外德语学习与德语推广，并与发展中国家开展教育合作等。这些项目包括以下几个方面的战略目标。

（1）鼓励杰出的国外青年学生和学者到德国学习和研究，并尽可能保持终身的伙伴关系。使德国年轻的研究者和专家能在世界最好的机构工作，培养其宽容的胸襟和国际主义精神。其具体任务包括为德国学生和实习生提供奖学金，推进学生和学者的团体旅行语言课程和特殊课程的开展。

（2）促进德国高校的国际化和吸引力。具体任务包括建立大学合作伙伴、国际教育伙伴关系，推动大学教师互换以及基于项目的学者和研究者互换，对国外客座讲师进行资助，开发有吸引力的研究并提供资助，支持服务校友录网络、德国大学和其他机构国际办公室工作人员的进修、宣传。

（3）支持国外大学的德语研究、德国文学与文化研究。具体任务包括在国外开设德语课程，建立德语研究的机构伙伴关系，在国外大学设置德语学科和学术讲师为国内外德语专家提供奖学金。

（4）与发展中国家进行合作。具体任务包括提升发展中国家的研究生课程，建立大学合作伙伴、南半球合作伙伴，建立发展中国家的网络和校友录网络，为某些国家专家和领导者提供奖学金。

（三）坚定实施卓越计划

近年来，建设世界一流大学，已成为世界各国高等教育发展趋势之一。能成功地招募到较多国际学生的大学，或是能吸引其他学校主动要求进行学术合作或师生互访的大学，都是属于知名度较高的大学。建设世界一流大学可扩展本国高等教育，甚至是整个国家在国际舞台上的影响力。

卓越计划最初被称为"精英大学"计划，旨在为德国打造如哈佛式的精英大学，提升德国高校在世界高等教育的地位。但是，"精英大学"有悖于德国传统高校的"均等主义原则"，激起了德国社会各界广泛争议。经过多方长时间的讨论、协商之后，最终达成一致协议，"精英大学"被重新命名为"卓越计划"，并在德国联邦政府和州政府的选举中表决通过。

德国大学卓越计划的目标是提高德国的研究吸引力，增强国际竞争力，重点提升德国大学和研究机构的研究能力和水平。其主要包括如下六个方面：①支持大学高水平研究，提高其国际知名度；②为大学的青年科学家创造优良环境和条件；③深化学科之间及机构之间的合作，强化科学研究的国际合作；④促进学术领域的男女平等；⑤增强科学学术竞争；⑥提高德国科学和学术总体水准。

（四）逐步完善质量保障体系

质量是高等教育的生命线。"一个国家高等教育的质量及其评价和监控体系不仅会对其社会和经济发展产生重要影响，还会对本国高等教育体系在国际社会中的地位产生决定性影响。质量保障体系的建立，无论是对指导和监控国内高等教育质量来说，还是对鼓励高等教育机构参与国际性的教育活动而言，都是必不可少的。"随着世界高等教育国际化的发展，德国高等教育质量保障问题日益凸显。如何确保高等教育质量，增强其国际竞争力成为德国高等教育发展的紧迫问题。为此，德国积极探索并逐渐建立和完善高等教育质量保障机制，推动高等教育国际化的发展。经过多年努力，德国逐渐建立了以评估和认证为核心的高等教育质量保障体系，加快了德国高等教育国际化发展进程。然而，德国高等教育质量的评估与认证还存在诸多问题，还需要一个不断完善的过程。

随着国际化成为当今高等教育发展不可逆转的趋势，高等教育质量问题越来越被社会所关注。在高等教育的发展过程中，如果一个国家只关注其数量上的大幅增长，而不注重其质量的保障和提高，势必会影响国家高等教育国际化进程，影响一个国家在世界的国际形象。德国高等教育质量的提高，既提升了本国学生的国际竞争力，也增强了国外师生与学者前往德国留学的吸引力。认证使得德国高等教育学制、学位结构与国际接轨，促进了德国与他国之间的学历、文凭、学位的相互认可和相互转换，方便了国内外学生的全球流动，同时也有利于德国高等教育的输出。这都大大推动了德国高等教育国际化的快速发展。

三、德国高等教育国际化发展的经验与启示

（一）德国高等教育国际化发展的经验与启示

1. 国际化导向下的观念创新、制度创新

随着全球化时代的到来，世界各国处于一种相互依存的世界体系中，大学与外部世界的联系也越来越密切，德国传统的大学理念已经不能很好地应对迅速变化的世界，因此，在保持最重要的传统价值的同时，必须接受变化。"教育机构必须要具有更强的适应力和应变力来为这个变化中的世界服务，这也是显而易见的。如果想要保存最基本的传统和价值标准，大学就必须改变自己。"因

此，德国勇于更新观念，突破高等教育原有体制，积极推行高等教育改革。其中，国际化成了德国高等教育改革的必然选择和主要目标。德国希望通过国际化的途径推动德国高等教育的改革，重塑德国高等教育的吸引力和国际竞争力。在推进高等教育国际化的进程中，通过加强国家的宏观调控，扩大大学的自主权改革学制、学位制度，与国际接轨等措施，改革高等教育人事、工资制度，建设一流大学，培养科研后备力量，吸引更多优秀人才，加强国际交流与合作，促进高等教育改革和发展，以回应全球化时代所带来的挑战和机遇。但是，在以国际化为导向的德国高等教育改革中，德国并不是完全摒弃传统的，洪堡大学精神依然是当代德国高等教育的精神之所在，只是在新的历史时期有了新的表现形式。

2. 政府支持下的政策、法律和法规完善

随着经济全球化的发展，德国政府愈来愈意识到德国高等教育的国际竞争力明显减弱。因此，立足欧洲，面向世界，以欧洲高等教育一体化为契机，德国政府通过制定、修改和签署一系列相关法律法规、政策和协议以及提供资金等方式来指导、规范和支持德国高等教育国际化，以期改变德国高等教育的国际形象，扩大世界影响力，从而增强德国的综合国力。制定相关的政策有利于促进高等教育国际化的持续、稳定发展。德国是个法治国家，一直以来都重视高等教育的立法工作。通过制定和修改相关法律为高等教育国际化提供法律基础。为了适应全球高等教育国际化的发展趋势，德国政府先后对《高等教育总法》《高等教育框架法案》等法律进行修订，为其提供法律依据。为了与欧洲国家学制实现接轨，德国修订了《高等教育框架法案》，改变了传统的学位二级制，把学士、硕士学位专业列为高校常规专业设置，并在2010年完成学位制度的改革。此外，联邦政府还修订了《教育促进改革法》，规定学生在国外学习也可以继续获得教育补助。同时鼓励高校开设一系列英语授课的国际化课程和专业，以吸引外国学生到德国留学。参与欧盟纲领性文件的制定，促进欧洲高等教育一体化的发展。德国高等教育国际化离不开欧洲高等教育一体化的推动。由于政治地缘关系，德国深知区域间的教育合作对德国高等教育发展的作用和意义。作为欧盟大国之一，德国与英、法等国倡议并积极参与欧洲国家之间的一系列高等教育合作协议与条例的签订，如1953年《欧洲相互承认大学学位条例》和《条例议定书》。随后，又签订了一系列的高等教育合作协议，并在2019年全部被纳入《里斯本条约—欧洲高等教育资格互认协定》。1999年，博洛尼亚进程启动，德国与欧洲多国又签署了为了促进欧洲高等教育发展的一系列文件，如《博洛尼亚宣言》《布拉格公报》《柏林公报》《卑尔根公报》《伦敦公报》《鲁汉公报》等。这些高等教育合作协议与条例的签订无疑成了德国高等教育国际化发展的重大历史机遇和强大推动力。

出台配套资金计划政策为高等教育国际化发展提供了坚实的保障。德国高等教育国际化的快速推进，很大程度上取决于政府的财政支持。与其他国家如美国、英国和澳大利亚等国相比，德国政府积极推进高等教育国际化并不是出于功利主义，而是从长远利益满足服务于国家需要出发。从为促进欧盟学生跨国流动的伊拉斯谟计划、支持学生和学者国际交流与合作的项目、为打造世界一流大学的卓越计划的实施到为提高奖学金额度和扩大受益面的《联邦教育促进法》的修改，为吸引优秀国外学者和构建一流学术团队的"洪堡教授教席"奖以及为进一步提升德国科研在国际上竞争力的《科学与研究国际化战略》的出台等高等教育国际化项目和措施，联邦政府都是其主要的财政来源，并且联邦政府在大多数项目中都提出了明确、具体的财政支持额度及使用范围，保障了资金的合理使用。

3. 德国特色下的第三部门推动

在德国，有组织的对外文化交流最初是由第三部门发起的。其中，至今仍在国际上最富有影响力的海外文化交流机构——德意志学术交流中心，在推动德国高等教育国际化发展方面发挥着独特的作用，其主要体现在以下几个方面：①以民间组织的身份，代表德国高等教育界。既便于沟通内外，也能得到各大学的承认。②与政府合作默契，能形成政、学合流的力量。从本质上来说，德国学术交流中心是德国对外文化政策的重要执行机构。③以非政府的身份体现政府意图，以隐含政府背景的大学总代表身份代表德国大学，德国学术交流中心的特殊地位有力地促进了政、学两界的力量合流，对德国长远利益是很有益处的。④它通过推动德国与其他国家高等教育的合作与交流，倡导和奉行德国的价值理念，促使国际社会普遍认同和广泛接受体现德国国家利益的思想、观念和原则，以减少在其对外政策实施中遇到的阻力和障碍，从而更好地实现在国际交往中的战略目标，增进德国的国家利益。第三部门在从事文化对话和交流时还具有专业性、系统性和规范性强的特点，因此使交流活动运转有序，效率很高。例如，德意志学术交流中心，不仅在德国本土设置办事机构，而且在其他一些国家也设有专门的办事处。

德意志学术交流中心提供的是从有去德国留学的想法开始直到学成归国之后的一整套的服务。反过来，它也给德国的学生和学者提供相同的关于在中国学习和研究的信息。通过长期的实践，德意志学术交流中心在促进高等教育国际交流与合作方面已经积累了相当丰富的经验，形成了一套行之有效的工作方法和管理模式，在国际上得到普遍认可，这是政府的外交部门或文化部门难以达到的，同时也为政府节约了大量的费用成本。

充足而稳定的资金来源为德意志学术交流中心能够持续、有效地开展工作提供了最有力的保障。但是，德意志学术交流中心仍具有保持第三部门独立性的特征，德国政府只是在外交部设有文化关系司，负责对外文化交流政策的制定，并不包揽它所有的文化交流活动，而是与它签订文化合作的框架协议，在此框架协议下，具体操作则由它执行和实施。

4. 国际化进程中的教育输入与输出均衡发展

德国高等教育国际化是注重教育的输入与输出互动平衡发展的国际化模式。一方面，德国注重学习借鉴并引入适合本国发展的教育理念和教育体系，如引入国际认可的英美国家教育体系的"学士硕士"学位体系和欧洲学分转换系统，以及将起源于英、美、澳大利亚和新西兰被世界各国广泛采用的新公共管理思想引入高等教育管理领域，学习英法和北欧国家建立高等教育质量保障体系等；另一方面，德国立足欧洲，依托欧盟，利用独特的欧洲区域文化和教育体系的比较优势，积极向欧洲其他国家、亚洲和非洲等国家和地区开展多种形式的教育输出，逐渐形成了高等教育国际化输入与输出共同发展的局面。并且，作为欧洲高等教育一体化的关键角色，德国在高等教育国际化进程中积极倡导知识的欧洲。这并不是指欧洲的高等教育最后都统一为一种模式，也不是指用一种强势的高等教育模式取代其他，而是指促进不同国家和不同民族之间高等教育的交流与合作，理解与沟通，融洽共处，逐渐实现多元文化的融合。

5. 建立与国际接轨要求下的质量评估与认证体系

质量保障是提升高等教育国际竞争力的重要手段。随着高等教育国际化的发展，高等教育质量问题日益凸显，已成为世界各国关注的焦点。如何促进跨国流动、实现学分互换、学位互认、专业认证等，建立以教育评估认证为核心的质量保障体系已成为高等教育国际化的新走向。

德国质量保障体系具有以下的特点：内外评估相结合，以评促改。评估既包括高校自身的评估也包括外部同行的评估，这使得评估更客观、公正和有效。同时，评估不是目的，只是手段和工具，评估程序中最后一个程序——后续跟进工作才是关键。高等院校要根据最后的评估报告所指出的问题和改进意见进行跟踪处理，改善不足之处，在规定的时间内达到一定的标准。评估专家多元化。专家队伍既有来自高等教育机构的代表及各州教育和研究部部长，又有来自不同行业的代表，其中还包括国际专家。

专业认证具有开放性特征。开放性体现在三个方面：一是认证专家的组成具有开放性，既包括高等教育领域的专家，也包括其他行业的专家，既有国内专家，也有国际专家。二是认证内容的开放性，各高校既可以选择单个学科认证，也可以选择跨学科认证。三是认证机构选择的开放性。

德国高等教育质量保障体系发展的时间虽然不长，而且许多还在不断的发展与完善中，但是在其认证和评估过程中，遵循公平、公开、可比性、国际性和多方参与等原则，是值得我们学习和借鉴的。

（二）德国教育国际化对中国高等职业教育国际化的启示

1. 坚持政府主导，完善高等教育国际化的政策法规建设

随着高等教育国际竞争时代的到来，教育国际化逐渐成为高等教育改革和发展的必然趋势。高等教育国际化成了世界各国发展高等教育的一项重要战略。各国政府制定了一系列政策和法规推动高等教育国际化的发展。

因此，借鉴德国高等教育国际化经验，一方面要完善高等职业教育国际化的立法工作，细化高等职业教育国际化的相关规定，将高等职业教育国际化的各个环节以法律的形式确定下来，使高等职业教育国际化有法可依，并使之规范化运作；另一方面要制定目标明确、重点突出的高等职业教育国际化政策，保障高等职业教育国际化政策具有连续性、稳定性，增强其针对性和灵活性，以适应不断变化的高等教育国际市场。通过完善高等职业教育国际化的政策法规建设，为我国高等职业教育国际化提供强有力的制度保障。

2. 充分发挥第三部门力量，推动高等职业教育国际化

第三部门是政府组织和经济组织之外的以公共利益或团体利益为目标取向、以组织成员志愿参与为运作机制的正式的自治性组织的总和。虽然第三部门不同于政府组织和工商企业，但却又与政府组织和工商企业有着密切的联系，特别是与政府组织关系密切。因此，第三部门具有自己独有的特点。充分发挥第三部门力量，利用其独有的优势，对于推动高等职业教育的国际交流与合作具有政府组织和企业不可替代的作用。与政府组织相比，第三部门的民间组织身份更易于了解各国民众对高等职业教育的需求，减少高等职业教育国际交流与合作中的阻力和障碍，实现高等职业教育国际化战略目标。与企业相比，第三部门的非营利性特征更有利于维护各国民众为高等职业教育服务的利益。第三部门强调的是社会责任感，因此采取的是公正取向，而不是利润取向，更易使人产生信任感，为民众所接受，并且能为受教育者提供长期、持续、公平的高等教育交流与合作服务。

我国第三部门的发展较晚，目前还存在相关法制不健全、官办色彩强烈、规模小、自主性缺乏、人员素质差等问题。我国国家留学基金委员会也负责中

国公民出国留学和外国公民来华留学服务，然而远远不能满足我国高等教育国际化发展的需要。因此，借鉴德国高等教育国际化发展的经验，我国应大力扶植从事高等职业教育国际交流与合作的第三部门的发展，在法律法规、政策激励、组织建设、资金等各方面给予支持，充分挖掘和整合各方资源，充分发挥其促进高等教育国际化的独特优势，使之成为对外文化交流的主力军。

3. 坚定国际化战略，推动职业教育国际化输入与输出的动态平衡

目前，我国高等职业教育国际化发展模式以"教育输入"模式为主。由于历史和经济基础的原因，高等职业教育长期处于世界的边缘地位，需要通过国外教育资源的输入来弥补国内教育资源的不足。一方面可以借用先进的国际经验，采取优化的赶超战略，即跳跃式地前进；另一方面可以借用先进国家的新技术和智力，提高自己的国际竞争力。因此，这决定我国形成了以教育输入为主、依附西方教育的高等教育国际化模式。但是，随着我国经济的迅速发展和经济实力的增强，以及经济全球化时代的到来，我国不再只是扮演教育输入的角色，一方面不断加强本国高等职业教育自身能力的建设，另一方面主动出击，积极创造机会参与国际合作与交流，构建开放的办学模式，展开多种形式的跨国教育贸易，使高等职业教育逐渐向教育输出的方向转变。

高等职业教育国际化是一个双向并重的发展过程，只有达成输入与输出的动态平衡，才能实现高等职业教育的持续、健康、和谐发展。目前，我国高等职业教育国际化仍处于输入大于输出的阶段，这不利于我国高等教育的发展，也将影响我国的综合国力和国际竞争力。因此，应继续坚定不移地坚持开放的视野与信念，借鉴国外经验，结合中国实际，制定系统、深入的高等教育国际化战略，创新高等教育模式，积极传播民族优秀传统文化，推进世界文化的相互尊重与理解；立足亚洲，利用区域性的组织和国际组织，充分发挥我国独特的国际教育比较优势，积极推进我国高等职业教育的教育输出，逐渐实现高等职业教育输入与输出的动态平衡，保障我国高等教育国际化的持续、稳定、健康与协调发展。

4. 加快推进双高院校建设，提升高职教育的国际竞争力

2019 年 4 月，教育部、财政部印发了《关于实施中国特色高水平高职学校和专业建设计划的意见》，"双高计划"正式启动实施。当年 10 月，首批 197 所拟建单位名单进入公示环节。这项"质量为先、以点带面，兼顾区域和产业布局，支持基础条件优良、改革成效突出、办学特色鲜明的高职学校和专业群率先发展，发挥示范引领作用"的职业教育发展计划，被视为落实"职教 20 条"的重要举措，成为职业教育"下好一盘大棋"的重要支柱，也被业界视

为自"示范校"建设以来，国家新一轮职业教育改革发展的方向引领。

"当地离不开，业内都认同，国际可交流"是中国特色高水平高职院校的基本要求。"双高计划"建设对于高职院校国际化水平建设方面提出了明确指标要求。高职院校要在竞争中脱颖而出，挤进国家，双高计划建设，提高内涵，提升办学水平，就必须走国际化发展的道路。高职教育的国际化已经成了新时期高职院校创新发展的重点和新的增长点。

因此，借鉴德国"卓越计划"实施的经验，借创建双高院校的契机，区域高职院校在提升院校内涵建设的同时，要紧扣国际化发展的目标，对接国际标准，促进特色办学，创建具有中国维度的双高院校。

5. 建设质量保障体系，推动高等职业教育国际化科学发展

随着高等教育国际化的发展，高等教育质量观和人才观已经发生了很大的变化。高等教育质量问题引起了社会的广泛关注，各国政府纷纷致力于探讨高等教育质量保障体系的建设，希冀通过提高本国高等教育质量，推动高等教育国际化的发展，提升本国的国际竞争力。

随着我国高等教育走向大众化、国际化，我国政府也日益重视高等教育的质量问题，在探索高等教育质量保障体系方面做出了积极的努力。教育部在《教师教育振兴行动计划（2018—2020年）》中提出要实施"高等学校教学质量与教学改革工程"，健全高等学校教学质量保障体系，建立高等学校教学质量评估和咨询机构，实行以五年为一周期的全国高等学校教学质量评估制度。

然而，我国高等教育质量保证体系的建立时间较短，还存在许多不足。虽然德国建立高等教育质量保障体系的历史也不长，但是其通过建立评估和认证为核心的质量保障体系推动高等教育国际化的经验仍值得我们借鉴。

我国需要不断完善高等教育质量保障体系，促进高等教育质量保障法制化。只有在法制的保障下，高等教育质量保障体系才能实现持续、健康发展。通过立法对高等教育质量保障的组织与领导进行明确分工，使质量标准、质量控制、质量审核、质量评估等有章可循，才能确保高等教育质量保障体系的运作规范化和科学化，进而形成政府、社会、高校三位一体的质量保证体系。在政府层面，应从法律政策和机制上确保高等教育质量保障体系的建立。在高校层面，高校应在自身体系内主动建立和完善内部质量保障体系。而在社会层面，要争取建成多个独立的、权威性的高等教育质量保障中介机构，使其作为政府和高校之间的协调器，确保质量保证的观念得到系统地贯彻。

我国要建立多元化的评估专家队伍。我国目前的教育评估基本上只是由政府教育部门人员和高校的教育专家组成，很少有其他人员的参与。借鉴德国评

估专家队伍结构，还应吸纳企业等其他系统和社会的代表，甚至可以吸纳学生代表，加强国际交流与合作，积极参与国际高等教育评估体系的构建。目前，我国输出教育的最大障碍是学历、文凭和学位的互认问题，因此，我们应主动参与国际和地区性的质量保障与文凭学位认可组织，参与国际评估标准体系政策、标准和规则的研究与制定，改变被动接受教育输出国的"海外审核"局面。

第五节　美国高等职业教育国际化发展

20 世纪前期，美国高等教育国际化得到快速的发展，国际化的方向也从输入型向输出型转化。在这一过程中，社会因素扮演了重要的角色，众多的教育协会、基金会等社会组织纷纷成立，主导了美国高等教育国际化的发展方向与内容，成为推动美国高等教育国际化的主体力量。同时美国政府在高等教育国际化中的影响不断增强，使得高等教育国际化超越教育本身，越来越具有政治性的意义。

一、社会的力量——社会组织主导下的美国高等教育国际化

美国有着发达和成熟的公民社会，众多的社会组织在促进国家发展、社会进步、维持公平正义等方面发挥了重要的作用。在高等教育国际化方面，有许多社会组织，通过资金的援助、智力的支持等方式助推了美国高等教育国际化的快速发展。

（一）教育类社会组织与美国高等教育国际化

美国政治家、卡内基和平基金会主席伊莱休·鲁特（Elihu Root），哥伦比亚大学校长尼古拉斯·巴特勒（Nicholas Butler）以及纽约学院教授斯蒂芬·达根（Stephen Duggan）三人都十分重视高等教育在人的塑造方面的重要作用。他们认为"教育的交流有助于推动国与国之间的互解，是实现世界和平发展的坚实基础。"为此，他们试图建立一个非营利性的组织，创造机会与条件，一方面推动美国人去了解世界其他国家与地区，另一方面加强彼此的交流，增进其他国家对美国历史、制度和文化的认识。经过不懈的努力，专门从事教育交流活动的非营利组织——国际教育协会在 1919 年正式成立，其在美国高等教育国际化的发展历程中做出了巨大的贡献。

1. 争取有利的教育交流政策

美国是一个由移民构成的国家，不断吸纳高素质的移民对美国有着至关重要的意义。然而美国国内也存在着排外主义势力，阻碍着美国对移民的接纳。1921 年，美国出台新移民法案，实行签证配额制，对移民的数量进行严格限制。虽然其限制的意图是过滤那些"不合格"的移民，但是在实施过程中前往美国的留学生也被计算在移民配额中，由此导致了很多学生因为本国配额用尽而被美国拒之门外。针对这种不公平、不合理的规定，国际教育协会积极寻求各种途径，维护这些留学生来美国学习的权利。国际教育协会主席斯蒂芬·达根等人对美国国会进行游说、与负责移民事务的官员进行会谈，最终将学生排除在移民配额之外，同时给留学生发放非移民性的学生签证，使来美留学生不受移民法案的限制，保证了美国可以持续吸收世界各地的优秀留学生。

2. 推动美欧教育的双向交流

早期的美国高等教育国际化主要是一种单向的交流，即向"向欧洲学习"。通过向欧洲派遣教师与留学生，学习欧洲高等教育的发展经验，以此来推动美国高等教育的发展。随着美国高等教育实力的不断提升以及高等教育体系的日益完善，国际教育协会认识到"单向"的高等教育交流并不利于美国高等教育的发展，应该拓宽美国与欧洲的交流，改变"单向"的交流方式，以一种平等、对等的方式构建美欧教育交流的新模式，以推动欧洲重新认识美国，增进彼此的了解，消减双方的歧见。为此，国际教育协会努力推动美国的高等教育交流向"双向"发展。国际教育协会对欧洲进行宣传，编纂并出版了一系列介绍美国高等教育的图书与资料，协助欧洲的学生了解美国大学的相关情况，鼓励欧洲的学生前往美国学习深造；国际教育协会也积极整合美国各大学的信息，诸如招生计划、专业课程设置、奖学金等情况，汇编成统一的信息库，为其他国家的留学生提供咨询服务。尤其是在奖学金设置方面，国际教育协会一方面对美国各大学、各基金会进行全面深入地沟通、调查与整理，及时公布与更新各类奖学金信息方便留学生查询，同时其受美国图书馆协会、卡内基国际和平基金会等组织的委托对奖学金进行管理。到 1929 年时，国际教育协会共管理着 250 余份奖学金，总额将近 25 万美元，受益者包括美国和外国学生[①]；另一方面，国际教育协会也努力劝说别国政府设立留学美国的奖学金，出台各种优惠政策，支持本国学生前往美国留学。国际教育协会全方位的努力使得美国与欧

---

① Institute of International Education. 1920s: Building The Foundations[EB/OL].
http://www.iie.org/Who-We-Are/History/1920s.

洲之间形成了良好的合作，意大利、瑞士等国纷纷选拔赴美留学的交换生，法国政府还委托国际教育协会来遴选法国学生赴美留学。① 在国际教育协会的不懈努力下，美欧之间的学生交流活动不断高涨，推动了欧洲学生前往美国留学的热潮。

3.开展教师交流活动

国际教育协会采取诸多措施推动美国大学的教师"走出去"，这些"走出去"的教师在欧洲等国的学习和访问丰富了他们的教育经验，提升了教学能力，学习到了先进的高等教育发展成果，同时这些教师也展示出了美国高等教育的发展成就，提升了美国高等教育的国际影响力。国际教育协会推动"休假教授赴欧补贴"项目，旨在利用美国大学教授的休假时间，资助其前往欧洲进行访学。国际教育协会多方筹措，例如向卡内基基金会等申请援助资金，为美国教授到欧洲访学提供资助。这一项目的实施大大推动了美国大学教师到欧洲进行交流发展。同时，国际教育协会也广泛吸纳各国的优秀教师及研究人员，为美国高等教育的发展"请进来"高素质的师资人才。"在洛克菲勒基金会和卡内基基金会的资助以及美国院校的慷慨接纳下，截至1944年，共有300多名欧洲学者进入美国的大学任教。"② 在国际教育协会以及其他许多教育类社会组织的共同努力下，美国的高等教育与其他国家之间形成了密切的联系，美国与欧洲国家之间的教育交流活动频繁。教师、学者、学生的"送出去""请进来"日益发展，推动了美国高等教育国际化程度的不断提高。

（二）基金会与美国高等教育国际化

对美国高等教育国际化有着巨大推动作用的另一类社会组织是基金会，其主要是在资金和项目上对美国高等教育国际化进行大力的支持。从历史上来看，美国的私人慈善对美国教育的资助由来已久，私人慈善对于美国教育事业的发展给予高度的重视，美国高等教育的发展也正是得益于私人慈善组织的大力扶持。19世纪末20世纪初的美国实现了经济的迅速腾飞，在快速的发展中，美国社会的财富急剧集中，出现了一大批家资丰厚的富豪。卡内基、洛克菲勒等垄断巨头实现了财富的巨大积累后，在慈善捐赠传统的影响下，将自身的巨额财富捐赠出来，投入到慈善事业当中，其中就有相当部分的资金用以支持美国

---

① Institute of International Education. Second Annual Report of the Director[EB/OL]. http://www.iie.org/Who-We-Are/Annual-Report, 1921: 10.

② Institute of International Education, Scholar Rescue Fund .Our History[EB/OL]. http://www.scholarrescuefund.org/pages/about-us/our-history.php.

高等教育国际化的发展。为使捐赠的资金得到更好的使用，基金会这种慈善组织应运而生。1902 年卡内基出资 1000 万美元，成立了"华盛顿卡内基学会"，随后其又出资 1250 万美元成立了"卡内基基金会"，从事各项慈善事业。洛克菲勒也于 1913 年设立了自己的基金会，积极地推动包括美国教育事业在内的各项慈善事业的发展。随着美国"捐赠免税"法案的出台，除了卡内基基金会与洛克菲勒基金会之外，众多的私人基金会纷纷成立，美国在 20 世纪初掀起了一波建立慈善基金会的高潮。基金会对于美国高等教育国际化的影响主要表现在以下几个方面。

1. 物质的支持

基金会对美国大学的发展给予充裕的资金，甚至超过了政府对于高等教育的资助，"1913 年联邦政府对高等教育的投资总额为 500 万美元，而卡内基基金会捐助的教育经费为 560 万美元。"[1] 在基金会的大力支持下，美国大学的国际化获得了充足的资金保障。学校的老师与学生在基金会项目、奖学金等各项措施的资助下得以前往国外交流访问，美国也有能力吸引其他国家优秀的教师与留学生前来美国，推动着美国高等教育国际化不断深化。除了基金会以外，美国的宗教团体、各大学的毕业校友等也都为美国高等教育的发展提供了资金的援助，以直接捐赠或者成立奖学金的方式鼓励美国大学向国际化方向发展。

2. 理念的引导

基金会对于美国高等教育国际化的作用也表现在对高等教育国际化理念的引导上。基金会通过自己的研究，分析世界高等教育的发展趋势，结合美国的具体国情，引导美国高等教育国际化选择一条适合自己发展的道路。1913 年成立的洛克菲勒基金会，其宗旨就是"促进知识的获得和传播，预防和缓解痛苦，促进一切使人类进步的因素，以此来造福美国和各国人民，推进文明。"[2] 洛克菲勒基金会通过向大学、研究机构提供研究项目资助，引导他们重视对美国及世界其他国家的政治、经济、文化、社会生活等方面的研究。洛克菲勒基金会在成立的初期，基于西方社会工业化后的繁荣局面，认为工业化能给国家带来巨大的财富，所以自然科学才是真正有价值的知识。洛克菲勒基金会利用项目资助的倾斜来鼓励美国大学展开自然科学方面的研究，也鼓励美国大学强化与那些自然科学研究较为成功的国外大学进行交流与合作。洛克菲勒基金会引导

---

[1]　谢秋葵.基金会：美国高等教育发展的重要推动力[J].高等教育研究，2005（3）:95.

[2]　资中筠.财富的归宿——美国现代公益基金会述评[M].北京：生活·读书·新知三联书店，2011:82.

着美国高等教育重视对自然科学发展潮流的研究，以期实现美国经济的更大飞跃。但是第一次世界大战的爆发以及经济大萧条使得洛克菲勒基金会改变了认识，自然科学固然可以带来工业的发展与商业的繁荣，但是也会导致贫富差距不断扩大，社会问题丛生，从而给人类带来不幸。自然科技导向的高等教育并不符合人类的整体利益，所以洛克菲勒基金会将关注的重点从自然科学转向了社会科学。洛克菲勒基金会利用资助项目的筛选和指导等方式，引导美国的高等教育关注对社会问题的处理，将人、社会作为研究的对象，通过调查、分析、实践，推动美国公益事业发展，维护社会的公平与正义。同时洛克菲勒基金会也将促进世界和平与发展作为关注的领域，引导美国高等教育在发展的过程中要有世界视野，超越国界的限制，在世界范围内发挥美国高等教育的积极作用，推动世界其他地区教育事业的发展，谋求人类的整体进步。同时，卡内基基金会也积极推动美国高等教育从事国际教育援助，"卡内基基金会通过美国图书协会，向英国图书馆提供了捐助，并使此类捐助活动制度化。1925年首先在英国殖民地——肯尼亚资助建立第一所师范学校，培训当地的教师。"基金会通过对理念的引导，推动美国高等教育国际化的进一步转型，发挥了高等教育的积极意义。

3.成果的监督

基金会通过对美国高等教育国际化的实施过程以及实施结果进行调查和研究，对美国高等教育国际化进行监督，以促进美国高等教育国际化的健康发展。

有的基金会重点关注美国大学的行政管理体系是否合理，有的重点关注大学的教育方式是否与世界接轨，还有的关注美国大学国际化的效果评价。例如"卡内基教学促进基金会"就着重对美国高等教育发展的相关问题进行专门的研究，既有对美国高等教育国际化发展成果的肯定，也有通过与外国高等教育的对比来揭示美国高等教育国际化发展中存在的问题。1910年"卡内基教学促进基金会""医科教育及医院委员会"（Councilon Medical Education and Hospitals）对美国和加拿大两国大学中的医科教育进行了分析与比较研究，随后依据调查的结果发布了《美国和加拿大的医科教育》（Medical Education in the United Statesand Canada）的调查报告。报告指出美国医科教育具有的优势及不足，为美国大学医科教育的发展提出了更为具体、明确、详尽的参考标准，对美国高等教育中的医科教育进行了规范，淘汰了一大批不符合标准的医学院，有利于美国医科教育整体的健康与发展，对美国的医学教育有着极为深远的影响。美国众多的社会组织成了美国高等教育国际化的有力推手，他们集合了社会的资源与力量，全力支持美国高等教育的发展。社会组织协调了政府、大学、社会在高等教育国际化中的关系，形成了美国整体支持高等教育国际化的良好氛围。正是得益于社会组织的主导，美国高等教育国际化才获得了更高层次的发展。

二、美国高等教育国际化的价值与作用

美国高等教育国际化虽然属于教育领域，但是其意义和影响却远远超出教育的范畴，具有更大范围的价值与作用。

1. 服务国家战略

军事战略、经济战略、知识战略作为世界战略的三个阶段性流程，高等教育与知识战略存在着密切的联系。正如王家福教授在《国际战略学》一书中总结的"国家的优势来自经济的优势，经济的优势来自科学技术的优势，科学技术的优势自来教育的优势。人才的巨大优势才是真正的优势。"高等教育的发展关系着国家未来发展的高度，因而美国将高等教育国际化上升到国家战略的高度进行思考。一方面，美国政府设立了许多推进高等教育国际化的机构，例如美国新闻署、国际开发署、国际交流署、国际教育实施战略全国性会议等，着力推动美国高等教育国际化不断发展；设立了许多法律、法规，诸如《富布莱特法案》《高等教育法》《国际教育法》等，为推进美国高等教育国际化建立法制化保障；运用财政拨款、税收优惠等措施，直接或间接地对高等教育国际化的发展予以支持。所以，美国高等教育国际化取得的丰硕成果与美国政府将其纳入国家战略中有着密切的关系。美国高等教育国际化在得益于被纳入国家战略的同时，也发挥了自身的战略意义。例如，为践行"门罗宣言"的战略勾画，美国的高等教育通过各种交流途径向美洲国家传播，这一国际化的举措提升了美洲国家对美国的好感，抵抗了域外国家对美洲大陆的文化侵入。冷战时期的"富布莱特"项目作为高等教育国际化的典型表现，积极发挥了沟通美国与世界、传播美国思想与文化的作用。"和平队"的教育援助行动，有效改善了美国在第三世界国家的形象，帮助美国对抗苏联在第三世界国家中影响的扩张。冷战后，高等教育国际化更是成为美国实施"民主化改造"战略的重要工具。所以，美国高等教育国际化的发展与美国的国家战略紧密相连，美国高等教育国际化是美国国家战略的组成部分，服从于美国的国家战略，服务于美国的国家利益。

2. 有效提升国家软实力

国家间的竞争从本质上来说是一种资源的比拼，这种资源的比拼既包括硬实力的竞争（例如，经济、军事、自然资源等方面的对抗），也包括软实力方

面的较量。具有吸引力的国家文化、具有高素质的国民、具有先进发达的科技都是一个国家具有强大软实力的表现，而提升国家的软实力则与教育密不可分。高等教育是美国软实力的重要资源，而高等教育国际化则是美国传播自身软实力的有效工具。正如软实力研究的代表人物约瑟夫·奈[①]所指出的，"学术和科技交流对增强美国软力量发挥了重要作用，从精英们之间的文化联系中产生的吸引力和软力量为美国的政策目标做出了重要贡献。"

美国高等教育国际化有效提升了美国的国家软实力：在殖民地时期，美国通过教育的国际化，向英国学习古典学院的教育模式，拉近了北美殖民地与欧洲的联系；欧洲先进的文化与理念也正是通过高等教育国际化传播到美国，成为美国文化中的重要组成部分；美国采取了众多措施，吸引世界的先进人才来到美国，众多留学生也通过高等教育国际化来到美国，为美国提供了大量高素质的人才，这些正是美国最为宝贵的软实力资源；美国高等教育国际化的一系列人员、物品的交流，将美国的影响力播撒到世界各地；"和平队"的志愿者、"富布莱特"项目的教师学生等都直接或间接地成了美国文化的有力推广者，伴随着这些走出国门的人员，美国人的生活方式、美国人的理念对所在国的国民都产生了潜移默化的影响。正是有了高等教育国际化这一媒介，美国的众多软实力资源才具有了转化为软实力影响的有效渠道。

三、美国高等教育国际化的经验与启示

美国高等教育国际化历经百年的发展，取得了丰硕的成就，不仅助推了美国高等教育从无到有、从弱到强的发展，也为美国崛起成为世界大国奠定了基础。

美国高等教育国际化之所以取得如此巨大的成绩，原因主要在于：

1. 全方位的发展支持

美国高等教育国际化的突出成就与美国对高等教育国际化的全方位支持有着密切联系。从美国高等教育国际化发展历程的梳理中可以发现，美国政府、社会、个人都对美国高等教育国际化给予了很大帮助。从政府方面看，美国联邦政府与州政府通过制定相关的法律法规为美国高等教育国际化发展提供了法律保障，利用税收优惠、财政补贴等方式引导和扶持美国高等教育国际化的发展，通过外交等方式直接助力美国高等教育影响力向世界扩展。从社会方面看，美国成熟发达的公民社会为美国高等教育国际化提供了发展的基础，众多基金会为美国高等教育国际化提供了资金与智力的帮助，例如很多基金会设立奖学

---

① 约瑟夫．奈著，马娟娟译．软实力 [M].北京，中信出版社，2013.

金鼓励美国学生前往国外学习，为美国大学教师前往国外进修提供资助，同时基金会也设立大量奖学金吸引世界各地留学生前往美国留学。教育协会等其他非营利组织也对美国高等教育国际化给予了很大帮助。从个人方面看，美国高等教育国际化的奠基期、转型期、战略发展期、竞争发展期中都有许多有识之士推动美国高等教育国际化不断发展完善，这些人中既有到国外进行实地考察与学习，借鉴国外先进的发展经验，也有推动美国高等教育国际化实践的展开，还有对高等教育国际化进行学术研究，为美国高等教育国际化的发展提供理论支持。正是因为有政府、社会、个人全方位的支持，美国高等教育国际化才能实现快速的发展，取得丰硕的成就。

2. 多元化的坚持

美国高等教育国际化呈现出一种多元化的发展形态，这种多元化直观表现在各具特色的美国大学上。一方面，美国对高等教育的管理采用分权的方式，由各州管理本地区的大学。美国各州政府和议会结合当地的实际情况，制定适合本地区的法律法规，对本地区的大学发展进行规划、引导和扶持，从而使得美国各州的大学具有自身的特色，形成了美国高等教育的多元形态。这种多元的发展形态有利于美国各大学确立自己的独特优势，推动各大学之间的优势互补与横向合作，也为美国大学与其他国家的大学进行协作与交流提供了便利；另一方面，美国高等教育国际化也实现了公立大学与私立大学的共同发展。美国政府在对公立大学的国际化予以大力支持的情况下，对美国数量众多的私立大学的国际化也给予了充分的鼓励，这种一视同仁的做法助力了美国私立大学的发展，提升了美国私立大学的实力与水平，推动了美国大学间的联盟与合作，诸如常春藤联盟（Ivy League）以及新常春藤联盟（New Ivy League）等大学间合作关系的建立，都有助于美国高等教育整体实力的壮大。

3. 以市场为导向的发展思路

美国高等教育国际化成功的另一个重要经验是其坚持与市场的需求相一致。美国高等教育国际化与高等教育的发展轨迹是相互重合的，可以说，美国高等教育国际化的历史正是美国高等教育的发展历史。美国高等教育自产生之时就具有国际化的色彩，9所殖民地学院正是从英国学习借鉴高等教育发展经验才建立起来的。美国高等教育革除宗教的影响、尊重科学研究的理念也是借鉴德国高等教育改革的成果。美国众多世界顶尖大学的建立、科学研究的突破也与通过高等教育国际化吸引来众多优秀的人才密不可分。美国的高等教育愈发具有商业化运营的色彩，这与庞大的海外留学生群体对美国高等教育资源的需求存在密切联系。

第六章 国内区域高职院校国际化发展案例研究

伴随全球高等教育的发展，我国一些地区，尤其是经济相对发达的地区，其高等职业教育出现区域化与国际化发展并存的局面。这些区域高等职业教育的发展既得益于区域发展，同时又在高等职业教育国际化过程中成为重要一极，推动了高等职业教育国际化的进一步发展。

第一节 深圳职业技术学院国际化发展

一、深圳职业技术学院国际化办学情况

深圳职业技术学院于 1993 年创校招收第一届学生，是国内最早独立举办高等职业教育的院校之一。学校依托珠三角产业发展，秉承深圳特区改革创新的精神，确立了以社会需求为导向、以能力素质培养为核心的育人理念，推行"政校行企四方联动，产学研用立体推进"的办学模式，为高技能、应用型人才的培养闯出了一条新路。学校积极探索具有高职特色的科研模式，重视产学研合作、科研应用开发与成果转化，重视对外合作办学，致力于高技能人才培养新模式的探索。2009 年正式成为我国高等职业教育领域首批国家示范学校。国际化已经是如今高等职业教育发展不可阻挡的趋势，是为国际化市场培养人才的重要途径。深圳职业技术学院在国际化办学方面开始迈出了步伐，努力开创一个崭新的局面。

（一）外国留学生规模增长情况

在留学生教育市场竞争日益加剧的形势下，2009 年，到深圳职业技术学院就读的留学生有 103 人，到 2010 年留学生人数达到 215 人，深圳职业技术学院独特的地理位置、优越的师资力量、美丽的校园等吸引着包括来自德国、韩国、澳大利亚、日本、新西兰等多个国家的留学生。此外，深圳职业技术学院也始终把学生毕业后到国外深造作为一项重要工作，从 1997 年起就与英国胡

弗汉顿大学建立了合作关系，每年出国的留学生人数也急剧增长。此后，又与澳大利亚维多利亚省的巴拉瑞特大学签订合作协议，为毕业生开辟了赴澳洲留学的渠道。

（二）国际合作办学项目开展情况

近几年，深圳职业技术学院在国际合作办学方面取得了明显的成效。目前，深圳职业技术学院与境外近60所院校建立有合作关系，与外国驻华使领馆、外国政府与组织机构等进行合作，尤其是在文化教育学方面，与境外的院校、跨国公司及政府共同合作项目20多个，其中有近20所院校承认此校的学分，接受深圳职业技术学院校毕业生继续深造，以"3+1""2+2"或专升硕等形式在境外修读各级学位课程。深圳职业技术学院与英国曼彻斯特城市大学自1997年以来，双方在推进国际化的进程中就开始携手合作，并拓展到更深层次和更广领域，成功开展了服装专业"3+1"项目，并将这种形式的学位合作项目拓展到酒店、旅游管理以及食品技术专业；交换双方教授科研课题关注领域的相关信息，共同寻求双方感兴趣的研究领域开展科研合作；在深港"电气服务工程高级文凭"合作课程的项目中，极大地提高了深圳职业技术学院的课程特色。

（三）合作交流情况

1. 学生交流

到目前为止，深圳职业技术学院与国外60余所学校签订了合作协议，为学生交流开辟了便利的渠道。通过交流，学生接受了新观念、新知识，也感受到了不同文化的碰撞，增进了了解，建立了友谊，开阔了视野，培养了学生跨文化的交流能力和适应能力。一是互派留学生。据统计，接纳来自韩国、日本、俄罗斯、西班牙、美国等国的长期、短期班的国外留学生有500人左右。该校31批次选派学生人数共387人，赴法国、西班牙、俄罗斯、德国等国进行短时间留学。二是与韩国、日本等国家的高校共同举办了不少主题性活动，如冬令营、夏令营、互派参访团、语言研修班等。最近三年，举办的主题性活动共计有31次，来往的学生人数有1000人左右。

2. 教师交流

学校通过"请进来"与"走出去"的双向流动，培养了一支具有国际观念和国际视野，掌握行业国际技术标准、国际惯例与国际规范，具有较强专业改革能力、课程创新能力的教学团队。一是大力引进有海外教育背景的专业教师及外籍教师。建校以来，共引进海归人才100余人，从外向型企业引进教师225人，具有海外背景的教师占教师总数的35%；累计聘请了来自10余个国家的 80 名外籍教师。二是从外向型企业和海内外聘请具有海外教育背景的兼职教师 611 人。如媒体与传播学院聘请海德堡大中华区 CEO 为名誉院长、深圳总经理为印刷技术专业带头人、6 位海德堡公司的德国专家为兼职教师。艺术学院聘请全球闻名的海报设计大师、柏林艺术大学教授霍尔格·马蒂亚斯为艺术设计学院荣誉教授，定期来学校讲学。三是加大教师海外培训的力度。累计投入 1300 万元，共派出 291 人赴英、美、澳、法、德、加、日、韩等 20 多个国家和地区进修学习。四是一些国际型企业免费为学校培训教师。如海德堡公司资助学校 7 位教师赴德培训；甲骨文公司资助 3 名教师参加 Oracle 原厂的课程培训，获得甲骨文学院的行业认证。

3. 国际学术交流

深圳职业技术学院通过"走出去，请进来"的方式，在国际学术交流、人员互访的机制方面发展得比较成熟，在国际教育学术交流方面取得了十分重要的进展。深圳职业技术学院每年公派到国外高校长期学习的教师人数、选派参加国际学术会议的教师人次与领域在逐渐增加，邀请的高层次的外国专家、学者来访的人数呈明显增长趋势。2006 年，在深圳职业技术学院承办的首届中国（深圳）国际职业教育领袖高峰会上，国内外专家深入探讨了国际职业教育的交流、合作，产生了广泛的社会影响，扩大了学校的国际影响。

二、深圳职业技术学院国际化办学的主要做法和经验

（一）明确的国际化办学目标

1. 营造良好的国际化办学氛围

国际化办学氛围是做好国际化的重要前提，能够使我们充分意识到国际化趋势，树立国际化观念，认识到国际化办学在目前很有必要，而且紧迫，使学院领导重视国际化办学并予以指导，从而提高学校各部门、学院积极参与国际化办学。深圳职业技术学院充分发挥了相关部门的合作协调作用，达成了各负其责的国际化办学的工作机制，并在平时的教学、科研等方面也体现出国际化发展的思想；而且还制定了一些明确的有关国际化办学的实际政策，这样可以促使学院领导逐步投入到国际化办学中；采取一些有效措施，多渠道筹集国际化办学的资金，如支持吸引一些民间资本或利用国际资源等进入合作办学领域。

2. 改善国际化办学的政策环境

政策环境是做好国际化办学的保证之一，深圳职业技术学院采取了政策激励，设置了一些国际化办学项目奖励基金，经费方面向有关国际化发展的方向划拨比较多，院校创造了使能力突出的人才在国际化方面大力发展的

条件，定期组织学校老师与管理人员去境外培训与进修，学校组织了4个培训组，共计63名骨干教师及部分管理人员，分别前往澳大利亚巴拉瑞特大学（University of Ballarat）、加拿大北阿尔伯塔理工学院（Northern Alberta Institute of Technology）、英国曼彻斯特城市大学（Manchester Metropolitan University）和新加坡南洋理工学院（Nanyang Polytechnic International），进行为期两周的师资培训。这次"教师海外短期培训计划"旨在学习国外先进的教育理念和办学经验，是推进学校国际化的重要举措。

（二）推进教学工作国际化的建设

1. 加强教学管理的国际化

按照高职教育的教育教学规律，吸收境外高职教育先进的经验和做法，改进教学评估的指标、方法和手段，使教学评估更加科学、规范、合理；参照国际惯例，规范主要教学文件的名称、格式和结构；根据需要形成一批中英文对照的教学文件；组织规范的英文专业名称、课程名称、学生成绩单等；促进与境外高职院校的各种教学交流；积极创造条件，聘请境外学校管理专家参与学校的教学管理工作或咨询服务工作，以引进境外先进的职业教育办学理念及有效的管理模式、管理方法与管理手段。

2. 推进职业教育教学研究的国际化

学校积极引导和鼓励各教学部门和教师开展高职教育的国内外比较研究，对与此相关的课题申请，安排一定的立项比例和重点资助；鼓励各教学部门积极与境外的教育单位、学术机构、国际组织协作开展高职教育领域的项目申报和合作研究。对与此相关的合作项目，学校在项目申报及获得各级立项后给予资金支持；鼓励教师在境外期刊发表有关教育教学方面的研究论文，参加教育教学方面的国际学术会议。

3. 鼓励开展多种形式的合作办学项目

学校相关部门要积极推荐和配合各教学部门，在符合国家规定和允许的范围内，与境外合作开办学历教育（包括全日制和非全日制），在教学管理方面给予重点支持、在教学资源分配方面予以优先保证等。积极与境外机构和组织合作，开发双向的培训、境外实习、考证、游学等短期项目，促进国内外学生间的相互交流。

4. 强化教学建设的国际化

第一，积极鼓励开展专业层面的交流活动。各院级教学部门在三年内首先选择一个条件具备的、合适的专业，与境外同类院校的对口专业从专业定位、培养规格、课程体系设置、教学模式到实训室建设、职业课程开发、教学内容与实训项目、教学资源建设等方面开展全方位的交流与合作，相互学习，取长补短，融会贯通。第二，深入开展课程层面的交流活动。各院级教学部门要通过"走出去"和"请进来"，重点针对学院的平台课程、专业的核心课程、综合实训课程，选择其中条件具备的课程，系统地从课程结构、学时安排、教学内容、教学载体到教学形式、教学方法和教学手段、课程考核与评估等方面与境外高职院校进行深入细致的研讨与交流。同时鼓励通过调查研究，引进适合的、通用性强的境外课程，或双方合作开发课程，形成一批具有通用性的国际化课程。学校对有组织开展的此类课程建设给予人员优先派出、优先立项和资助。第三，加强国际证书的引进。各院级教学部门要组织力量认真调查研究相关国际证书（职业资格、专业技能等）的内容和水平，根据本部门专业的特点，选择受益面广的、适用性强的、认可度高的国际证书作为学生的必备证书或高等级证书，提升毕业生在国际就业市场和国际化企业就业的竞争力。第四，组织对外交流培训、进修、研修课程的系统化建设。通过调研，根据境外的需求，学校统一规划一批对外交流的培训、进修、研修课程，从师资、课程大纲、教学内容、教学资源到教学方法、教学手段、考核办法、成绩出具等进行系统化的建设，形成一批有特色的、规范的对外交流培训、进修、研修课程，为扩大对境外的培训、进修、研修奠定稳固的基础。第五，积极支持聘用境外教师授课。不仅是外语类课程，而且在专业类课程上，也鼓励各教学部门积极引进境外教师担任教学任务。

5. 丰富教学活动的国际化，推进跨文化交流跨文化教育是未来教育的一种发展趋势，通过开展跨文化教育，加强各种文化间的相互交流，促进学生的国际理解与沟通，承认文化差异的价值，对不同文化和生活方式持宽容、尊重与开放的心态，促进学生赴境外进行短期学习（实习）和交流。

（二）深圳职业技术学院国际化办学经验

1. 拓展合作交流范围，深化合作内涵

深圳职业技术学院可以与国外高职院校、教育机构甚至是跨国大型企业进行国际合作项目。这样既能引进国外丰富的教育资源，深度发展该校相关专业的国际化，又能提高院校在国际上的影响，还可以带动大规模学生来该校留学。再者，要积极寻求中外合作办学的新模式，在合作办学过程中，采取如建立联合实验室、引入国际先进技术、与跨国公司紧密联系等有效方式实现产学研的结合。此外，对于合作的境外院校，不应仅是签协议的形式，更要做实质性合作，以提高国际化办学水平。要深入教学模式、课程体系方面的合作，加强与国外科研合作的强度。

2. 打造具有国际化职业素养的师资、管理、服务队伍

深圳职业技术学院应该在原有基础上加大财政投入，支持院校的老师参与国际合作项目、积极参加国际教育学术会议，鼓励教师出国进修、深造、讲学、访问等，使学校教师对国际文化背景有深入了解；该院校除了要加大经费投入之外，还要大力支持教师申报教育部设立的公派出国的资助项目，这样既节省资金，又能推动该校国内教师的国际化。除此之外，还要加大外籍教师的比例，以及外籍教师专业的多元化。同样，学校管理层要多借鉴国外院校的管理模式，组织管理层人员去境外著名高校参观、访问、学习等，以院校的实际情况为出发点，从整体上提高管理队伍的国际化水平。

3. 合理优化生源结构，提高质量

扩大对省内招生、港澳台招生的比例和招收国外留学生的规模，使港澳台地区学生及外国留学生至少达到全日制在校生总数的5%左右；在引入国外一流职业技术大学课程标准的同时，要确保有些课程能与美、澳、德等发达国家或地区的相关规范相符合。采用双语教学，建设的课程体系要能达到国际标准又具有中国特色，使该校的教学与科研都能与国际市场接轨，提高教学质量，进而提高国际化办学水平。

4. 创新国际化高技能应用型人才的培养模式和体系，构建与国际接轨的专业课程体系

第一，院校要积极引入国际化的人才培养理念，树立具有国际视野、国际竞争力的人才观念，加强人才流动，在流动中培养人才国际化。第二，按国际通用的技能型人才标准制定人才培养方案，创新国际化高技能应用型人才培养模式和体系。第三，加大与国际接轨的专业、课程体系的建设力度。可以定期邀请外籍专家或学者来该校做讲座，开展一些国际学术交流活动，深入发展该校已经建立的国际化课程。此外，该校为适应国际化课程的发展，部分专业要实施双语教学，采用原版教材，这样能使课程的内容与国际需求相符。

第二节 天津渤海职业技术学院国际化发展案例：鲁班工坊

自2010年起，天津渤海职业技术学院在泰国建立了首个"鲁班工坊"，开创了职业教育"走出去"的创新模式。天津经过不断的发展，积累了相当丰富的职业教育经验，目前"一带一路"沿线国家缺乏国际化技术技能型人才，通过"鲁班工坊"这个平台可以输出我国优秀的职业教育成果，实施海外和国际

合作办学的独特形式，服务于"一带一路"当地的经济建设。"鲁班工坊"作为天津市职业教育做大、做优、做强的一个缩影，为高等职业教育国际化起到了示范引领作用。作为天津高等职业教育"走出去"的典型代表，本书通过对"鲁班工坊"的实际案例研究，探索天津高等职业教育国际化的现状以及存在的问题，为我国高等职业教育"走出去"提供具有可借鉴性的对策与建议。目前"鲁班工坊"已经开始开展相关的教学工作，吉普提、蒙古、葡萄牙、马来西亚等国的"鲁班工坊"也在积极筹建中。

一、"鲁班工坊"的内涵

《天津市人民政府关于加快发展现代职业教育的意见》（津政发〔2016〕3号）明确提出 2020 年在境外将建设 10 个"鲁班工坊"，目前已经将"鲁班工坊"列为天津教育发展的重点工程项目。市教委印发的《天津市关于做好新时期教育对外开放工作的实施意见的通知》提出，"鲁班工坊"配合企业走出去，面向合作国当地的员工进行技术技能的培训以及学历职业教育；推进校企合作，高校和部分具有跨境经营业务的企业联合开展订单式人才培养方案。"鲁班工坊"依据"国家现代职业教育创新改革示范区"的要求，依托鲁班的"大国工匠"形象，结合学历教育以及职业培训，服务企业"走出去"，输出天津先进的高等职业教育理念。"鲁班工坊"的三个建设体系为建设标准体系、运营管理体系、机制保障体系。建设标准体系明确了国际化专业的各种要素。运营管理体系即投资、招生、就业、国际竞赛、监控评价等过程要素。机制保障体系包含三方面："四个发展定位""三种建设模式""五个基本原则"。在合作院校中，按照中国的人才培养方案以及配备的教学资源，培养适合当地中资企业所需求的国际化技术技能人才的职业教育国际合作新模式，助力中资企业"走出去"，进一步深化产教融合、校企合作，基于输入国的经济社会发展需求以及产业现状，采取学历教育与职业培训等方式，将天津先进的职业技术教育输出给"一带一路"沿线国家。

二、"鲁班工坊"的教学实践

（一）建立国际化的专业教学标准和课程标准

天津市教委颁布了《关于进一步推进职业教育国际化专业教学标准开发工作的通知》《天津市国际化专业教学表现开发路径》《天津市国际化专业教学标准体力要求》等一系列与国际化教学标准相关的政策法规。2012 年，天津市展开了 12 个专业的试点工作；2013 年，遴选 40 个重点领域的专业开展国际化教学标准的开发工作。建立国际化的专业教学标准是高职院校培养国际化人才的基础，天津市市教委秉承国际化专业教学标准开发的基本原则，通过开展调查研究、确立人才培养规格、确定职业资格证书等路径，实现了中国高等职业教育标准的境外输出与国际认证。泰国"鲁班工坊"选用的双语教材，是由中泰两国的专业教师根据合作院校的专业特点共同研发的。在泰国"鲁班工坊"开设了中英泰三种版本教材，解决了理论知识学习中语言功能的障碍，双方选拔精英教师组建成"机电一体化"国际专业教研室，按照泰国 VEC 和中国教育行政部门的要求，基于泰国职业教育教学的具体情况，共同研发"机电一体化国际专业"的人才培养方案，并通过泰国职业教育委员会的审批，得到了中泰双方教育部门的认可。天津渤海职业技术学院的部分专业已经通过了泰国教育行政主管部门的学历互认评估认证，被泰国职业教育委员会以及泰国"鲁班工坊"认可；天津市第二商业学校的"中餐烹饪技术专业教学标准"通过英国职业教育资格证书颁发机构核准，转化为符合英国三级职业教育标准的学习资源，同步欧洲学历资格体系，文凭证书将有"鲁班"二字标识，名称为鲁班中餐烹调师三级证书；天津轻工职业技术学院的部分教学标准则通过了印度教育部评估认证，被印度金奈理工学院认可。为了满足国际市场的需求，"鲁班工坊"按照国际指标建立国际化的专业教学标准和课程标准，与国际标准的对接有利于提高我国高等职业教育在国际间的威信力及影响力，吸引海外留学生到我国高职院校学习，培养的国际化技术技能人才也能得到国际企业的认可。但是双语教材还未展开全面的编订，还是以中文教材为主，这对于沿线"一带一路"的外籍学生而言是极大的语言障碍，外文教材的编订急需全面开展和实施，以减轻外籍学生的学业负担。

（二）外籍学生到中国进行交流

泰国大城技术学院的外籍学生在天津渤海职业技术学院分别进行为期 3 年的长期班与 2 个月的短期班的学习，并且与中方学生建立"互学一帮一"的帮扶机制，通过微信等通信方式及时进行沟通，有效提升了汉语水平。短期班则组织外籍学生体验中国的文化实践教学活动，例如书法、画脸谱、诗歌朗诵、做花瓶、足球等。天津渤海职业技术学院短期班的班主任表示："来自大城高中女子学校的学生因其具备一定的汉语基础，对中国文化了解得更加透彻，在访学结束后纷纷表示今后希望来中国继续深造。"由于沿线"一带一路"国家语言众多，在实际交流中存在很多的障碍，天津渤海职业技术学院长期班的班主任表示："语言是目前最大的问题，泰国学生经过一年的中文学习，一开始只能进行日常的交流，对于专业课的学习特别是专业词汇的学习还是比较吃力，专业课教师只能尽量用浅显易懂的语言进行授课，随着在中国待的时间越长，其语言能力有所提高，对于理论课的学习理解得就越来越透彻，值得一说的是泰国学生具有很强的实践动手能力，实践操作课的学习效率很高。"柬埔寨国立理工学院目前已有两批学生，进入天津中德应用技术大学的"中高本硕"体系进行不同阶段的学习。柬埔寨"鲁班工坊"的项目负责人张链老师也提到了语言问题："由于柬埔寨的英语方言比较重，在交流过程中存在一定的难度，因此语言问题还有待进一步的加强。"

语言问题是中外合作办学首要面临的难题，虽然实训课讲求动手能力，可以通过教师的言传身教，不需要过多的汉语教学，但是由于语言障碍，使外籍学生在基础教学中对专业理论经常一知半解，不少外籍学生表示课业负担比较重，既要学习中文又要学习专业课，所以希望能增加汉语的学习时间，然而在中国的学习时间毕竟是有限的，因此，高职院校应该根据自身的特色提出具有针对性的解决方案。

（三）积极开展师资研修班

每年"鲁班工坊"都积极开展师资研修班学习交流会，促进教师的深度交流。双方院校共同组织教师培训和中外短期学生互换培训项目，外籍教师在中方院校中进行 2 到 3 个月的短期培训，选派中方教师到泰国实施技术培训和现场指导，实现中外教师教育资源共享、师生两国互换交流学习，使更多的外籍师生受益，提升了人才培养的软实力。例如，天津渤海职业技术学院成立了对泰培训领导小组，并抽调教学经验丰富的一线教师，对泰国学生进行有计划的专门培训，并且在课余时间为学生开展丰富多彩的具有中国特色的活动。通过教学过程及学生座谈反馈，接受培训的泰国学生及教师一致认为培训效果显著，收益颇多。在对泰国学生进行培训教学过程中，教师获得了对外教学的经验，双语教学水平也得到了大幅度的提升。天津渤海职业技术学院的李艳老师表示"在天津渤海职业技术学院，泰国大城技术学院已经派出两批项目交换教师和学生，进行了 3 个月的培训，同时天津渤海职业技术学院也派出多批学访团赴泰国大城技术学院等职业学院，进行了 1 个月的交流。"

"印度·鲁班工坊 EPIP 师资研修班"为印度教师进行了为期 1 个月的师资培训，使印度教师不仅收获了知识和技能，还参观了中国的优秀企业，体验了中国的文化。天津轻工职业技术学院的孟老师表示："学院已经派出两批领导及教师赴印度交流访问，以指导印度教师和学生完成'鲁班工坊'的建设工作。"

天津机电职业技术学院的负责老师表示:"六位印度教师在中国天津已经完成了EPIP研修班的培训,出版了专业教材、课程标准,中印院校教师及企业人员还共同完成了专业实训室的建设以及设备调试。"现阶段"鲁班工坊"以国际化专业为载体,通过与具有先进技术的企业合作,致力于打造一批高水平的师资队伍。由于当前正处于起步阶段,师资队伍的数量还比较匮乏,虽然每年会有一定数量的外籍教师到天津高职院校进行培训,但是能够受训的教师数量始终有限,培训的时间也集中在一两个月的短期教学,相对学生而言外籍教师的英语能力虽然较高,但是由于口音的影响,以及众多的汉语专业词汇,外籍教师需要一定的适应时间;天津本地的教师,由于教学任务繁重,对于"一带一路"沿线国家的学生这样特殊的群体,也需要调整自身的教学方案。教师是国际化课程得到实施的关键,因此教师队伍的建设迫在眉睫。

(四)利用实训基地进行实时教学

"鲁班工坊"设置了各种实训区域:工程实践创新实训区、汽车维修与应用智能实训区、专业汉语培训区等。而实践课上需要运用的设备皆由天津企业提供,如机器人、数控机床、电动自行车以及无人机等,填补了国外职业院校在实训设备上的空白,使外籍学生真正了解了中国先进的设备与技术。柬埔寨"鲁班工坊"的项目负责人张链老师表示:"NPIC投入600万美元建成了一栋七层楼的实验中心,即'湄澜职业教育培训中心',由'澜湄专项基金、合作企业、天津中德应用技术大学'三方以捐赠的形式为其配备价值1400多万人民币的大型机床以及数控加工设备等,中外企业以董事会的形式与NPIC建立校企合作机制。"利用"空中课堂、现场音视频通道、国际化微课网站平台"等多媒体设备进行实时教学,实现教学研讨的日常化,与天津职业院校实现跨区域同步教学,确保人才培养质量。专业汉语培训区则进行专业汉语以及中国职业技能文化课程的培训,在这里可以了解到中国职业技能的历史和职业教育现阶段的发展现状,帮助外籍学生对中国传统文化产生认同感。这些实训区域促进了教学内容和教学方法的更新,进一步优化了学生的科技创新环境,通过这个平台可以施展更多的人才培养方案,中外学生不仅可以在实训场所进行课程的培训和企业调研,还可以学习了解双方国家的习俗和文化,增进两国之间的友谊。目前需要解决的问题是实训设备的运输问题,在往"鲁班工坊"输送实训设备时需要面临繁杂的手续问题,目前大多是以企业捐赠等方式,这不利于中外合作办学的长效发展,相关政府部门应该制定相应的管理办法,以方便中外院校的合作交流。

（五）参与工程实践创新相关的技能大赛

技能大赛是我国职业教育当中一项重大的制度创新，赛事中使用的仪器设备代表了当前行业最尖端的技术水平。"鲁班工坊"以技能大赛的教学装备为基础，与工程实践创新相关的技能大赛形成了联动机制。来自马来西亚、印度尼西亚、泰国的学生在大赛前接受了短期培训，利用"鲁班工坊"实训区中与大赛设备水平相当的器材进行了专门的训练。自2016年起，泰国"鲁班工坊"已经连续3年作为中国职业院校技能大赛的延伸赛场，外籍学生在大赛期间可以同时进行专业技能竞赛。教学实训区的设施采用的是全国职业院校技能大赛的专用装备，达到了国际先进水平。在设计与开发赛项时，立足于"八度"，即基于在技能大赛的赛项中获得的成果以及高职院校综合实训教学等，集成的八个教学资源包。将团队协作、计划组织、交流沟通等能力融入到竞赛内容中，推动了综合实训教学过程中课程设计、教学教法的完善与改革；在高仿真的现场教学中使用专业教学技术，通过结合赛项内容与专业设备，促进理论与实践的紧密结合。现如今"鲁班工坊"与大赛逐渐形成了互相影响的关系，对于学生与教师而言是很好的学习与展现的机会。影响力较大的国际赛项，其比赛标准与要求都是根据院校与企业的人才培养需求进行制定的，因此将大赛的赛项要求融合进教学过程中，将不断优化"鲁班工坊"的教学标准，"鲁班工坊"也应该与大赛形成固定的、有计划的联动培养机制，推进"国赛"与"世赛"的对接，实现比赛项目的国际化。

（六）助力中国企业深化产教融合

"鲁班工坊"通过与承揽海外大型工程的企业或国（境）外办厂、收购的企业进行合作，培养满足国（境）外企业需要的本土化的国际化人才。启诚伟业、圣纳科技、开发区畅洋工贸、骥腾科技、渤海化工、亚龙科技、天煌教仪等一批中国企业，借助"鲁班工坊"这个平台纷纷走出国门。根据这些企业的实际需求，培养急需的国际化技术技能人才，真正实现职业教育与中国企业共同携手走出去，探索国际产教融合的新模式。柬埔寨"鲁班工坊"的项目负责人张链老师表示："东南亚电信集团有限公司（柬埔寨分公司）作为柬埔寨的通信运营商，建设了覆盖柬埔寨全国的4G移动通信网络，但是柬埔寨的劳动力市场却缺乏熟练的通信技术工人，因此'澜湄职业培训中心'便开设了'通信'专业，立足于柬埔寨、面向澜湄5国、辐射东南亚10国。"天津渤海职业技术学院根据泰国经济建设需求设立了"机电一体化国际专业"，将泰国学生培养成当地急需的技术技能人才。印度"鲁班工坊"与5家中资企业签订了订单培养协议，并且聘请其中两位企业负责人作为"客座教授"。巴基斯坦"鲁班工坊"与8家中资企业以及当地著名大型企业签订了产教协同育人联盟战略合作协议。校企合作是高等职业教育发展的必然趋势，现阶段"一带一路"沿线国家的中资企业急需优质的国际化技术技能人才。随着"鲁班工坊"的影响力不断扩大，众多中资企业纷纷与"鲁班工坊"签订了订单式培养协议，通过因地制宜开展当地市场需要的专业，让当地员工深入了解中资企业的用人标准，使学生在做中学，提前熟悉产业的运行模式，这对于高职院校的毕业生而言无疑是值得推崇的，有利于促使高等职业教育服务于产业的发展。

第三节　哈尔滨职业技术学院国际化发展

哈尔滨职业技术学院位于有着"天鹅项下的珍珠""东方莫斯科""东方小巴黎"以及"冰城夏都"美誉的哈尔滨市，是哈尔滨市政府创建的一所重点服务地方装备制造业和现代服务业的公办综合性高等职业院校。

学院积极紧密围绕《关于做好新时期教育对外开放工作的若干意见》，将教育国际化作为高水平高职院校建设的重要任务之一。坚持正确政策导向，积极寻求与跨国企业、国外院校的合作机会，致力于提升国际化办学条件，多渠道、宽领域、深层次开展国际合作交流。学院国际合作交流工作实现了从"国际合作交流水平提升"到"国际影响力提升"的不断深化，教育国际化步伐不断加快，工作成效不断显现。2016年、2017年连续两年荣获"全国高等职业院校国际影响力50强"荣誉。2018年学院荣获"2018亚太职业院校影响力50强"称号。

一、校企合作服务"走出去"跨国企业

1.构建跨国"校—企—校"合作模式

与中国有色矿业集团、哈电集团、赞比亚铜矿石大学、赞比亚卢安夏技工学院、俄罗斯萨哈林国立大学等跨国企业及国外院校合作，构建"学院—跨国企业—境外院校"三方合作格局，采用"优势互补，资源共享"的方法形成了"人才共育、过程共管、成果共享、责任共担"的跨国"校—企—校"合作长效机制。深化跨国"校企校"合作模式，以培养与国际接轨的高技术技能型人才为目标，制定人才培养方案和专业课程标准，建设人才培养模式，创新国际化

育人新机制，整合、开发并输出国内社会及学院的职业教育优质资源。创新了适应国际化发展的育人机制，走出了一条适合学院发展的、支持行业企业与社会经济发展的国际化办学之路。

2. 开办职业教育"走出去"援教项目

2018 年，学院继续派出 2 名教师赴赞比亚开展 9 个月以上的援教工作，教师们主要承担有色金属行业的赞比亚企业员工在机电一体化、电气自动化等专业的技术技能培训，与北京工业职业技术学院、吉林电子信息职业技术学院等 8 所院校援赞教师组团先后为中国有色集团赞比亚谦比希铜冶炼公司、中色非洲矿业有限公司等 5 家企业培训员工 570 人次，比上年增长了 267 人次，增长率为 86.8%，极大改善了当地员工的专业技能水平。培训工种从最初的 5 个扩展到 24 个，培养了一大批适应跨国企业需求、热爱中国文化、"一带一路"沿线国家急需的高水平技术技能型人才。

二、院校联盟共建海外分院

1. 创建哈职海外分院

学院积极配合国家"一带一路"倡议，采用"优势互补，资源共享"的方式拓展沿线国家的教育合作领域，培养技术技能型人才。依托地缘优势，积极开展对俄合作，与俄罗斯萨哈林国立大学合作共建哈职萨哈林分院；联合北京工业职业技术学院、吉林电子信息职业技术学院等 8 所职业教育"走出去"试点院校与中国有色矿业集团和赞比亚卢安夏技工学院，共同筹建我国第一个获得国外办学许可的中赞职业技术学院，开展学历提升、师资培训、技术服务等项目。

2. 开展境外"校校"联合办学

与韩国大邱工业大学、韩国建阳大学、韩国京畿科学技术大学、新加坡南洋理工学院等 10 多家境外院校建立友好合作关系。与韩国大邱工业大学"人物形象与设计专业"和韩国京畿科学技术大学"汽车检测与维修专业""模具设计与制造专业"进行合作办学，实行学分互认，累计派出学生 24 名。与韩国建阳大学"人物形象设计""建筑工程技术""会计"等本科专业进行专升本合作，累计派出学生 8 名。目前，在韩留学生中 5 名学生取得学士学位，3 名学生在韩国成均馆大学、韩国建国大学等韩国顶级学府攻读硕士学位。

2018 年，俄罗斯萨哈林国立大学首次来学院进行境外招生考试，遴选出 23 名学生赴俄罗斯参加学历提升项目。2018 年，接收 12 名赞比亚留学生来学院完成学制 3 年的学历教育。

三、搭建师生境外技能竞赛平台

建立学生国际技能大赛培养培训机制与激励机制，为师生搭建国际竞赛平台，拓展师生参加国际化技能大赛的项目。

学院为学生搭建境外技能竞赛平台，鼓励学生赴境外参赛。2016 年参加俄罗斯远东联邦区世界职业技能大赛总决赛，获得奖项 4 项。2017 年参加世界技能大赛（俄罗斯地区）获得奖项 7 项。2018 年参加第八届海峡两岸大学生计算机应用能力与信息素养大赛（台北站）并获得冠军。

连续选派 18 名优秀学生赴新加坡南洋理工学院进行短期研修。5 年来，学院共派出赴境外短期研修学生 140 余人。学院持续举办"冬令研习"活动，5 年来，共接收 150 余名境外学生来校参加"冬令研习"。

四、国际化师资队伍建设

1. 拓展教师国际化视野

学院持续开展境内外师资培训，打造具有国际化视野的教师队伍。2012 年至今，学院连续 7 年申报并获批国家外专局境外培训项目，先后选派 334 名专业带头人、中青年骨干教师赴德国等 10 余个国家和地区的职业院校和企业学习交流；2018 年派出 19 名教师赴国外学习培训，其中派出 9 名青年骨干教师赴新加坡南洋理工学院，派出 10 名教师赴俄罗斯萨哈林国立大学；同时，由企业、国内外学校共同组建双师队伍，聘请国际行业专家来学院开展培训，为校内教师开设外语能力提升班，为师资队伍国际化水平提升提供保障；学院 10 余名教师先后被境外学院聘为客座教授，其中，有 6 名教师受聘于俄罗斯远东国立交通大学客座教授，8 名教师受聘于俄罗斯萨哈林国立大学。

2. 打造"双师双语"教师团队

通过开展国际化职教师资专业培训、双语研修、师资互聘、文化交流等方式，提升师资团队国际化职教能力。建设一支由企业工匠、高校教师、本国教师和外籍教师组成的"双师双语"教师团队，建立境内外师资双聘制，共同承担教学任务，为"走出去"企业开展语言教学和技能培训。

五、开展境内外研修和文化交流

1. 开展境外专业研修

2015 年，学院成为黑龙江省首个获批选派学生赴台湾地区研修的高职院校，连续 4 年共派出 180 名学生进行境外短期专业研修。研修期间，学生考取国际证照通过率达到 100％，其中多名学生获得多个国际证照。

2. 开展境内学术交流

应俄罗斯莫斯科国家教委邀请，2018 年，学院作为国内首家派出教学团队的高职院校赴俄罗斯哈巴罗夫斯克边疆区进行物流专业教育交流，对俄罗斯远东地区物流专业进行专业建设指导，并在校企合作机制、创新人才培养模式、产学研一体化实践教学基地建设等方面进行经验分享。同年应邀派出电子信息类专业教授赴俄罗斯进行专业建设成果交流并做学术交流专题报告，会议在哈巴罗夫斯克边疆区多个高等职业院校进行同步视频播放，彰显学院核心专业优势，发挥我院优秀教师高技能水平。6 年来，学院累计派出专业带头人、骨干教师与管理人员 330 余人，赴德国、新加坡等 10 余国家及我国香港、台湾地区高校、企业进行学习培训与交流；学院 10 余名客座教授受聘于俄罗斯及我国台湾地区友好学校，推动了校与校之间学术交流活动的开展。

3. 开展境内外文化交流

学院连续 4 年接收新加坡南洋理工学院、俄罗斯哈巴罗夫斯克边疆区、俄罗斯萨哈林国立大学等友好学校的 200 余名师生来校参加哈职"冬令研习"活动。通过文化体验、拓展训练、企业参访等活动实现了文化交流、教育互融，扩大了学院的国际影响力并提升了哈尔滨市的国际知名度。

第四节　金华职业技术学院国际化发展：怀卡托国际学院

金华职业技术学院位于浙江省金华市，是 1998 年经教育部批准成立的公办全日制普通高等学校，是金华市属地方性高职院校、国家示范性高等职业院校、教育部"卓越医生教育培养计划"试点高校、浙江省重点建设高职院校、浙江高职界的"浙大"。

学校自建立以来，积极开展国际教育合作和校际合作，已与美国、英国、加拿大、澳大利亚、德国、新加坡、法国、芬兰等 10 多个国家的高校和教育机构建立了长期合作关系；招收有尼泊尔等 6 个国家的留学生。学校还与新疆乌鲁木齐职业大学、四川乐山职业技术学院、贵州铜仁职业技术学院等 8 所中西部地区院校开展对口交流合作。拥有中澳护理专业、中美会计专业、中加酒店管理专业、中澳建筑设计专业、中美体育服务与管理专业等 5 个中外合作办学项目，项目总数位居浙江省高职院校第一，其中中澳护理专业被评为"浙江省示范性中外合作办学项目"。2019 立项国家重点优质高职院校建设单位。

学校紧紧按照省重点优质高职校建设要求及学校实际，积极推进教育国际化发展新方略——"三稳、三增、三新"。"三稳"即中外合作办学稳质量，留学生学历教育稳增长，师资培训稳长期；"三增"即两岸交流增亮点，交流生增项目，外教管理增文化；"三新"即建设新平台，拓展新合作，办好新学院。结合优质高职建设，学校确立了"四个一"目标：建设一个怀卡托国际学院、创办一所卢旺达海外分校、设立一个"一带一路"国际交流中心、搭建一个科研人文交流平台。引进"三个一批"：一批国际 51 标准、一批优质课程、一批认证项目；实施"双百"培养工程：年培养百名留学生，年派出百名交流交换生。积极主动地融入全球化进程，实现从"引进来"到"引进来"与"走出去"的并重。

一、"创品牌"：两次入选国际影响力 50 强

学校积极响应国家"一带一路"倡议、服务"南南合作"和中非合作论坛约翰内斯堡峰会精神，主动对接沿线国家教育需求，拓展"一带一路"及沿线国家合作项目，增强辐射效应，助力优质产能"走出去"。通过多元化的国际教育合作，成功推动高职教育先进理念走进非洲。2017 年和 2018 年还连续两年入围全国高等职业教育"国际影响力 50 强"，2018 年 9 月荣膺"亚太职业院校影响力 50 强"。学校组织开展了多层次的学生交流交换，以增强跨文化交流互动。近年来，学校组织学生赴埃及、泰国、美国、新西兰等国家和地区进行短期游学、实习、长期交换或学历深造。学校海外办学的实践和尝试先后获得国务院副总理孙春兰、教育部及省教育厅领导的批示和肯定，得到国内外权威媒体的多次报道。

依托泰国西那瓦大学华夏学院国际教育中心，以"一带一路，'泰'有意义"交流交换生项目为主导，大力拓展学生境外交流工作，共计 85 名师生赴西那瓦大学进行短期交流，2 名教师前往攻读博士学位。

积极拓展与新西兰怀卡托理工学院、埃及坦塔大学、约旦语言学院的"互学互鉴，丝路'新'行"合作项目。

与卢旺达等国家"携手同行，'非'爱不可"项目，累计输送 43 名阿拉伯语专业学生赴埃深造，目前 13 人在埃及坦塔大学就读本科，1 人在读博士。

2018 年学校与西班牙海梅一世大学及胡安卡洛斯大学签署合作备忘录，并与西班牙巴塞罗那足网语言学校合作，拓展了"'西'天取经，不忘初心"项目。

二、专注内涵：做强怀卡托国际学院

金华职业技术学院怀卡托国际学院（以下简称：怀卡托国际学院）自创办以来，通过深化合作内容、增进合作内涵和提升合作层次等途径专注于怀卡托国际学院的内涵建设，做强"引进来"品牌。

目前设有应用电子技术、计算机网络技术、计算机应用技术、建筑工程技术、模具设计与制造、艺术设计6个招生专业，在校生906人。2018年以来，通过"常规＋创新"抓实教学运行、内培外引提升教学团队、专注学生成长、坚持党建引领、校际交流常态化等工作积极推动怀卡托国际学院建设。学校主动对接新西兰NZQA标准，建设优质专业资源库，目前已建成国家教学资源库8个标志性子项目及4门国家精品课程、4门国家精品资源共享课、6门省级精品课程、5门省级在线开放课程、1门智慧职教云委托开发课程、1项省微课竞赛三等奖、1项省信息化实训教学竞赛三等奖、16门校六个一批课程；两项教学改革案例入选首届中外合作办学教师教学创新优秀成果展。学校还通过中外师资培养孵化优质教学团队，怀卡托国际学院教师团队中外教硕士学位比例超80%，中方教师高级职称占比达40%以上，有海外学习或3个月及以上中长期培训经历的教师占专任教师的76%。此外，怀卡托国际学院开展多元活动提升学生综合能力，通过组织海外游学、网络创新实训、思科工程师国际职业资格认证等各类活动，充分调动学生学习积极性，就业竞争力显著提升。怀卡托国际学院首批149名毕业生初次就业率达94%以上，其中17人赴新西兰留学深造。

三、输出高职：建设穆桑泽国际学院

学校积极响应国家"一带一路"倡议和中非合作论坛约翰内斯堡峰会精神，围绕服务非洲发展、提升教育国际化水平，坚持"授人以渔"的工作理念，主动对接卢旺达职业教育需求，通过多元化深层次国际教育合作，积极探索中国高职教育"走出去"的金华模式，成功推动高职教育先进理念和模式走进卢旺达。2018年7月21日，国家主席习近平访问卢旺达前夕，在当地主要媒体《新时代报》发表题为《中卢友谊情比山高》的署名文章，文中提到"穆桑泽职业技术学校已成为卢旺达北方省最大的职业技术培训中心"。该校是我国政府援建的"交钥匙"工程，也是金华职业技术学院在海外进行高职教育合作的学校。8月份，金华市委办上报中办的《金华职业技术学院面向卢旺达实施高职教育"走出去"的调查与思考》获得孙春兰副总理、教育部部长陈宝生及田学军等三位副部长的批示。省教育厅分管外事的于永明副厅长对金华职业技术学院上报的《金华职业技术学院面向卢旺达实施高职教育"走出去"的实践与思考》做肯定性批示。9月，习近平主席在北京中非合作论坛上宣布，将在非洲建立10所"鲁班工坊"，教育部要落实习总书记讲话精神，着手开展"鲁班工坊"筹建，我们也正在积极争取当中；9月，应教育部国际司要求，金华职业技术学院胡正明书记前往教育部汇报金华职业技术学院海外分校的工作情况，教育部相关领导认为其是"非常鲜活的一线工作经验"。9~10月，副校长杨艳多次带队赴教育部和卢旺达驻华使馆，与查尔斯大使、教育部相关领导沟通洽谈，为金华职业技术学院能够纳入教育部"鲁班工坊"计划积极争取；10月，我校上报的《关于金华市与穆桑泽市结为友城的建议》获市政府批示；10~12月，积极寻求查尔斯·卡勇加大使、饶宏伟大使等领导的支持，努力促成金华市与卢旺达穆桑泽地区结为友好城市；12月，金华市副市长邵国强带队赴卢旺达到金华职业技术学院海外分校进行工作考察；中国驻卢旺达特命全权大使饶宏伟会见金华职业技术学院海外分校5名教师；由卢旺达驻华使馆、中国电影集团和金华职业技术学院联合出品的《我们毕业啦》（卢旺达留学生在金华纪实短片）杀青。人民日报、新华社、卢旺达国家电视台等媒体10余次报道我校海外分校办学成效。金华职业技术学院自2013年以来与卢旺达保持了良好的关系，并通过推进卢旺达学生来华留学，培养了大批对华友好人士，使他们成为我国政治外交利益的忠实维护者。金华职业技术学院创办穆桑泽国际学院，为卢旺达及其周边国家培养的应用型人才，将跻身卢旺达社会各界，未来定能够为积极推动多边友好关系与维护中国的良好国际形象，以及传播中国故事做出应有的贡献。

四、国际培训："多举措"助推浙江企业"走出去"

为顺应企业"走出去"发展需要，学校建立了国际教育职业培训中心，以泰国西那瓦大学华夏学院为基地，设计与开发分行业、分类型的培训体系。学校先后调研华孚时尚等50余家企业"走出去"的需求，并形成《海外员工培训意向企业名单》1份，相关调研报告4份；积极开发企业培训外包服务，现已开发《汉字教学课程包》《国际工程项目管理》等培训项目9个；制作《初次商务会面原则与话题》等微课8个；开发《初级汉语词汇手册（阿－泰版）》；同时，为有意愿"走出去"的企业普及相关语言、文化及技能知识，累计开展各项技术技能及跨文化交流培训476人次，还建立校企互动QQ群、微信群等信息交流平台，为企业提供政策咨询等，进一步推进了"丝绸之路"师资培训计划的实施。学校自 2013 年 9 月与印尼教育代表团签署合作备忘录以来，已累计为印尼培训 6 批次 98 人次各类中小学教师。此外，还与老挝、柬埔寨、非洲的高校签订合作协议，在师生交流、技能培训等领域开展合作，累计培训了 6 批次 162 名来自巴勒斯坦、莫桑比克、南非等国的校长和高级行政官员。而且派出骨干教师前往卢旺达穆桑泽国际学院为卢旺达 8 所职业院校培训师资，并开展了 777 人次的面向青年的农业、烹饪技术培训。

五、留学金职："专业 + 文化"打造留学生教育品牌

学校先后招收 60 多个"一带一路"沿线国家的 1000 多名留学生。2018 年，金华职业技术学院新增留学生 183 名，目前共有在校留学生 206 人，其中学历生 109 人，长期进修生 89 名，短期进修生 6 名。在留学生培养过程中，金华职业技术学院坚持以传播和弘扬优秀中华文化为己任，培养"懂汉语，有技能，亲中华"的跨国使者；坚持严格参照国内学生培养计划，采用"一年学语言、三年学专业"的教育模式；利用学校 11 个"校企利益共同体"，全面实施"师生结对""师徒结对""生生结对"，与国内学生一起进行"分阶段培养、双基地轮训"，扎实推进留学生实践教学；每年组织民俗村考察、民间技艺体验、走进"新农村"等系列活动 10 期以上；连续三年参加"梦行浙江"活动获好评。鼓励教师与留学生建立"师生伙伴关系"，依托全校近 20 个社团引导中外学生建立"学生伙伴关系"，并通过组建语言、技能学习小组等形式促进互学互进、共同成长。

2018 年共有 131 人获得各级各类奖学金，本年度奖助学金总额为 58.94 万，其中获省政府来华留学生奖学金 15 人，总额为 9 万元；市政府来华留学生奖学金 30 人，总额为 40 万元；86 人获校级留学生奖学金及各单项奖，共计 9.94 万元。此外，学校还充分尊重留学生的文化习惯与宗教信仰，在 2018 年按照"书香公寓"标准，投入 100 多万元改造留学生宿舍，开辟 3 个汉语学习交流场所和 1 个图书漂流中心；组织留学生参与"书记·校长有约"等活动，倾听留学生心声，全方位关心关爱学生。

六、合作交流："齐发力"各项工作硕果累累

一是服务师生，持续推进两岸文化交流合作。成功举办八届"青春飞扬书香两岸"浙台大学生文化交流活动，共计有 20 余所台湾高校的 2000 余名师生参与，2015 年获全国高校校园文化建设优秀成果二等奖。2018 年 8 月，24 名

台湾师生来金华职业技术学院参加跨境电商实习，拉开了第九届活动的序幕。

二是促进文化融合，积极开展"外籍教师"团队建设。学校已组织开展五届"外教之星"评选活动，评选出"外教之星"41名；以"文化交流合作共赢"为主题，共计为5000多名师生举办外籍专家系列学术讲座78场；组织外籍教师参加校内外各项活动，丰富其业余生活，使其融入当地文化；制作了《国（境）外专家系列学术讲座集》和《外教之星风采录》。

三是严格按照中外合作办学原则引进优质资源，建立新的课程体系与标准，优化课程内容与教学模式，引进127门优质课程，建成120门双语课程；以项目认证及示范建设为抓手，实现规范管理。中美会计、中美体育专业合作顺利延期，中加酒店专业通过中国国际交流协会质量认证，中美护理专业引进AHA认证项目。

四是与9所国外院校和机构签署了科研合作协议，围绕学校重点研究课题建设国际科研合作平台，开展"内涵型"科研交流合作。如：与美国罗克韦尔公司、TI公司先后合建工业网络控制协调创新中心、DSP联合实验室，并获1500万元设备及20套DSP28377开发板；与德国伯福集团、医卫教育集团成立"中医研究与推广基地""医护类师资培养培训基地"和"护理专业海外实习就业基地"；与巴西Universidade Federaldo Para大学合作，计划在水产养殖、农牧业、渔业技术领域共建科研合作平台，并签署合作备忘录。

第五节　湖南职业教育国际化发展

1. 湖南省职业教育国际化发展的基本情况

2019年湖南高职教育年报显示如表6-1。

表6-1　国际影响表

指标	2017	2018	增长率 /%
全日制国（境）外留学生人数（1年以上）/人	59	354	500.00
非全日制国（境）外人员培训量 / 人日	85090	141949	66.82
在校生服务"走出去"企业国（境）外实习时间 / 人日	29911	53408	78.56

续　表

指标	2017	2018	增长率/%
专任教师赴国（境）外指导和开展培训时间/人日	6794	11977	76.29
在国（境）外组织担任职务的专任教师人数/人	30	94	213.33
开发并被国（境）外采用的专业教学标准/个	11	49	345.45
开发并被国（境）外采用的课程标准数/个	45	201	346.67
国（境）外技能大赛获奖数量/项	16	30	87.50

数据来源：高等职业教育质量年度报告院校年报

（1）海外职教基地持续增长

伴随湖南高铁、航空、工程机械等产业"走出去"，湖南铁道职业技术学院、湖南工业职业技术学院等学校积极发挥各自优势，在泰国、巴基斯坦、肯尼亚等国建立海外分院、培训中心、技术服务中心等职教基地13个，为"一带一路"沿线国家培训当地员工29189人、培训中国员工6156人，举办中华传统文化传播活动126次，开展科研攻关、技术服务等56项，产生了良好的效益。

湖南铁道职业技术学院与泰国兰实大学共建中泰铁道学院，对接"泰国4.0"计划中鼓励的轨道交通产业，设置专业5个、共建专业课程14门、共培训教师21名，招收当地学生67人、培训泰国企业员工310人次，成为湖南职教"走出去"重要海外基地。湖南化工职业技术学院和中博军科巴基斯坦公司共建中巴经济走廊化工涂料技术交流中心，开展涂料研发，为企业开发新产品2项，提供技术支持18项，开展技术攻关9项，解决技术难题31个，培训企业员工320人次。

（2）协同企业走出去能力增强

湖南高职院校积极响应"一带一路"倡议，积极培养适合境外工作的工匠人才。2018年，湖南三一工业职业技术学院、湖南城建职业技术学院等19所高职院校的299名毕业生就业于巴基斯坦、马来西亚、泰国、越南、菲律宾等19个国家，为湖南企业"走出去"和"一带一路"沿线国家产业发展提供了有力的人才支撑。

（3）湖南职教标准开始走出国门

全省 14 所高职院校发挥一流特色专业群优势，开发国际化专业教学标准 49 个、课程标准 201 个、培训标准 149 个、技术标准 10 个。这些标准全部被"一带一路"沿线国家的相关院校采用。

湖南生物机电职业技术学院受隆平高科委派，选派专业教师赴津巴布韦、东帝汶等国家开展技术援助，开发鱼虾等技术标准 6 个、培训标准 7 个。湖南铁路科技职业技术学院开发了 7 个国际化专业教学标准、30 门课程标准，被泰国斯巴顿大学、马来西亚吉隆坡大学采用，有 21 门培训课程被马来西亚和肯尼亚的相关学校和培训机构采用。

（4）助力湘企湘品走出国门

全省高职院校积极为中联重科、隆平高科、三一重工等企业国外经营提供技术、人才支撑，共选派 54 名教师担任企业顾问，为企业提供技术支持 1413 项、开展出国员工培训 84077 人次，向企业输送优秀毕业生 7196 人。湖南城建职业技术学院探索国际化技术技能人才培养培训机制，助力湖南建工集团海外发展战略。校企共建"中湘海外"基层管理与技术人员培训基地，为海外建筑工程项目订单培养学生 110 名；对接集团海外建筑工程项目，组织海外本土化人员建筑工程施工与管理培训 20450 人次；校企共同开发海外建筑工程技术技能人才培训资源包，开展特殊工种培训。学校国际化技术技能人才培养有力助推了建筑湘企走出国门，湖南建工集团承建了由中国政府援建的塞内加尔竞技摔跤场项目，使之成为当地地标性建筑。2018 年 7 月 22 日，国家主席习近平与塞内加尔总统萨勒共同出席项目移交仪式。

（5）双向留学人数持续增长。

2018 年，湖南高职院校接受 22 个国外教育代表团来湘考察，与 20 多个国家、地区的 30 多所教育机构开展出国留学合作。省财政厅对来湘留学生实行生均拨款和奖助学金政策，省教育厅新批招收留学生高职院校 6 所。全省高职院校双向留学人数达 346 人，比 2017 年增加 97 人。长沙航空职业技术学院与加拿大卡纳多文理学院合作开发专业标准、课程标准，培训师资，开展合作培养，首批合作培养飞行器维修技术专业学生 92 人，在长沙航院和卡纳多文理学院分别学习 2 年和 1 年，人民日报对此进行了报道。湖南汽车工程职业学院 2018 年在巴基斯坦、尼泊尔等 5 个"一带一路"沿线国家招收三年制学历留学生 12 名，为其培养高技能汽车技术人才。长沙民政职业技术学院实施"留学民政计划"，从马来西亚、老挝招收留学生 22 名，分别在 7 个二级学院的 12 个专业开展留学生培养。

（6）互学互访多样化

湖南高职院校搭建了"汉语桥""中外教师（校长）论坛""国际技能大赛""学生夏令营"等国际合作平台，促进了互学互访。2018年，全省有353名学生、580名教师赴国（境）外交流学习，有701名国（境）外学生、848名国（境）外教师来省高职院校交流学习，湖南工艺美术职业学院湘绣工艺备受"洋学生"青睐。湖南工业职业技术学院选派8名师生参加"2018年金砖国家技能发展与技术创新大赛之嘉克杯国际焊接大赛"，在71个参赛队伍中脱颖而出，获得一等奖2项、二等奖1项、三等奖2项、优秀奖3项，以及团体金奖。长沙民政职业技术学院2018年派出60名教师赴境外高校访学，依托82项国际化内化项目促进教师成长，有3名教师在全国职业院校教师教学能力竞赛中获奖，学校立项国家精品在线开放课2门，获国家教学成果奖2项。

2. 湖南职业教育国际化水平与东部发达地区还有较大的差距

湖南高职院校教育国际化发展取得了较大的成绩，但与教育国际化程度高的浙江、广东相比仍然存在一定差距。根据麦可思公司统计的《中国高等职业教育质量年度报告》关于中国高职院校国际影响力前50强评选数据显示，2016-2018连续三年高职院校国际影响力前50强院校区域分布，2016年前50强院校江苏14所，浙江6所，山东6所；2017年江苏18所，浙江6所，云南4所；2018年江苏19所，浙江6所，山东7所；数据显示，连续三年江苏的高职院校国际影响力占有绝对优势，是全国省市高职院校国际化水平最强的区域。湖南除2016年有一所高职院校上榜50强以外，2017、2018连续两年没有院校进入前50强。

目前，湖南大部分高职院校国际化发展虽然初具成效，但大多还是停留在低层次、短期的考察和互访等层面上，国际化人才交流方式也以单向输出为主，国际化人才培养目标、课程设置、培养路径不清晰，国际化课程教学标准引进得多，具有湖湘本土职教特色的优质课程输出较少等，科学地构建基于湖南的区域高等职业教育国际化评价指标可为湖南高职院校根据院校自身功能定位选择国际化发展策略，探寻构建区域特色国际化发展模式，提供发展指南和建设参考。科学地构建基于湖南的区域高等职业教育国际化评价指标体系可为湖南高职教育国际化发展和中部省市区域高职院校国际化发展提供对策建议。有利于创新区域高职院校办学模式，提升区域高职院校竞争力水平和国际化办学水平。

第六节　长沙民政职业技术学院国际化发展

　　长沙民政职业技术学院是 1984 年由国家民政部创办，1999 年经教育部批准升格为高职学院，2000 年改革成为湖南省人民政府和民政部共建、省教育厅直属高校，2006 年成为全国首批国家示范性高等职业院校，2015 年成为湖南省首批卓越高等职业技术学院建设单位。

　　长沙民政职业技术学院认真落实教育部《高等职业教育创新发展行动计划（2015—2018 年）》《职业院校管理水平提升行动计划（2015—2018 年）》，立足民政、面向社会、适应市场、开放办学，以服务为宗旨，以就业为导向，走产学研结合的发展道路，开设涵盖生命全过程的民政民生类和服务地方经济社会发展的现代服务及智能制造特色品牌专业，人才培养质量和办学实力得到了社会的认可，社会美誉度不断提高。学校在中国科学评价研究中心（RCCSE）、武汉大学中国教育质量评价中心（ECCEQ）及中国科教评价网联合发布的 2017 年中国高职高专院校竞争力排行榜名列全国第九位。获得"2017 年高等职业院校教学资源 50 强""全国职业院校实习管理 50 强"、教育部第二批深化创新创业改革示范高校、湖南省文明标兵单位等荣誉称号。目前，学校正朝着争创一流高职学校、一流专业群的"特高校"目标迈进。

　　新丝路，新担当。近年来，学校勇于承担时代赋予的职责与使命，以实际行动积极响应"一带一路"倡议。与老挝、柬埔寨、马来西亚、菲律宾 4 个沿线国家深化务实合作。为"一带一路"职业教育共同体贡献中国智慧。

一、打造"一带一路"职业教育共同体

　　1.招收湖南省首批学历留学生，培养丝路使者

　　面向"一带一路"沿线的老挝、马来西亚等国家，完成 22 名高职三年全日制留学生的招生工作，这是湖南省招收的首批高职全日制留学生。22 名留学生录取专业均为生源国重点行业紧缺专业，其中包括旅游管理、电子商务、物联网、电气自动化等 12 个专业。

　　2.产教协同"走出去"，培育世界工匠

　　学校积极实施"丝绸国际学院"境外合作办学计划。2017 年 12 月，携手中兴通讯等"走出去"企业，成立了"民兴培训中心"，开启了学校在境外开

展专业培训的历史性篇章。该中心将致力于培训在马来西亚投资的中资企业以及马来西亚企业员工。

3.跨境教育深度合作

2018年8月，与老挝教育与体育部签订合作备忘录，重点在现代服务专业群和智能制造专业群两大领域开展合作，聚焦学历教育、标准建设、技能人才培训和文化交流。同时，与马来西亚英迪国际大学共同申报"康复治疗技术专业"高等专科层次中外合作办学项目，于2019年实现顺利招生。

4.成立国际职教联盟，推动专业国际化发展。

学校牵头成立亚洲殡葬教育与文化联盟，旨在加强殡葬学术研究和技能创新方面的合作。2017年，国际殡葬协会主席特蕾莎·萨维德拉女士带队到学校参观交流，对殡葬专业办学水平给予了高度评价。2018年，菲律宾殡葬协会代表团也来校交流访问。国际行业机构的互访交流，必将推动学校殡葬专业的国际化发展进程。

5.加强国（境）外语言文化交流，以实际行动助推民心相通

2018年学校与老挝建立深度职教合作共同体，在职业教育领域开展了全方位、多层次、宽领域合作实践，深耕细作，初现成效。一是合作层次立体化。与老挝的职教合作，呈现出由中央到基层的体系化链条式特点，其中包括老挝教育与体育部、老挝教体部职业教育发展中心、老挝国立大学和老挝巴巴萨职业技术学院等职业院校，点面结合，一线贯通。二是合作领域全方位。主要在留学人员跨境流动、项目跨境流动、机构跨境流动三个方面进行全方位合作。坚持顶层设计与应用实践的无缝对接，以"项目制"推进合作进程。根据协议，与老挝教育与体育部重点在现代服务专业群和智能制造专业群两大领域合作开展来华留学学历教育，研发适合老挝实际的职业教育标准，夯实职教合作顶层设计和理论研究。为进一步落实与老挝教体部的合作，学校与老挝职业教育发展中心携手，聚焦两大合作重点：一为共同研发"老挝国家职业标准"，二为共建"长沙民政职业技术学院（老挝）高技能人才培训中心"。"项目制架构"聚焦不同专业领域，确定子项目和该领域老挝职教典型代表，例如与老挝巴巴萨职业技术学院具体开展民政、养老护理等新建专业和语言培训合作项目。三是合作受众社会化。职教领域合作不仅面向老挝职教师生，同时以服务社会为宗旨，面向社会不同群体，以培训职业技能、增强就业竞争力、推动老挝社会经济发展为根本。通过以上举措，夯实学校与老挝的职教发展共同体，并提炼可借鉴、可复制、可推广的"一带一路"沿线国家职业教育共同体合作模式。

二、对接国际行业标准，提升专业国际化内涵发展

1.开发国际领先的专业标准体系

学校牵手谷歌和 ARM 公司，成为谷歌高职人工智能人才培养示范基地和 ARM 中国嵌入式人工智能应用技术示范基地；立项《人工智能开发基础》谷歌课程建设项目，开发建设软件技术（移动互联网开发）专业标准体系。学校与德国 Bosch 公司联合开发 8 个机电一体化专业标准体系；联合立项国家现代学徒制试点项目，建立培训基地，2018 年为 Bosch 培养班组长 2 期，总计 60 人；引进德国工商总会 AHK 技能考核标准，融入专业技能考评体系。

2.引进国际优质教育资源

学校连续 8 年从全球第三大 IT 软件出口企业——印度 NIIT 公司引进国际先进的软件专业教学资源，成效显著。老年服务与管理专业引进日本、德国和美国先进的课程体系和资格证。该专业获得国家级教学成果一等奖 1 项，入选首批全国职业院校养老服务类示范专业点。

3.引进国际行业专家

2017—2018 年，学校聘请了来自美国、德国、日本、韩国等 6 个国家与地区的 9 位国（境）外专家来校，分别在机电一体化技术、老年服务与管理、现代殡葬技术与管理等专业任教，其中德国客尼集团专家常驻学校指导教学。

三、搭建国际创新研发平台，产教协同"走出去"，培育世界工匠

2018 年 9 月与合作企业中兴通讯股份有限公司在长沙共同举办职教国际研讨会，邀请中马职教学校以及相关企业参加，通过搭建专业技术研讨平台，产教协同"走出去"，培育世界工匠。

学校积极实施"丝绸国际学院"境外合作办学计划。2017 年 12 月，携手中兴通讯等"走出去"企业，成立了"民兴培训中心"。该中心将致力于培训在马来西亚投资的中资企业以及马来西亚企业员工。

学校殡仪学院 3 人、外语学院 194 人、商学院 102 人先后在走出去企业就业，为"走出去"企业提供本土化人才支撑。推动湖湘企业"走出去"在异地迅速扎根、稳步发展。实施"丝绸国际学院"境外合作办学计划，学校于 2017 年 12 月在马来西亚共建一个职业教育培训中心，并从 2017 年底开始在马来西亚开设专业培训。2017 年 12 月 21 日，学校李斌校长、中兴通讯股份有限公司刘延宗副总经理、马来西亚英迪基金陈友信董事长、马来西亚国际商业集团

BHLima 执行总裁在马来西亚共同签署了"民兴培训中心"框架协议，随后"民兴培训中心"在马来西亚国际商业集团挂牌成立。该培训中心的正式挂牌成立是学校与中兴通讯框架协议签署以来的一个重要进展，标志着学校在国际合作、产教融合、助力湖湘企业"走出去"方面又向前迈出了坚实的一大步。

四、拓展国际优质合作"朋友圈"

学校积极拓展国际合作项目和领域，寻求优质合作伙伴，创新合作领域。2017—2018 学年度长沙民政职业技术学院与国（境）外 7 个国家的 12 所院校和机构建立了友好合作关系，签署了 15 份合作协议和合作意向书。长沙民政职业技术学院本年度重点开拓了"一带一路"国家的深度合作伙伴关系；聚焦专业群，引进国际优质教学资源；搭建国际产学研创新合作平台，助推专业内涵建设和国际化办学水平。

五、实施"走出去"，推动国际化教师队伍建设

1. 推动教师国（境）外访学，培养国际化师资队伍

学校坚持"走出去"与"引进来"相结合的原则，打造国际化师资队伍。2017—2018 学年学校选派 9 批专业教师赴美国、新加坡、日本、印度开展专业学术交流，3 批赴德国、瑞典、美国及西班牙开展交流，1 批赴马来西亚开展境外培训，共计选派 13 批 68 人出访。

2. 聚焦实地学习和文化沉浸，自组访学团，开展国（境）外培训

2011 年以来，学校遵循"聚焦、发现、比较、提升、实现"的国际化培养指导思想，组织为期 3 个月的体验式学习，拓展国际视野；组织为期 3~4 周的深度式学习，聚焦专业建设；组织为期 1 年的沉浸式学习，培养专业带头人精英队伍。累计派出 304 位教师赴国（境）外学习。

3. 引进国际优质培训资源

2017—2018 学年学校聘请了来自 6 个国家与地区的 9 位国（境）外专家来校进行师资培训。7 位教师获得"全球教师发展项目"专业证书。2011 年至今，累计引进 52 位国（境）外专家开展师资培训。

4. 创新国际化师资培养过程指导

学校与美国费里斯州立大学共建学校教师发展支持中心。依托云平台教学空间实行出国访学全过程管理；立体化全方位分享访学成果，辐射更多师生。学校先后获得 4 项全国职业院校信息化教学设计比赛一等奖，数 10 名访学教

师获得省级以上课题立项,指导学生参加省级以上职业院校技能大赛获奖 70 多项,荣获国家级教学成果奖一等奖 1 项、二等奖 3 项。目前学校具有海外留学访学经历的教师占教师总数的近 20%,为争创"双一流"奠定了坚实的人才资源基础。

通过选送教师出国(境)开展交流合作,逐步打造了一支"大师名师领衔、骨干支撑、具有国际视野、数量充足、结构合理、业务精湛、师德高尚"的师资队伍。目前学校具有海外留学访学经历的教师占教师总数的 17.6%,双语教学及全英语教学试点多年。

5. 教师赴国际知名企业顶岗实践,大幅提升教师专业技能

2017—2018 学年度,学校继续与印度 NIIT 合作,NIIT 总部每年选派 1 名外籍教师来校指导。学校每年选送优秀骨干教师赴 NIIT 印度总部培训,并赴青岛、海南、重庆、无锡等地 NIIT 软件园接受不少于 3 周的企业挂职锻炼,参与企业项目开发,接受企业技术人员指导,了解最新技术发展趋势,提升教师项目开发技能及执行"教学包"软件开发项目教学能力。学校既与 NIIT 企业合作培养教师,也与 NIIT 大学合作培养教师,本年度学校选送 7 名教师赴 NIIT 大学开展为期 3 周的专业研修访问。

六、积极"引进来",夯实国际化发展道路

1. 教学标准引入

对接国际标准,引进国际一流企业的教学资源用于人才培养。2017 年,学校继续为软件开发专业的每个学生划拨 3100 元,从全球第三大 IT 软件出口企业——印度 NIIT 公司购买中英文"课程包",作为软件技术专业核心课程。该"课程包"包含 21 门课程,平均每 18 个月更新一次,全球知名高校均承认其学分。从 NIIT 引进国际先进的软件专业教学资源用于人才培养,成效显著。2018 年,软件学院学生在全国职业院校技能竞赛中获得一等奖 1 项、二等奖 2 项、三等奖 2 项。

2. 国际先进的课程体系引进

医学院老年服务与管理专业与美国海格思大学、日本樱美林大学、德国蕾娜范集团等国际知名大学、企业建立合作关系,引进国际先进的课程体系和行业服务标准。办学 17 年来,该专业获得国家级教学成果一等奖 1 项,入选首批全国职业院校养老服务类示范专业点。

3. 国际人才培养标准引入

一是引进国际通行的人才培养质量评价机制,如引进德国总商会第三方质

量评价机制，确保人才培养按照国际标准实施。二是与德国客尼公司合作，引进职业教育人才培养整体解决方案。三是与日本三菱、瑞士 ABB、美国约克、德国博世、德国客尼等国际知名公司进行校企合作，开展专业人才培养。四是与美国约克（中国）商贸有限公司签订合作协议，按照约克员工培训中心的建设标准共建约克多联式空调机组实训中心，开展学生技能培训、企业员工培训与考证。五是与瑞士 ABB 公司签署合作协议，建设校内 ABB 工业机器人实训中心，建成自动化包装线及机器人基础教学实训台 4 套，对外开展新技术培训1 期，培训学员 50 余人。六是与日本三菱电机自动化（中国）有限公司合作共建三菱智能控制与智能制造实训中心，学校新建面积为 1200 多平方米的单体实训楼，企业捐赠价值 100 万元的设施设备，提供相应技术开发方案及技术支持，实训室具有 PLC、运动控制、智能工厂实验线、福利院配餐系统等实训功能，具备世界一流水平。

4. 海外智力引入

学校一贯重视聘请境外高水平教师来校任教，营造浓郁的国际交流氛围，提高教育教学水平。2017—2018 学年学校聘请了来自美国、德国、日本、韩国、印度等国家和地区的 9 位国（境）外专家来校，分别在机电一体化技术、老年服务与管理、现代殡葬技术与管理等专业任教。

第七章　区域高等职业教育国际化发展战略

第一节　推进区域高等教育国际化过程中存在的问题

区域高等职业教育国际化在多年的发展过程中取得了可喜的成果，这些成果体现在高等职业教育国际化指标的逐步实现，如中外合作办学、教育国际化培训和创办孔子学院等各个方面。然而，区域高等职业教育在快速发展的同时，也面临着来自多个层面的问题与挑战。比如，政府、学校和社会是推动高等职业教育国际化发展的主要力量，但他们在促进高等职业教育国际化进程中的角色、定位和功能仍然有待厘清。因此，对于区域高等职业教育国际化发展，既要看到已经取得的成果，也要持续关注推进区域高等职业教育国际化过程中所存在的困难和问题。

一、区域高等职业教育国际化办学意识不强

高等职业教育国际化的主要目标是培养具有国际视野且能够适应国际竞争的应用型人才，这也是各国极力推动高等职业教育国际化发展的核心目标。

在高等教育国际化中，人员交流、课程设置和中外合作办学等都是为了实现这一目标而开展的具体形式。从现阶段的发展状况来看，地方高职院校对国际化教育的认识还停留在表面，未能深入地理解"区域高等职业教育国际化"的具体内涵，这就导致了高职院校为了"国际化"而"国际化"的问题。高职院校将高等职业教育国际化的重点放在了种种形式上，而忽略了高等职业教育国际化的核心目标。地方高校在推进其自身国际化发展的过程中，必须要明确国际化发展的目标，始终坚持以学生为本，确保国际化发展的正确方向，切实加强对人才培养的重视，进而让高等职业教育国际化成为提高区域高等教育水平的新方式。

二、区域高等职业教育国际化规划不到位

高等职业教育国际化与区域国际化发展有着千丝万缕的联系。高等职业教育国际化大大地促进了区域国际化的过程，反过来，区域国际化发展促进了高等职业教育国际化的蓬勃发展。但我国职业教育发展存在区域不均衡性，有些地方高等职业教育发展起步较晚，其整体水平仍然偏低。近年来，地方高职院校虽然加快了发展步伐，但在师资力量、生源招收、硬件设施与教学科研等方面依旧处于较低水平。在这种状况下，区域高等职业教育国际化缺乏良好的开展平台。

国际化是区域高等职业教育改革的必然选择和主要目标。区域高等职业教育希望通过国际化的途径推动其发展，提升吸引力和国际竞争力，以回应全球化时代所带来的挑战和机遇。然而，由于缺乏战略规划作指导，因此在如何促使理念的转变、管理体制的转变、具体经费投入使用和监控等方面都没有明确的规划与指导，从而在发展中引发了诸多问题。很多地方政府及相关行政管理部门未能颁布地区系统性、前瞻性的规划与政策，未能引导各高职院校向着区域高等职业教育国际化的整体方向前进。

三、区域高等职业教育国际化教育资源结构不合理

"引进来"和"走出去"是高等职业院校推进教育国际化的基本形式，也是高等职业教育资源在全球实现共享的突出表现。就"引进来"而言，主要是指引进国外先进的教学模式、优质的教师资源和优秀的留学生。而"走出去"则关注国内教育资源的输出、教师与学生的海外培训与学习、服务"一带一路"国家建设等等。在推进高等职业教育国际化过程中，"引进来"和"走出去"的协调发展，是高等职业教育国际化合理运行的标志之一。当前，区域高等职业教育国际化的发展局面呈现出"走出去"与"引进来"之间不协调的状况。其主要体现在以下几个方面：首先，在国际化课程的设置方面，"引进来"占据了主导。在国际化过程中，地方高校多数依靠引进国外的课程和教学模式，本土教育资源对外输出的数量和质量都远远不够。其次，从师生的对外交流来看，这种不均衡状态表现得更加明显。高校引进外国文教专家的数量依旧较低，本校教师出国培训的比例也受到种种限制。与此同时，在国内"留学潮"持续火热的状态下，地方高校对外国留学生的吸引力却十分不足。"走出去"的学生和"引进来"的学生在很多方面都存在着不对称的现象。最后，在中外合作办学的

过程中，借鉴、移植甚至复制国外先进的办学体系成了最主要的形式，"引进来"在中外合作办学中一直占据主导地位。高等职业教育国际化是在"引进来"和"走出去"的互动中实现资源共享的。因此，偏向于任何一方的国际化都不能是完全意义上的教育国际化。

四、地方高职院校国际化办学不规范

高等职业教育走向国际化是为了进一步提高整个国家及地区的高等教育水平，加强国际教育科学文化领域的交流与合作。高等职业教育的国际化是以政府为主导、学校为主体开展的，这样的运行方式在很大程度上确保了高等职业教育在国际化过程中所应有的公共性。从现阶段的发展状况看，高等职业教育国际化已经在较大范围内开展，其形式和内容也日益丰富和多样化。但是随着高等职业教育国际化的不断深入，高职院校国际化办学不规范的问题开始凸显。高职院校的国际合作与交流项目种类繁多，形式多样，在一定程度上为广大学生提供了更多的学习选择权，但琳琅满目的国际合作项目收费标准参差不齐，其中一部分国际合作项目，已经成了学校变相牟利的手段。参与到这些所谓的国际化合作项目中，却无法得到相应的服务与收获。而且，高等职业教育国际化办学具有投入较大、成本较高的特点，部分地方高职院校国际化办学动力不足。有的高校过度宣传国际化，包装国际化，并以此为契机盲目扩张，从而导致教育发展偏离正确方向。

五、区域高等职业教育国际化社会参与度不高

一般来说，高等职业教育国际化是按照"政府主导、高校主体、社会参与"的原则推进的，政府管理部门在高等教育国际化的过程中主要起到宏观管理和引导作用，并致力于把握整个高等教育国际化发展的方向。高职院校则是高等教育国际化开展的主要场所，在政府政策的指导下，具体地开展国际交流与合作的相关事务。企业力量则是高等教育国际化过程中的重要参与力量。地方高校用于教育国际化发展经费普遍不足，经费的来源完全依赖于学校教育经费的划拨。近年来，地方高职院校普遍扩建与扩招，资金的支持力度进一步被削弱，发展国际教育的经费就更加难以保证。资金的不足直接导致国际教育教学以及生活设施不能适应国际化发展的要求。在经济水平不断提高的背景下，国家和地方对社会力量参与办学提供了很多的政策支持，但收效甚微，社会力量参与积极性并不高。

第二节 区域高等职业教育国际化发展战略的基本原则

在对区域高等职业教育国际化发展存在的问题进行较为深入的分析后,我们就要将决策和行动的关注点聚焦于战略层面,并从更加长远和系统的角度来思考高等职业教育国际化发展的状况。为此,我们需要思考区域高等职业教育国际化的战略定位和原则,并从政府、学校和社会三个层面出发来制定推进区域高等职业教育国际化的发展战略和具体措施。

一、区域高等职业教育国际化战略规划的基本原则

高等职业教育国际化不仅意味着教育资源和信息的共享与交流,更是一种新型的办学理念。地方高职院校应该突破地域的界限,放眼世界,克服传统的保守思想,真正做到以全球视角去看待高校教育国际化。我们要清晰地把握住高校教育国际化发展的立足点,坚持为地方经济社会服务、提升高等教育质量水平、坚持统筹兼顾与重点推进相结合的原则。

(一)坚持为地方经济社会发展服务的原则

区域高等教育国际化战略规划首先要以服务地方经济建设与社会发展为基点,这与战略规划中"立足本土,放眼国际"的定位是一致的。国际化不仅要提升高等教育的发展层次,全面夯实地方经济社会在知识、技术、人才等方面的储备,还要充分运用国际化教育发展所带来的活力,突破现阶段经济社会发展所遇到的瓶颈。同时,要紧紧抓住高等教育国际化的机遇,不断深化改革,加快地方经济产业的转型升级和社会服务建设的质量提升。区域高等教育国际化战略规划要始终以地方社会经济发展的实际情况为依据,进行科学合理的规划。地方经济社会的快速发展对高等教育的发展提出了更高的要求,也为高等教育国际化提供了坚实的基础。在区域高等教育国际化的不同发展阶段,"走出去"和"引进来"之间总会呈现出不同的状态,这主要取决于当地高等教育发展的实际情况。"走出去"是指本国或本地区教育资源的输出,是一种主动交流的形态。它代表着一个国家或地区的教育实力。而"引进来"则是外国教育资源的输入,主要包括引进国外优秀的教师、课程和教学模式等。在"输入"与"输出"间,要统筹规划,既要加大教育开放的力度,也要不断增强教育的吸引力和竞争力,努力形成"平等交流,均衡发展"的局面。

（二）坚持提升高等职业教育发展水平的原则

高等职业教育国际化是高等教育发展的内在需求，也是加快高等教育发展的重要途径之一。区域高等教育发展要主动融入国际化趋势之中，把握高等教育国际化所带来的巨大机遇。在此契机下，要不断创新国际交流与合作的途径与方式，拓展区域高等教育质量发展的空间。在现有的发展基础上，区域高等教育国际化要注重对教育资源的整合和管理，并以更加积极活跃的姿态参与到国际交流与合作中去。地方高校要把握高等教育国际化所带来的发展机遇，借鉴和学习国外优秀的办学经验，吸引和引进国外优质的教育资源，逐步提高办学水平和服务水平。区域高等教育国际化战略规划要强调教育形式和模式的创新，盘活教育资源，激发办学活力。地方政府和高校要集结社会各界力量来共办高等教育。毋庸置疑，教育国际化发展对于扩大地方高校生存与发展的空间，解决现实性的发展瓶颈有着无可替代的作用和意义。

（三）坚持统筹兼顾与重点推进相结合的原则

从长远和全局的角度对区域高等教育国际化的发展进行系统的谋划，必须要将统筹兼顾和重点推进紧密结合。统筹兼顾是针对区域高等教育国际化发展中所遇到的普遍性问题而言的。在战略规划时要对这些问题进行全面的梳理，制定出区域高等教育国际化发展的远期目标和整体规划。而重点推进则强调对区域高等教育国际化中特殊性问题的关注。它要求在总体规划中突出重点，找到影响区域高等教育国际化发展的关键因素，以集中优势力量快速找到解决之道。统筹兼顾与重点推进是远期规划和近期成效的统一，可以保证区域高等教育国际化的有效推进。当前，区域高等教育国际化仍处在探索的阶段，其发展面临着复杂的环境和多重的问题。要加快区域高等教育国际化的进程，就需要在整体规划中把握方向，突出现阶段工作的重点，从而为区域高等教育国际化的进一步发展打下坚实的基础。

第三节　区域高等职业教育国际化发展战略实施

区域高等职业教育国际化战略目标的达成不是通过一个项目而是通过一系列项目以及其他相关活动而实现的。这些战略目标从高等教育内部关系来看，可能包括对教育结构或功能的改革；从高等教育国际关系的角度来看，可能包括一个国家或地方通过对另一个国家或地方政治经济制度的改变，以便获得更大的政治、经济利益等。在确定战略规划定位和基本原则的基础上，需要从政府、院校和社会三个层面具体实施战略规划的内容。

一、政府层面

（一）统筹规划，做好顶层设计

1.明确目标，制定科学发展战略

区域高等职业教育国际化顺利高效的开展，需要一个政策、制度相对完善且有战略规划的环境。相对应的政策、制度、理念和战略规划能够保障和支撑职业教育国际化实现良好、可持续的发展。没有在战略层面上实现全面、系统、长期的规划发展，区域教育国际化发展易处于被动、零散的状态，并且政府各部门、院校之间很难合力找到一个共同的发展方向，没有明确的发展方向，就容易导致各自为政、院校间竞争过度、资源分布不合理等现象。

各地政府部门要更新观念，在明确区域高等职业教育国际化发展目标的基础上，结合各个高等职业院校所处的地理位置、办学特色及特点，与合作交流国家或地区的选择、课程设置等方面做好国际化发展的顶层设计，统筹安排，整体规划，制定长远的区域高等职业教育国际化发展战略。

2.明确定位，制定区域国际化发展规划

目前，已经有许多省份都制定了自己的发展规划，例如：浙江省制定了《浙江省高等教育国际化发展规划（2010—2015年）》，湖北省制定了《加强教育国际合作与交流工作的7项要求》，陕西省制定了《陕西省高等教育国际化"十三五"规划》等，从宏观上规划了全省的高等教育国际化工作。湖南省也应组织国际、国内有关专家，在调研论证的基础上，根据《湖南省中长期教育改革和发展规划纲要（2010—2020年）》的战略规划，制定符合湖南实际的《湖南省高等职业教育国际化发展规划》。该规划立足湖南实际而制定，争取为湖南省高等职业教育国际化的未来发展确立一个高水平的发展战略规划。发展规划应由各阶段具体规划构成，例如在一定时期内进行师资海外交流、引进外国专家、派出留学生、引进国外课程等具体目标，每一个指标根据高校实际制定一个具体的可实现的目标，规定目标实现的时间限制，这一阶段规划实现后再制定下一阶段甚至更长时间的具体规划，让每一个阶段的规划具有实现的可行性。各高校根据《湖南省高等职业教育国际化发展规划》制定本校更为具体可行的规划，形成自上而下的政策网络及自下而上的执行推力，促进区域高校国际化的发展，推动湖南省高等职业教育国际化的整体进步。

3.分类指导，规划区域国际化发展格局

有计划、有步骤地引导和推进高等职业教育国际化活动，不同高校国际化发展的目标需要分类规划，不能一概而论。区域高校的定位是为区域战略发展规划服务，为地方经济发展培养人才。因此，区域高职院校要在区域国际化战略指导下，根据院校的办学层次和发展水平准确定位，制定相应的国际化发展目标，分类指导，分步推进，有序发展。

在推动区域高等职业教育国际化发展的过程中，地方政府管理部门要加强对高等教育国际化理念的宣传，促使高校在教学和办学过程中，逐步形成全球化视野和国际化发展战略思维。地方政府在区域高等职业教育国际化中要当好宏观管理者和引导者。只有这样，地方政府才能以正确的国际化理念推动地方高等教育的发展。明确区域高等教育国际化的理念与目标，制定明确的战略规划是推进战略规划实施的首要环节。

（二）逐步完善，提供政策保障

1.完善法律法规，提供法律支撑

国家政策法规是高等职业教育国际化顺利实施的重要保证，区域政府在加强国际项目合作上应给予地方院校相应的政策引导与扶持，为区域高等职业教育国际化发展提供有利的政策保障。

从发达国家成功的经验中可以看出，政府在国际化过程中发挥着重要的作用。政府部门出台的政策为高等职业教育指明了发展方向，高等职业教育也紧紧围绕着国家政策稳定持续发展。完善的政策法规为高职院校国际化提供了良好的政策保障体系。但我国职业教育起步较晚，职业教育国际化发展还处在初级阶段，相关的法律法规和政策还存在许多不足。为了促进我国职业教育国际化法律法规的建设和完善，政府应根据我国目前现有的法律和国际通行准则，颁布相对应的相互衔接的一些法规和政策，在法律上保证我国高等职业教育国际化进程的顺利实施与完善。

2.完善激励机制，提供政策支持

一方面可以学习国外发达国家颁布的政策法规，制定出符合国情的政策条文，以促进高等职业教育的发展；另一方面可以多制定鼓励性政策，通过提供经费资助、鼓励参加国际性活动，扩大国际化视野。例如，加大财政投入，在区域高职院校国际交流与合作的系列项目上下拨专项资金，鼓励院校开拓多种形式的国际交流合作项目，保障院校能够顺利开展国际交流合作。对于一些在国际交流合作方面取得良好发展成果和有国际交流合作项目的院校给予相应的奖励，以提高院校开展国际交流合作的积极性。

3.完善配套措施，提供制度保障

最后，各级各部门都必须严格贯彻执行国家和地方出台的相关国际交流与合作的政策文件。目前，我国政府部门出台了一系列的政策文件来保障国际交流与合作的开展，例如《国家中长期教育改革与发展规划纲要（2010—2020年）》《关于做好新时期教育对外开放工作的若干意见》和"一带一路"倡议等都着重提及了对国际交流与合作的支持。完善和健全的政策法规，能够为院校开展国际交流与合作提供政策支持，以保障国际交流与合作持续推进。

此外，对于高等教育国际化相关的规章制度，如留学生管理规定、外籍教师相关制度等都要随着时间的推移而进行更新和完善，让规章制度与时俱进。对于制度的空白要在调研的基础上进行弥补，让各项国际化办学行动有规可依，有章可循。

（三）加大投入，多元经费保障

1.政府加大国际化经费投入

经济对职业教育国际化发展有着很大的影响，任何活动的开展都需要有资金作后盾。以现阶段我国高职院校开展国际交流与合作的程度来说，支出还是大于收入，而经费投入的多少又对院校开展国际交流合作有着重要的影响。很多院校由于经费投入不足，在开展国际交流合作中思前顾后无法展开拳脚，这在很大程度上影响了院校开展国际交流合作的积极性，制约了高职院校国际化发展。

区域高职教育国际化的开展离不开资金的支持，足够的经费能够促使国际交流与合作正常、可持续地进行下去。在国外发达国家，高等职业教育的发展能够得到来自国家、地方政府或社会上的资金支持。例如，美国社区学院，其近70%的经费来自联邦政府、当地政府拨款和州政府税收。充足的经费来源，可以满足院校进行国际化发展，因此，政府应该在一定程度上加大对高等职业教育的经费投入。院校也应该紧紧跟随国家政策，抓住发展机遇，争取国家的支持。

2.建立多元化投资体系

资金短缺是高校发展陷入困境的重要原因，同时也是阻碍高等教育国际化发展的主要因素。在大多数国家（地区），高校经费基本来源于以下途径：政府财政拨款、科研合同、学生缴纳的学费、社会捐助和基金投资等。其中，政府财政拨款、科研合同和学生缴纳的学费是最基本的经费来源，社会捐助和基金投资对于每个学校来说却不是等同的。发达国家（地区）的办学经验告诉我们，政府财政投入在大学经费中是很重要的，但更大的影响因素却是社会捐助和基金投资，如果一个大学能得到大量社会捐助和基金投资，那么它的财政状况就会很好，各项事业发展也会更顺利。此外，可以适当寻求与区域内跨国企业的合作，吸引企业参与院校国际化，协同企业"走出去"。还可探索运用社会捐助、基金投资等方法。因此，在国家政府准许范围内，地方政府可以通过多种方式增加经费来源，鼓励、吸引社会力量对高等职业教育发展的资金投入支持。

（四）统一部署，完善组织体系

1.完善省市院三级国际化管理机制

高等职业教育国际交流与合作的有效开展，需要专门机构和人员的有力推动。根据柴尔德里斯（Childress）的国际化战略三阶段论述，目前区域高职院校国际化处于由 B 类"明晰的文档规划"向 C 类"部门战略"迈进阶段，那么二级学院就成了国际化事务的具体落实部门，此外，与国外大学进行课程衔接、专业探讨、科研合作等一系列的工作都需要二级学院的具体参与。因此，建立明确的国际化发展组织体系，形成以学校国际机构为主导、二级学院为主体、多个组织通力合作的体系是促进国际化工作良好运转的保障。

2.多部门协调管理体系

此外，一所高校的国际化工作运转机制需要学校多个部门的配合。教务处是国际化教学体系的纽带和桥梁，国际性课程设置、引进国外教材、国际科研项目合作、推动学分互认等工作都需要教务处的协作；人事部门对师资队伍的引进和外派进行计划和落实；财务处负责国际化资金的运转；后勤部门需要做好外籍人员的住宿、饮食等服务工作。因此，明确国际化化发展的组织体系，各个部门通力配合才能确保国际化工作的深入开展。

（五）明确定位，实施分类评价

1.政府管理部门逐步完善评价指标体系

政府管理部门在高等教育国际化中除了起引导作用外，监督与评价也是其重要的职能。高等教育国际化是一个持续化的发展过程，在不同的阶段会呈现出不同的内容和形式，政府管理部门要在这个发展过程中，承担起监督者的角色，以保证高等教育国际化取得相应的成果；并通过建立评价与监督体系对高等教育国际化进行监测；要依据数据收集和成果分析，持续关注高等教育国际化发展中存在的问题和取得的成绩。在对高等教育国际化进行监督和评价时，社会评价和监督也是重要的组成部分，它能直接体现出高等教育国际化的发展

区域高等职业教育国际化理论与实践研究

状况。政府管理部门要将一部分的监督职能转移给社会中介评估组织，进而形成一个更为公平、公正、公开的多元评价体系。政府管理部门要和社会中介评估公司密切合作，逐步建立符合国际规范，各中外合作办学机构主动参与的区域办学质量标准认证机制。同时，政府管理部门也要注重内部和外部评价与监督的结合，各高校和科研机构在开展高等教育国际化的过程中，需要建立起自己的监督和评价体系，高等院校科研部门要对高等教育国际化评价指标进行科学的论证。只有建立起完善的内外部评价体系与监督体系，才能从整体上把握高等教育国际化的发展状况。

2.建立分类指导的国际化评价体系

教育质量保障体系包括教育质量标准体系、条件保障体系、教学管理体系和评价监测体系等各个环节。确保高等职业教育国际化质量的重要一环是建立行之有效的评价体系。不同的高职院校发展水平不同，同一高职院校内的各个院系水平也存在一定的差距，所以应该根据不同院系的资源配置状况和国际化潜力进行相应的发展定位，使其既符合区域高校实际情况，又可以逐步提高省域高等职业教育的整体办学水平。

所以，建立一个专门的由专业人员组成的第三方评估机构，专门研究制订评估指标体系并进行事实上的评价，如中国教育国际交流协会，就是一个中国教育界开展民间对外教育合作与交流的全国性非营利机构，其制定的适用于普通本科高校的《中国高等教育国际化发展状况调查》及调查分析结果成为高等教育国际化的重要参照数据。

（六）积极协调，建立资源共享机制

在进行区域高等教育国际化战略规划时，要从全局出发，注重地方高校在高等教育国际化过程中的协作与共进。由于历史起点和战略定位的原因，各地区的高等教育国际化处在不同的发展阶段，水平参差不齐。地方政府管理部门要通过建立有效的资源与经验共享机制，打通各个高校间的沟通渠道，以实现区域高等教育国际化的整体推进。在区域高等教育国际化的过程中，地方政府管理部门要积极协调高校教育国际化的进程，将资源在各高校间共享，进而使高校主动地融入合作之中。与此同时，资源共享机制应该普遍存在于普通本科高校和高等职业院校之间，在区域高等教育国际化的过程中，学校之间要改变原有的观念，不能再以本校为中心独自发展，要通过政府职能部门的宏观管理与指导，打破原有的阻碍和壁垒，让资源和经验的共享成为现实。地方政府要从整体角度出发，与当地的高校展开积极有效的合作，共同推动区域高等教育国际化的发展。建立区域高等教育国际化资源与经验分享机制既要实现高校国

· 170 ·

际化经验的汇聚、总结和推广，又要使高校教育国际化均衡发展。通过合理的制度设计，既要保证地方高校在国际化中的主动性和积极性，也要正确处理好高校间"竞争"与"合作"的关系。

（七）主体下移，扩大办学自主

政府和教育主管部门在监管高职院校这一方面，可以适当放开权限，创建灵活的管理机制，在一些事务处理方面应该给予院校完全自主权，让院校能够依据自身实际发展情况进行灵活处理。在办学方面，政府和教育主管部门希望高职院校能够成为适应社会发展变化和满足社会对人才需求的院校，但是在一些事务处理上，政府和主管部门往往对院校的限制太多，所提供的服务又较少且对高职院校的投入不够，致使高职院校缺少足够的支持和发展所需的条件，并使其在自我发展的道路上受到较大的制约。所以，区域政府和教育主管部门应当放宽区域高职院校办学自主权，适当下放权限，让院校成为办学主体，在合理的范围内允许院校自主创新和进行自我管理，院校负责人有足够的权限对整个学院内部事务进行管理和做出决策。这样一来，在面对国际化这一办学趋势下，院校能够从自身发展定位出发，主动根据市场变化调整和创新办学体系，提高自身国际化办学水平，以体现高等职业教育的社会功能。

二、院校层面

（一）提升内涵，提高国际竞争力

1. 提升办学内涵建设

提升职业教育国际化办学水平关键在于提升职业教育的办学质量，如果一所职业院校办学水平低下，办学声誉差，学院基本的生存就会存在问题，更遑论国际化发展。我国职业院校需要重视质量提升工程，提高办学水平，实现内涵发展，形成比较优势。众所周知，围绕"一带一路"倡议建设发展的行业企业对于相关国家的经济需求以及与之匹配的人才需求有着清晰的认知，职业院校需要根据发展需求适时调整专业设置，优化人才培养方案，主动与产业界协同制定人才培养标准，实现专业设置与产业需求无缝对接，确保学员能够服务于产业和社会发展需要。此外，还要以科研创新能力提升为突破点。通过对我国 200 所示范和骨干高职院校科研竞争力调查发现，200 所高职院校科研水平发展极不平衡，在排名前 20 位的院校中位于东部地区的就有 18 所，其中浙江省 6 所、江苏省 5 所、广东省 5 所，而"一带一路"沿线西部地区省市只有重庆市 1 所，这表明我国中西部地区职业院校科研创新能力还很弱，距离东部学校先进水平还有不小差距。因此，应继续加大对职业教育，特别是中西部地区职业教育发展的经费投入和政策支持力度，促使院校办学条件得到持续优化，实现办学水平质的转变，走向内涵发展之路。

2. 打造国际化师资队伍

如今，区域经济正快速向外向型发展，并且逐步融入经济全球化进程当中。这一经济发展趋势也使得国际间人员往来更加密切，社会更需要具有国际化素质、通晓国际规则惯例、知识与技能兼备的复合型人才。具有国际化素质的师资队伍是高职院校进行国际化办学的重要条件之一。高职院校可以通过设立专项经费尽可能地创造条件给在职教职工提供出国学习和交流的机会，提倡积极参与国际化素质培训工作、国际性学术会议和学术科研，鼓励多参加国际性活动，以增强教师国际化素质，拓宽国际化视野。还可以效仿西方国家的做法，在招聘面试教师时，对拥有国际化背景知识、国际经历且能够教授国际化课程的应聘人员可以优先考虑，同时注重考核应聘者的国际化素质和能力。此外，可以通过聘请海内外知名学者、教授及了解国际教育市场的专业人员来共同管理、推进院校国际化建设，打造国际化专业师资队伍。

3. 引进国际化课程体系

构建国际化课程体系、引进国际教育资源、教授国际化课程是培养国际化人才的重要方式。全球化进程的加快使得世界各国联系得更加密切，江西省高职院校应该及时关注国际发展动态，传授先进的国际课程知识。江西省高职院校在构建国际化课程体系时，应该在坚持本土化原则的基础上开设国际化课程和引进先进的国际化课程资源，使学生更容易接受国际化课程。开设国际化课程有助于提高江西省高职院校的国际竞争力，提升学生对院校开展国际交流与合作的兴趣。江西省高职院校可以通过开设国际贸易理论与实务、国际经济学、国际政治学、管理学等相关国际性专业知识，让学生了解国际发展现状和趋势；还可以开设国际礼仪、国外人文历史等文化课程，通过这些课程的学习，使学生能够知晓国外文化理念，理解他国文化的不同，增加对异国文化的认同感；国际化课程中必不可少的是外国语言学习课程，采用国际教材和双语教学方式，建立外国语交流实践场地，为学生营造良好的国际语言环境，提高其国际语言运用和交流能力。

（二）拓宽国际化合作领域

职业教育是紧紧围绕市场经济而发展的，它是教育与经济的一个重要结点。高职院校开展国际交流与合作时，应该结合区域经济发展状况来进行国际合作专业的选定，培养社会和企业所需要的国际化人才。依据区域的跨国企业和机构来拓宽国际化合作专业领域，例如，针对以制造型企业为主的区域，区域高职院校可以从机械专业、计算机应用专业、营销管理专业、信息与电子等专业出发寻求国际合作伙伴，并且可以逐步拓宽国际合作专业领域，为区域乃至全国培育出适销对路的国际化技能型人才。

（三）探索国际化办学模式

从学生和家长对学历需求方面来看，一些人认为大额投入参加国际办学项目，换来的只是国外专科、本科的学历文凭，这对他们来说没有足够的吸引力去参与国际合作办学项目，他们所期望的是通过国际合作办学项目让学生能够继续深造并取得硕士甚至以上层次的学历，这便对院校国际合作办学层次提出了更高要求。此外，高职院校要多渠道探索多种国际合作办学模式，以满足更多学生的需求，提高学生自身发展水平。比如，利用慕课等网络形式进行海外远程教学；积极创新发展"2+1"或其他国内国外联合培养的模式；吸引国外院校在区域内设立分校；大胆尝试教育"走出去"，在海外创办分校，传授中国的文化技术知识。在国际化培养对象上，应该由以培养学生为主逐步扩展到学生和教师共同培养的模式。同时，需要对国际合作办学加强管理和监督，以完成高效率、高质量的合作办学项目，实现国际合作办学的可持续发展。

（四）增强与跨国企业的合作往来

随着我国经济快速增长，国际影响力不断增强，以及不断深化对外开放理念，许多跨国公司都比较青睐于来中国投资发展，这也为中国的高职院校提供了发展机遇，需要高职院校培育出更多的具有国际化素质的技能型人才。区域高职院校应该主动将单纯的输送人才发展为与跨国企业进行合作，根据跨国企业的行业前沿技术标准改进院校的专业标准，利用跨国公司的技术平台让院校师生能在实战岗位上得到技能学习和实践。为了满足跨国企业的用人需求，高职院校应该首要提高人才培养质量，跨国企业所需求的是具有国际化素质、良好的外语沟通能力的技能型人才，因此高职院校在教学中就要融入这些理念和知识技能。在与跨国公司合作往来的过程中，便自然而然地促进了院校自身的国际化发展，从而提高了院校国际化交流与合作的能力。

（五）建立职业教育国际化标准体系

与国际接轨的职业标准体系，是一个国家职业教育综合能力的体现，是塑造国家形象和提高国际认可度的重要手段。《国务院关于加快发展现代职业教育的决定》（国发〔2014〕19号）要求职业教育要积极参与国际标准的研究与制定，专业标准与课程标准要对接国际标准。然而当前我国高等职业教育普遍缺乏国际认证的质量标准，职业资格认证体系尚未建立，在国际化市场竞争中处于被动适应角色，迫切需要建立标准体系，提高自身国际认可度。其一，统一全国标准体系。关注校企合作，发挥行业协会作用，加强与国内外优秀企业技术标准融合，在统一国内标准的基础上学习参考国际标准体系，尝试构建与国际接轨的技能标准和质量标准，提高国际化人才培养质量。构建国际通行的职业资格认证标准，将职业教育、高等教育等各级教育纳入全国资格认证标准框架体系，加强与国外资格、学历的认定，帮助个体获得目标资格证书，满足终身学习需求。其二，积极参与国际标准的研究与制定。一方面通过参加国际组织，与其他国家教育组织建立关系，积极参与或举办国际职业教育会议，创造国际合作交流机会，参与国际职业教育规则制定；另一方面，高等职业教育可以借助"走出去"的中国企业，将职业教育标准与其他国家对接，缩小差异，快速推动中国标准成为世界标准，发出"中国声音"，提高国际认可度。

三、社会层面

（一）协调社会组织，提高国际化效率

西方一些国家很看重非政府机构组织，尤其是它在国际交流与合作方面所发挥的重要作用。西方国家的非政府机构与我国国内的民间组织在社会功能和所扮演的角色上相似，相比政府组织，它们运作更为灵活，拥有政府部门所不具备的便利条件。创办于1981年的中国教育国际交流协会，是我国民间组织的典型代表，是直属于中国教育部的全国性社团组织。中国教育国际交流协会的架构体系较为健全，拥有4个专业工作委员会，并在全国各地开设了二级协会。区域高职院校可以与中国教育国际交流协会协同合作，在国际交流与合作方面，充分利用其所能提供帮助。中国教育国际交流协会能在以下几方面提供协助：一是提供信息收集、统计与发布服务。目前各省域高职院校关于国际交流与合作方面的信息都较为零散，还没有一个权威的信息管理平台对这些信息进行收集、整理和分析，信息的缺失和不权威性影响了各院校间的信息和经验共享，各高职院校只能各自去探索。因此，可以通过民间组织建立一个完整的信息管理平台，内容涉及国内各院校国际交流与合作的实践内容、各国教育国际交流与合作的政策和发展动向等。二是协助开展专业培训。高职院校普遍面临的一个问题是缺少从事外事工作的专业工作人员。国际交流与合作涉及国家间政治、经济、法律、风俗文化等多方面的事物，没有专业的外事人员对院校开展国际交流与合作有较大的影响。因此，民间组织可以开展相应的专业培训

以提高工作人员的专业技能和专业素养。三是整合国内外资源。通过对国内资源的整合，高职院校能够找寻发展目标相同的院校，进行经验、信息共享。通过对国外资源的整合，国内高职院校能够快速找到符合院校国际化发展目标的国外资源，减少其在国外资源选择上的盲目性。这样一来，民间组织能够在很大程度上节约院校开展国际交流与合作的成本和精力。

（二）发挥职教集团的优势

在国际交流与合作中，单凭院校独自为战，发展起来会较为费力。但是如果发挥职教集团的优势，将资源进行共享，那么，国际交流与合作就可以得到规模化发展。以行业为纽带的职教集团和区域性的职教集团是我国现有的两种职教集团类型。区域高职院校在开展国际交流与合作时，可以利用职教集团在合作对象、国际资源共享的优势作用下协同发展。比如，在合作对象上，职教集团是由中、高职院以及企业、科研院等多方单位组织而成的，集团成员所属行业类别和数量较多，大部分拥有与自己相对应领域的合作伙伴，因此通过职教集团，可以将各行业的国际合作方联系在一起，区域高职院校便可以从中找寻适合自身院校国际化发展的国际合作交流对象，并扩大国际合作交流对象的范围。在资源共享方面，假如职教集团其中一所院校引进了国际先进的理念、教学方法、国外教材、优秀师资等资源，可以在职教集团平台发布，让其他集团成员能够借鉴和学习，以提高职教集团整体的国际交流与合作水平。

第八章　区域高等教育国际化实施策略研究

研究高等职业教育国际化对推动区域高等教育现代化发展具有时代意义和现实意义。因此，结合区域高等教育国际化的特征，分析其教育国际化发展的路径与策略显得尤为重要。本章主要围绕高校的课程、师资、生源及管理等多项教育国际化发展元素，讨论了高等职业教育国际化策略的一般原理，以便正确选择适当的国际化发展路径。

第一节　区域高等职业教育国际化策略的基本理论

关于高等教育国际化策略，菲利普·G.阿特巴赫、简·奈特从政治现实、国家安全、本国高等教育的增强、课程的国际化及英语交流等 9 个方面描述了高等教育国际化的发展前景，也肯定了高等教育国际化的战略性地位。克拉克·克尔把高等教育学习的国际化划分为 4 个组成部分：新知识的流动、学者的流动、学生的流动以及课程的内容。在此理论研究基础上结合职业教育国际化的特点和区域国际化发展的现状可以提出优化区域高等职业教育国际化的策略与路径。

一、区域高等教育国际化策略概述

（一）区域高等教育国际化策略的内涵

高等职业教育国际化是各国高等教育走向世界、走向融合的一种发展趋势，是一种尊重本国特点、应对全球化的措施。区域高等职业教育国际化在此基础上，更加突出"区域"特色。"区域"本源于地理学中的一种空间概念，是指土地的界限划分，发展到后来其内涵得到不断丰富，例如数学中的内点集合、行政学中的行政区划、社会学中的人类社会群落等。区域高等职业教育国际化中的"区域"则是地界与行政区划相结合的概念，主要指国家内部与城市圈相关的大区域高等职业教育国际化或特定省份、特定地区的地方性高等职业教育国际化。

策略是指为了实现特定目标而采取的具体手段或方法，针对可能出现的问题事先制定若干对应方案，并根据实际情况适时调整从而保证目标的实现。因此，区域高等教育国际化策略就是在特定区域范围内，为实现推进地方性高等职业教育国际化进程的目标所采取的一系列方法或措施。

（二）区域高等教育国际化策略的功能

1. 制定总的规划图

区域高等教育国际化策略既需要根据区域特色发展与当前实际情况做好事先的预测与总体的规划，又需要依照可持续原则，着眼于既定目标并不断矫正其方法与措施，这就为优化区域高等教育国际化布局提供了整体框架与实施路径，并形成了指导性的路线图。

2. 形成国际化目标与意义的机制

国际化策略实施的最终目的是保证高等职业教育国际化这一目标的实现。而在国际化的推行过程中，构建科学合理的策略与路径有利于更加深入、详细地了解国际化的目标与意义，这也使得策略在执行与推进的过程中，形成较为完善的机制。

3. 规范国际化活动

有了策略的指导，并根据形势不断进行调整、反馈，有利于规范区域高等教育国际化活动的开展。如开展什么类型的国际化活动、怎样开展活动、活动规模如何、活动需要哪些资源等一系列问题都可参照策略指示，国际化策略预先的合理性安排为国际化活动的顺利进行提供了渠道。

4. 协调区域教育资源

国际化推行离不开资源与管理，尤其是人力资源是否能合理配置，关乎整体事业的成功与否。因此，如何激活国际化的人才交流并处理好国际化与本土化利益相关者的关系，以及如何整合好国际化过程中可能涉及的各项资源，区域高等教育国际化策略可为其提供思路。

（三）区域高等教育国际化策略的类型

针对如何推进高等教育国际化的问题，国内外学者从不同路径进行了研究。

国外具有代表性的策略主要有：从活动路径出发的简·奈特等人提出的学术活动策略；从管理途径出发的戴维斯的策略矩阵和尼夫的二元化策略；从决

策与实施路径出发的迪威特的循环策略；从国际化的要素途径出发的爱伦堡六要素与考特三要素策略模型。

1.简·奈特等人的学术活动策略

简·奈特等人将国际化的相关学术活动进行分类与归纳，一定程度上厘清了高等教育国际化的活动类型。根据简的国际化策略模型，高等教育国际化策略亦可按其分类分别开展对应的国际化活动。然而，简罗列的活动虽然基本上涵盖了所有相关的国际化活动，其划分却仍有交叉与重叠之处，实施效果有待考证（见表8-1）。

表8-1　简·奈特的学术活动策略分类

课内学术性活动	留学生交换、教师交流、国际化课程开设、联合双学位等
科研与合作	国际会议、区域/国家合作科研中心、国际性科研项目合作等
外部组织协作	参与国际性组织的高等教育国际化项目、建立海外分校等
课外活动	跨文化的校园活动、友好城市的高等教育国际交流等

2.戴维斯的策略矩阵

与简的活动路径不同，戴维斯从管理路径出发，根据策略的系统性及其地位，将国际化策略分为随性化—边缘、随性化—核心、系统化—边缘以及系统化—核心4种。戴维斯的策略矩阵如图8-1所示。

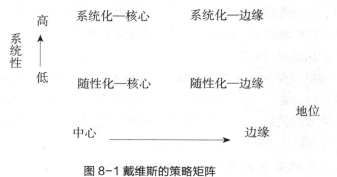

图8-1 戴维斯的策略矩阵

3.尼夫的二元化策略

同样注重管理的尼夫则根据管理主义与学术主义、主动与被动、集权化与分权化这种二元对立的划分方式将国际化策略分为"领导者驱动型"与"基层单位推动型"。

4. 迪威特的循环策略

迪威特的循环策略模型将高等教育国际化的基本步骤及每个步骤的要素予以说明，强调要素在整个过程中的融合以及过程的循环式进行。首先是对政策文本的分析及对高等教育国际化内外部的背景调查。接下来强调在国际化参与中树立国际化意识与建立承诺的必要性。在此基础上，规划、实施、评价、反馈等活动不断展开，整合人员、资源与其他项目活动，以保持国际化活动的持续运行。

5. 艾伦堡六要素策略模型与考特三要素策略模型

艾伦堡将高等教育国际化成功实施的影响因素归结为六个方面：大学领力、学者国际参与、国际课程、出国学习项目、外国学者参与以及国际课外活动组。

考特则认为，要成功实施高等教育国际化必须要保证三方面要素：领导力、战略架构和校园文化。

需要注意的是，区域高等教育国际化策略的构建与实施必须要考虑地区性的特点：（1）要满足区域经济建设与社会发展的要求；（2）要符合高等教育本身的规律并体现区域自身的特色；（3）要明确区域高等教育国际化是个循序渐进的过程，不可盲目追求大规模与快发展，要不断推进，关注可持续发展。区域高等教育国际化策略的制定必须将国际化与本土化相结合，立足本地实际，选择适应本区域高等教育国际化发展的优化策略和实施路径。

（四）我国关于教育国际化策略的相关研究

1. 关于高等教育国际化策略的研究

国内学者的策略研究较为零散而未成系统，主要是对加强国际化的策略或措施方面的建议。舒志定[①]将各国高等教育国际化策略进行提炼，得出五方面主要措施：（1）高等教育改革的国际背景更为明确。需把国际高等教育作为进行高等教育改革的价值参照体系。（2）高等教育内容的国际渗透。改革课程设置，增加一些全球性课程。改革教学方式，调整人才培养标准。（3）高等教育的国际交流途径、形式更加宽广、多样，例如招收和选派留学生、培养师资、联合办学、开展信息合作和其他一些国际性学术活动等。（4）高等教育评价的国际化趋势加快。（5）高等教育国际性机构的增多与职能的进一步强化。

2. 关于高等职业教育国际化策略研究

石伟平[②]指出高职院校国际化发展在战略重点与具体方略上，要制定系统

---

① 舒志定. 高等教育国际化内涵，特征与启示 [J]. 全球教育展望，1998（3）.

② 石伟平. 职业教育国际化水平和国际竞争力提升：战略重点及具体方略 [J]. 现代教育管理 2018（1）.

科学的战略发展规划，完善相关政策法规体系的建设，加大经费投入并完善投入机制，建立多元参与的质量评估体系，加强科研力量并完善平台建设。吴书勤[1] 提出了创新设计"国际化、差异化、本土化"三位一体的高职院校国际化发展模式。骆文炎[2] 结合区域发展提出的六项"浙江发展举措"既树立国际化培养目标、制定国际化发展规划、培养国际化管理队伍和师资队伍、构建国际化课程体系、开展中外合作办学及加强国际学术交流和科研合作。莫玉婉[3] 对当前我国百所国家示范性高职院校国际化办学情况的调查发现，高职院校国际化发展依然存在诸多问题，如学校层面的国际化制度规范建设、国际化的受益面、与区域经济发展的适切性，以及教育输出等方面仍有待加强。因此，为提升我国高职教育国际化办学质量，应发挥政府与院校两个主体的作用，并在质量保障、走出去办学等方面进行重点改革。买琳燕[4]：院校国际化应具有双向度的特征，是一个"引进"和"输出"并行的双向活动或过程。分为国际化方向（国内国际化、国外国际化、综合国际化）和国际化层次（国际化课程、国际化管理、国际化理解）两个维度。高职院校在具体选择国际化路径的时候，不同的高职院校应结合自身的实际情况，结合院校未来的发展规划和区域经济发趋势，选择适合的国际化路径。

二、区域高等职业教育国际化策略的类型选择

任建平[5] 运用SWOT模式对浙江高等教育国际化的优势、劣势、机会与挑战进行分析，提出了改革基础教育、改革高等教育管理体制、与发达国家进行交流、加入国际组织、学分互认、发展留学生教育、推动课程国际化等策略建议。邢邦圣[6]与杨立军[7] 等人在研究江苏高等教育国际化现状的过程中发现，区

---

[1] 吴书勤 . 演进嬗变中的高职院校教育国际化发展阶段及策略 [J]. 教育与职业 2018（8）：57.

[2] 骆文炎 . 浙江省高职教育国际化发展研究 [J]. 继续教育研究，2010（8）:81-84.

[3] 莫玉婉 ."走出去"办学：高职院校国际化发展路径简论 [J]. 职业技术教育，2016（1）：13-17.

[4] 买琳燕 . 职业教育国际化：现状、问题与对策——基于对广州市职业院校的调查分析 [J]. 职教论坛 2016（4）59-64.

[5] 任建平 . 浙江省高等教育国际化发展研究 [J]. 继续教育研究，2010（8）:81.

[6] 邢邦圣 . 江苏高等教育国际化现状及对策研究 [J]. 徐州建筑职业技术学院学报，2010（10）:71-74.

[7] 杨立军，方宗祥。江苏高等教育国际化战略探讨 [J]. 南京邮电大学学报：社会科学版，2011（13）.

域高等教育国际化策略应注重：确立高等教育国际化的发展战略；树立国际化的教育理念；构建国际化的课程体系；制定灵活的留学人员管理办法；落实责任机制与后期保障机制；等等。张天雪等人选取了浙江省温州市进行研究，发现了温州高等教育国际化进程中的系列问题。温州高等教育自身办学水平不高，缺乏国际吸引力，同时课程设置不合理，师生也不具备良好的国际交往能力，因此，优化办学资源，走合作办学、特色办学的道路是温州高等教育国际化的出路之一。

区域高等职业教育国际化归根结底还是高等职业教育发展阶段中全球性的知识贸易活动，是一种跨地域的教育服务的流动。建构区域高等职业教育国际化策略模型或可引入知识管理的策略公式：KM=(K+P)S。K(Knowledge) 指代高等教育国际化中知识资本的输入与输出，P(People) 指代高等教育国际化活动中的要素 (学生、教师的国际化交流),S(Share) 表示国际化的实现方式为共享，+ 则代表高等教育国际化达成共享的管理手段。 运用上述模型，区域高等教育国际化管理主体承担者为高校，高校中的教师与学生是在国际化人员交流中占最大部分的主体。而教师与学生的国际化交流则主要以课程为载体，实现知识要素的国际性流动，高校高等教育国际化的管理手段则具体包括合作办学、学分互认、大学评价以及加入国际组织等方面。

第二节 区域高等职业教育课程国际化

课程国际化是构成教育国际化的三大部分之一。现有调查报告也显示，在各国教育国际化的推进过程中，课程国际化是其最核心的内容之一。高等职业教育课程国际化是指在高等职业教育阶段，将国际化元素整合到课程开发、实施或改革过程中，它涵盖了课程目标、课程设置以及课程实施等方面。

一、关于课程国际化

（一）课程目标与课程要素

1.课程目标

课程目标是高等职业教育人才培养目标在课程设置中的要求。相较国际化目标，传统的课程目标往往更关注学生对具体学科知识的掌握，对于学生的能力与素质方面的侧重较少，目标设定较为片面、单一。而国际化的课程目标则立足于培养国际化的技术技能人才，致力于培养学生的国际性意识、全球视野与国际事务参与能力。这就要求高等职业教育的国际化课程目标设定更加突出多元化的特点，不仅重视知识的传承与创新，而且更重视学生适应全球化发展能力的培养。最早推行课程国际化的国家都设定了国际化的课程目标，如美国提出要培养"有全球意识的人"，日本要求培养"能活跃在国际上的高素质人才""具有国际视野的世界中的日本人"等，这些都对课程国际化产生了很大影响。我国高等职业教育课程目标的不明确制约了国际化课程体系的建设。

2. 课程要素

课程要素是构成国际化课程的基本部分，包括主体要素、媒介要素，活动要素三个方面。主体要素是指参与国际化课程的教师与学生；媒介要素在这里主要指语言媒介与技术媒介；活动要素则是指课程组织过程中所进行活动的相关国际化元素。课程国际化有着明显的"双向"特征，不仅要"引进来"，也要"走出去"。课程国际化以课程要素为载体，由三类基本要素组成，大致形成课程教育输入与课程教育输出两种状态：一种是教育输入，包括吸引外籍教师资源，加快课程国际化进程；国内师生开设国际性课程；国内人员出国进修；通过远程教育，参与国际课程培训。另一种是教育输出，包括招收外籍学生来华学习；前往国外开设本土教育课程；通过网络等技术，向国外学习者提供特色或精品课程。另外，加强本地学习者与外国学习者在课程中的交流、互动，加强外语教学力度，开设双语教学课堂等，都有助于国际化学习。

（二）课程设置与教材选择

1. 课程设置

课程国际化大致经历了三个阶段：一是初始阶段，单纯引入或开设国际相关课程，比如世界历史、世界经济等课程；二是发展阶段，不仅开设了国际课程，而且在其他课程中也融入了国际化内容，拓宽国际性视野；三是深化阶段，将国际因素整合到课程及其组织实施阶段，逐渐深入与推广。

课程设置的普遍做法有：（1）开发新课程。开设专门的国际教育课程或与国际专题相关的课程。（2）在已有课程中加入国际化内容，包括国际案例分析、国际背景介绍、全球问题探讨等，使课程内容更具有国际化导向。美国高等教育课程国际化呈现出多种形式：在主流课程范畴，纳入国际化教育的要求，在核心课程体系中加强世界历史、经济及语言等方面的学习要求；在辅修或专修课程范畴，增设或加强国际性或地区性研究；开展不同专业与学科的双语教学；在专门学科领域如工商管理、管理工程中增加国际方面的内容，诸如国际法、国际关系等课程；吸纳外籍学生作为课堂学习资源，并采用国际化案例和学习材料；针对全球问题进行专题研讨，培养学生的国际思维意识；进行跨文化的研究，帮助学生增强文化理解、开阔国际视野；鼓励学生进行国际化研究和出国学习。

世界经济合作与发展组织在总结各国开展国际性课程的基础上，归纳出九种类型的国际化课程：（1）具有国际学科特点的课程（如国际关系）；（2）通过国际比较与借鉴得以延伸和扩大的课程（如国际比较教育）；（3）培养学生从事国际职业的课程（如国际商务、国际营销）；（4）外语教学中的跨文化交流与外事技能的课程；（5）外国某一个或某几个区域研究的课程；（6）培养学生获得国际专业资格的课程；（7）跨国授予的学位课程或双学位课程；（8）海外教师讲授的课程；（9）专门为海外学生设计的课程。

2. 教材选择

教材的国际化是课程国际化的基本内容。国内外许多高校开设双语课程、使用外文原版教材，这无疑对强化外语能力、提升专业能力有效果，然而，教材使用的误区依然普遍存在。一方面，对引进的国外原版教材没有仔细辨别其优劣，并非所有原版教材都优于国内教材。有些外文教材知识结构凌乱、内容浮浅、层次较低，不符合课程国际化的内在需求；另一方面，盲目使用外文原版教材，忽视本土文化传统或与本地学科发展情况相差甚远，不仅不会提高课程国际化效果，反而容易本末倒置。另外需要注意的是课程国际化同样要与学生身心发展阶段相匹配。使用外文原版教材需要考虑学生的英语水平以及学生所处的学习阶段，否则专业学习效果会大打折扣。

（三）课程实施与考试评价

1. 课程实施

课程国际化也是课程组织与实施的国际化，主要指课程管理的手段和方法。课程实施的形式具有多样化的特点，与国外互派师生、远程教育等，都是课程国际化实施的重要途径。当今社会正处在一个信息化高度发达的时代，信息技术的迅猛发展为课程国际化提供了极大的机遇并开创了全新的渠道。尤其是互联网技术的发展，有效地实现了远距离高效互动与交流，为课程国际化提供了技术平台。2012年，慕课理念在全球扩散开来。慕课即是利用信息技术平台引进全球范围内的优质课程资源，以实现更大范围的资源共享。开放、网络化、大规模是慕课的特征，这也意味着传统教学方式的改变，为课程国际化提供了技术平台。自由流动、全球共享，不受时空范围限制，并且能够节约成本，毋庸置疑，其能够提升课程国际化的实施效果。

2.考试评价

有的学者认为课程国际化应该包括课程评价的国际化。然而从课程国际化的实施来看，不同的国家很难有相对统一的衡量体系，并且课程实施效果的标准难以界定，这样就使得课程评价难以操作。目前，考试评价是课程国际化进程中通常采用的评价方法。课程国际化考量标准主要有语言水平测试、专业课程的考试评价和学历资格认证等。语言水平测试主要由各国语言推广机构或教育机构进行考评，如澳大利亚教育国际开发署（IDP）作为教育服务机构为留学生和移民提供语言测试，协助招收外国留学生；专业课程的考试评价主要由开设课程的学校或相关机构进行；学历资格认证由各国专门的质量认可机构进行鉴定，比如澳大利亚国家海外质量认可局（AED）专门提供学历认可的咨询和鉴定服务，等等。

二、构建区域高等职业教育国际化课程体系

1.增设涉外课程和国际教育课程

一是构建国际化的课程体系。高等职业院校要从国际化角度出发，采取一些具体措施。比如，调整课程结构、引进国外的课程体系、增加一些涉外学科和国际性教育课程等。二是紧跟国际市场需求，增设急需专业。鼓励与国外合作开办专业课程，鼓励引进外国资金等一些教育资源，开设与我国支柱产业、优势产业、高新技术产业、新兴产业和高等职业教育发展需要相关的学科专业。三是更新教学内容。根据我国地方社会市场经济对岗位人员的需要，并在了解国际市场的情况下，安排教学内容体系。四是选用原版教材。我国高等职业院校教材建设滞后，而原版教材中的很多内容都与国际接轨。引进原版教材，有利于加强学生对外国文化背景、传统习俗和宗教信仰的了解，培养学生的国际化意识。

2.打造国际化影响力品牌专业

课程的国际化是教育国际化最主要的内容之一，要想真正推动职业教育的国际化发展就必须要确保课程的国际化发展。如江苏省高校计划在未来五年，打造一批具有国际影响力的品牌专业，品牌专业建设的评审标准主要涵盖了课程体系、实践教学、具备国际视野的人才培养等内容。以国际理念推动职业教育专业课程建设是当前江苏职业教育课程优化改革的重点努力方向。广东农工商职业技术学院大力推动课程国际化建设，在借鉴英国BTEC人才培养模式的基础上，通过创新课程设置、重组课程内容、引入先进课程考核方法等，使得市场营销等专业课程国际化水平大大提升。又如，四川国际标榜职业学院，从

20世纪90年代就一直引进美国国际标榜优质的发型职业技能和新课程，使用他们研发的教材体系以及教材、教师培训手册、技能训练方法及习题、光盘及部分高级课程教材。包括烫发、染发、修剪等在内的6门核心课程的教材均经过汉化，以全球统一的内容向学生传授，既确保了课程建设的国际化，也保证了学生技术技能水准与国际同步提升。

3. 引进优质国际化课程资源

构建国际化课程体系、引进国际教育资源、教授国际化课程是培养国际化人才的重要方式。全球化进程的加快，使得世界各国联系更加密切，高职院校应该及时关注国际发展动态，传授先进的国际课程知识。高职院校在构建国际化课程体系时，应该在坚持本土化的原则上开设国际化课程，引进先进的国际化课程资源，使学生更容易接受国际化课程。开设国际化课程有助于提高高职院校国际竞争力，提升学生对院校开展国际交流与合作的兴趣。高职院校可以通过开设国际贸易理论与实务、国际经济学、国际政治学、管理学等相关国际性专业知识，让学生了解国际发展现状和趋势；还可以开设国际礼仪、国外人文历史等文化课程，通过这些课程的学习，使学生能够知晓国外文化理念，理解他国文化的不同，增加对异国文化的认同感；国际化课程中必不可少的是外国语言学习课程，采用国际教材和双语教学方式，建立外国语交流实践场地，为学生营造良好的国际语言环境，使其提高国际语言运用和交流能力。

4. 开设双语教育课程

在开设的国际性课程、双语课程质量提升的基础上，研究型高校可尝试引进国外课程体系，从课程目标、课程设置、教学方法、考核方式等方面改进传统的课程设置和教学方式，开拓高等教育国际化人才培养的新体系，为人才培养探索新的途径。

高等职业教育国际化只是高等教育发展进程中的一个阶段性要求，是促进高等职业教育向国际水平看齐的手段，其根本目的是要提升本国或地区高等教育办学水平，为社会经济发展培养出国际化人才，这就需要高等教育管理体制及教学内容等方面进行系统调整，不是单纯靠师生交流、国际合作就能轻松实现的。对教学内容的调整，关键在课程。要实现课程内容的调整，促进课程国际化发展，首先要对课程进行分类，确定不同类型的课程国际化的目标及方向。除了承载传播本国优秀文化及语言的课程，其余自然科学与社会科学领域内的课程都应逐步实现国际化，尤其是科学技术类课程，更应向国际水平看齐，紧跟时代潮流。其次，不同的课程要划分层次，区别对待。不同结构类型的高校要依据课程的目的、形式、内容等，区别引进和设置课程，要从本地区、本校的实际需求出发，从办学目标和人才需求的实际出发。

5.加强国际化课程监督与评价

课程国际化中不能忽视的一个环节就是要加强对课程的监控与反馈，要不断甄别适应本校及本区域实际的课程，适时更新淘汰不符合本校级或本区域需求的课程，如此才能保证课程内容的活力与实用性，进而促进高校课程国际化的有序进行。

第三节　区域高等职业教育教师队伍建设国际化

教师队伍建设的国际化即师资国际化。传统的师资国际化主要是指提高教师队伍中具有国际学习或研究背景的教师的比例，一般通过吸引外籍教师、国际著名学者或留学人员任教来增加国际化教师的数量。随着国际化的不断深入，数量结构的变化已不能完全概括师资国际化的特征。高校师资国际化现可定义为"世界范围内高校教师通过不断交流与合作在思想、理论、方法等方面相互学习和融合的过程"，其重点在于适应国际化发展的要求，拓宽教师人才的国际化视野，丰富教师的知识结构，提高教师的学术水平与科研、创新能力。美国教育委员会指出"教师是推动高等教育国际化的主要动力"。教师队伍国际化是建设世界高水平大学的重要保证，也是实现人才强校、强国战略的重要举措。

一、国际化师资构成

师资构成是指教师队伍的人员构成，这里主要指国际化的教师来源。与传统代表国际化师资的"外教"不同，随着人们对高等教育国际化了解的深入，具有国际化背景的教师人数越来越多，国际化教师不再单单指境外人员。除邀请优秀外籍教师和著名访问学者之外，还需吸纳国内具有国际元素的优秀人才以壮大国际化教师队伍。

（一）外籍人才引进

美国的一些世界一流大学诸如哈佛大学、麻省理工学院、斯坦福大学等，每年都要接收数千名外籍教师。英国牛津大学的外籍教师比例超过40%。德国大学为了提高国际化师资水平，在全世界范围内招聘高级人才并通过洪堡基金会专门对高级学者的国际学术交流进行资助。日本东京大学每年会利用教学经费的 1/3 面向全世界招聘一流教师。香港科技大学有超过 1/3 的教师来自 30 多个国家的顶尖大学。近年来，外籍教师总数逐年增长，在外籍教师队伍壮大的同时，更需要确保国际化师资的质量。因此，教师队伍的国际化不仅要求积极吸引外籍教师，还要求提高外籍教师质量，对外教的学历、职称、执教水准等基本情况进行严格把控。

（二）本地教师培养

在我国，也有国家留学基金项目以及地区和高校层面的各类项目向世界各地派遣师资进行深造。比如国家留学基金管理委员会，每年选派研究学者、访问学者、博士后 2500 人左右赴海外研修，选派 6000 名左右研究生赴海外学习，选派 2000 名左右本科生参与国际交流，通过特殊合作项目和专门人才培养项目选派 7000 人左右赴海外研修合作。还有国家留学基金管理委员会设立的"优秀青年骨干教师"项目，每年选派 3000 名左右的青年教师赴海外研修，这一系列措施对推进高等学校青年教师队伍的国际化进程是非常有利的。

二、国际化教师素质提升与培训

（一）国际化教师素质提升

进行国际化的师资队伍建设，不仅要重视人才量的增加，而且要关注质的提高。这里的教师素质主要是指国际化师资的质量问题，国际化教师所应具备的素质要求亦是教师人才培养目标的具体表现。

1. 培育高等教育国际化理念，拓宽国际视野

教育理念是对教育活动本质与规律的认识，是一种对教育价值的理想与追求，而高等职业教育国际化理念，则是把教育价值放在全球范围内进行衡量，以凸显高等职业教育的本质，即全世界人民对知识的渴望和对真理的追求。因此，高校教师也要站在整个人类的高度看待高等职业教育的功能和价值，用国际性的眼光来分析、判断和决策高等职业教育改革与发展中的问题，大胆借鉴世界各国成功的高等职业教育理论、先进的管理制度和国际教育实践，使高等职业教育与国际政治和全球经济相互合作、彼此协调，进而共同发展。

2. 辩证地对待国际化与本土化

不同地区和不同民族都有着自身鲜明的文化教育特色，这与长期的政治经济等各方面的历史积淀分不开。盲目借鉴并非就是好的，如何在日益频繁的国际交往中清醒地保持自己民族的文化特色，维持国家高等教育的教育主权，是高校教师面临的一项挑战。

3. 具有较强的国际交往能力

要与国际接轨，学习和借鉴他国先进的经验、制度与技术，缺乏基本的国际交往能力将成为桎梏。高校教师只有提高自身的外语水平和跨文化交往的能力，才能站在世界学术的前沿，才能学到他国办学、办教育的宝贵经验，才能培养出具有国际意识和竞争力的国际人才。

4. 具备优秀的教学和科研能力

高等职业教育国际化包括课程的国际化、学生的国际化、学术和交流的国际化等方面。因此，高校教师需要具有综合性的国际化知识结构、良好的双语教学能力、灵活的国际化教学模式、熟练运用现代技术资源的教育技能等。高校教师作为高级知识分子也是知识创新的重要主体，而知识创新离不开优秀的科研能力。扎实的知识储备、国际化的学习能力、规范的研究方法和不懈的探索精神，都是国际化师资队伍建设对教师素质的要求。

（二）国际化师资培训

1. 职前培训

国内高校师资队伍建设是一个循序渐进的过程。在职前阶段，一是要加强各受教育阶段的国际教育和外语教育；二是除了注重相关知识的考核与师范技能训练外，外语水平及国际常识性内容的掌握也要列入高校教师资格准入条件之一。

2. 新教师培训

在新教师入职培训的过程中，加入国际化教育的相关内容，帮助其树立国际化教育观念。针对高校实际情况和新教师培训需求，可开设多样化培训课程，例如外语提高课、双语教学方法、专门学术领域的国际课程研究等。在实践方面，为新教师提供国外长短期培训、访学及其他多种形式的专业化发展渠道。

3. 在职教师培训

在鼓励高校教师进行国际化交流方面，可以采用多种形式的培养活动。主要包括：为教师提供出国学习机会、设立各种项目和基金、建立国际合作关系、建立国外分支机构、进行语言培训、鼓励教师开设国际化课程和教育资源共享等。

三、国际化教师管理

保证师资队伍国际化建设的质量，提高师资队伍国际化建设效益，对高等教育的国际化具有重大意义。然而，多元化的教师队伍也就意味着教师管理工作的复杂性。

第一，要进行科学规划，合理安排人才的派遣和引进工作。根据高等职业教育的发展规模和状况及其未来发展走向，加强数据收集和统计工作。建立专家决策咨询团队，加强人才引进和教师培养的宏观指导，提高教师管理工作的针对性和实效性。另外，还要根据中央和地方高校师资队伍国际化建设及学科建设的整体水平来测定各项工作的紧迫程度，并依据紧迫程度的不同在师资队伍国际化建设工作中科学规划，按部就班地进行教师队伍的建设。

第二，严格选拔，提高层次。盲目重视外显性指标是师资队伍构建的一大问题。只重视数量、一味扩大外来教师的规模不一定符合我国高等教育现阶段的实际情况。另外，不加选择地接纳外籍人员作为教师，教育质量无法保证，良莠不齐的教员也会带来其他社会问题。因此，建设国际化的师资队伍应该保质保量，引进来的必须得是高水平人才。邀请世界知名学者和学术大师不仅可以带来国外先进的办学理念、科学研究方法、教学方法，而且还能通过他们迅速了解、掌握世界学术发展动态和最新研究成果，开阔国际视野，提高国际交往能力和教学科研水平。

第三，健全机制，保证国际化师资队伍建设工作的持续开展。完善相关制度、法规，比如对外籍教师的管理办法进行完善；完善激励机制，从物质保障、职业发展等方面入手，引入并留下人才；完善相关工作管理实施及评估办法，不能简单地将海外人才引进和师资队伍海外培养作为提升完成师资队伍国际化指标的途径。同时加强跟踪考核，确保引进和培养的人才在各自岗位上发挥应有的作用。

第四，重视服务，提高质量。如何提升社会服务质量，作为教师队伍发展的后勤保障也是需要考虑的要素。构建自由宽松的学术气氛，鼓励学术创新，确保良性流动，以保障教师的归属感。建立较为人性化的师资管理制度，如"公开招聘制度、资格认证制度、专家评估制度、同行评议制度、社会实践制度、校本管理制度、中青年学者的扶持和资助制度、完善的师资服务制度、优厚的教师福利与保障制度"等，其中许多已经在世界各国的高等教育机构中相互学习和借鉴。

四、区域高职院校国际化师资队伍发展策略

师资队伍的国际化是高等职业教育国际化的核心内容之一，也是评价高校国际化发展程度的一项关键指标。事实上，要培养出新时代的国际化人才，占有主导地位和起着关键性作用的还是国际化的师资队伍。学校的国际化发展水

平与教师应对和参与国际化的能力有直接的关系。只有具备国际意识和国际视野、掌握现代教育思想和世界前沿的科技理论知识的教师队伍，才能培养出国际型的人才。实现高等职业教育国际化，建立一支具有国际化知识和能力，能够承担培养国际化复合型人才重任的师资队伍是最为重要的因素之一。建设国际化的师资队伍可采取"引进来"和"走出去"相结合的策略来实现。

（一）师资队伍"引进来""走出去"双向流动

1.加大引智力度，优秀海外教师引进来

招聘、引进教师时，应优先聘用具有海外留学背景、工作经验的优秀人才。他们拥有更广阔的国际思维和更丰富的国际资源，也更了解所研究领域的前沿知识，这无疑给教学和科研注入了国际的活力和动力。聘请高质量的外教，充分发挥他们在语言和专业教学两方面的积极作用，尤其要多引进外籍的专业教师，以填补全英文授课的空白，弥补学校师资力量的不足。他们的参与不但有助于丰富课堂内容，传授真正与国际接轨的专业知识，还可以扩大学生的国际视野，让学生体验到不同的教学方法，掌握更多实用的国际规则和惯例。

定期举办国际讲座，聘请外国知名专家、学者讲学，既可以让师生了解国际学术领域的最新动态，与外国的专家学者进行零距离接触，又能营造相互学习共同进步、知识无国界的校园国际学术氛围。

2.提供多种机会，鼓励教师海外进修"走出去"

鼓励教师开放视野，多参与国际活动，不断加强国际交流能力，汲取国际先进的知识和资讯，提高自身教学科研水平和能力。争取更多的国家、省厅出国留学和进修培训项目，同时通过学校国际合作项目，创造和提供多种形式的出国交流学习机会，紧密结合学校整体发展和学科建设重点，有针对性地选拔中青年骨干教师出国进修学习、参加学术会议和开展学术交流活动等。

对于区域高职院校而言，由于师资水平和能力的限制，一蹴而就、整体突破比较困难。宜将优势学科或专业作为发展重点，集中力量，各个击破，保证有限资源利用效率最大化，短期内就可以看到实际进展和成果。

（二）完善教师国际化保障体系

1.教师国际化经费支持

高职院校教师国际化素养的提升离不开学校的支持。教师要参与国际交往需要经费支持，如需要出国差旅费、邀请专家经费以及科研项目经费等，各项经费的有效供给应该作为高校促进教师国际化的有力保障，如果没有充足的经费支撑，教师国际化的"走出去"和"引进来"都会成为空谈，国际化素养的

提升也就无从谈起。高校除了要有充足的经费支持之外，还要提供相应的国际交流方面的技术援助，如果教学课堂中缺乏相应的教学硬件的技术支持，先进的教学方法也就会成为纸上空文。高校应引入国外先进的技术设备，并配备有专业的技术人员，实现技术援助，以减少出国、邀请专家学者等费用。

2. 教师国际化奖励机制

高职院校只是提供充足的经费支持和有效的技术援助也许并不能促使教师积极地参与国际化，毕竟在此过程中教师仍然会面临诸多挑战，比如语言不通等问题。为有效促进教师国际化，高校还应该制定相关的激励性措施。首先高校可以采用荣誉激励，设定具体的国际化教学科研目标以激发教师参与国际化的成就感，对教师积极参与国际化以及在国际化方面做出的贡献和成绩予以奖励和表扬，在学校内部公开公示表彰在教学、科研以及社会服务国际化方面表现优异的教师，并在全校范围内宣传其国际化实践活动的成功经验，树立积极参与国际化的榜样人物；其次也可将教师的国际化参与纳入教师的晋升考核，在教师晋升考核文件中明确提出国际化参与的重要性，将其作为考核评估的重要因素之一，从考核晋升制度上要求教师积极参与国际化，从而达到提升其国际化素养的目的；当然，高职院校还可以通过鼓励教师参与到学校国际化发展计划的制定中来，提高教师对国际化活动的参与热情，增强教师参与国际化的成就感和责任心。

除了政策激励之外，高校还应该为积极践行国际化目标的教师提供相关的政策保障，比如为教师制定灵活的休假政策，协调教师的教学与科研任务安排，保证教师能够参与国际学术交流的时间，对出国学习、交流的教师提供至少与国内同等的各项福利待遇，体现出高校对教师出国交流的重视以及对教师参与国际化的大力支持。

（三）搭建教师国际化发展平台

语言素养学习平台的搭建需要从教师自身以及高校两个方面来实现。一方面，高校教师可以自觉组建语言学习团体，由外语专业老师发起，充分利用所在学校的外教资源，让其他各专业老师加入，从听说读写各个方面专门突破，形成一个个外语沙龙团体。在信息技术日益发达的时代，非正式学习组织——微学习共同体的建立能够适应学习资源的生成、进化与智能。微信平台的生成性、开放性、联通性、微型化等多元化的智能特征能够实现教师群体智慧与学习资源的共享。微信辅助语言学习系统（Wechat Assisted Language Learning）简称"微信"，是普遍适用手持手机、平板等移动设备的支持无缝学习的重要模式之一，教师群体可以建立基于微信的语言听说读写的辅助学习系统，除此之外，教师可以自觉通过多种基于听说读写能力提升的语言学习应用程序随时随地提升自身的语言素养；另一方面，高校要为教师提供相关的资源和制度支持，比如给教师提供宽敞轻松的语言学习环境，提供多媒体教学设备，构建网络化语言教学平台等，使教师能够接触到更多的语言教学资源。要提高高校教师的语言素养，高校需要注重加强教师对外语文化知识的学习，比如通过开设外语文化课程，使得他们能够比较系统地了解其他国家的传统风俗习惯、人文历史地理知识等，并着重介绍异国的语言文化现象。通过搭建语言学习课程平台，帮助语言素养较低的在职教师系统地提升自身的语言素养。

（四）促进教师科研国际化

教师科研成果的国际化程度也直接影响了他们国际化素养的提升，科研成果国际化程度越高，对教师国际化素养的提升帮助越大。促进高校教师科研成果国际化，不仅能够提升教师的学术水平，也是提升其国际化素养的重要途径。

当教师所做的科研与国际上的研究紧密相关时，教师自然就会大量阅读国外文献并参与相关的国际学术会议，在此过程中会激发教师对国际性课题研究的兴趣，关注国外的研究情况。科研成果作为高校教师职业发展水平最重要的指标之一，当其国际化程度较高时，教师就会不自觉地卷入到国际化的浪潮中来，在这一过程中教师需要较强的外语能力，以及对国际性资料的检索和搜集能力，并且会直接地推动其参与国际科研合作与交流，其国际化素养也会随之提升。

第四节　区域高等职业教育学生培养国际化

无论是在高等教育阶段还是在其他教育阶段，学生都是教育工作关注的对象，学生国际化也是区域高等职业教育国际化的重要方面。学生国际化主要指学生的跨国性流动及其国际视野的拓展。教育的根本是为了学生的身心发展，高等职业教育国际化依然不能偏离此重心。

一、国际化生源

高等教育国际化过程中的学生跨国性流动使留学生跨境教育成为当下的热点问题。根据服务贸易总协定（GATS），留学生教育是目前教育服务贸易中的最主要形式。从世界范围来看，高等教育留学生的招生规模在进入 20 世纪以来的前 8 年增长了近 7%。据经济合作与发展组织估计，目前有超过 1.3 亿的学生有过国外求学经历，尤其在欧洲与亚洲，数量有了极大增长。不仅如此，外国留学生还带来了巨大经济利益。例如澳大利亚，其留学生及各大学在该国的投资带来了 120 亿美元的利润，使高等教育成了其第三大支柱产业。当然，除了巨大的经济收益外，留学生教育最直接的影响便是扩大国际化的生源，培养国际化视野的学生，从而提高国家的教育软实力。由于英美两国的英语语言优势及其雄厚的教育实力，它们依然是最吸引外国留学生的留学地。美国在作为吸引高级人才的留学地方面，一直保持在首位，这不仅是因为美国高校教育质量享誉全球，还得益于其灵活的移民政策。而加拿大、日本和新西兰等地也逐渐受到留学生的青睐。相比之下，中国在高等教育服务输出方面与发达国家还有较大差距。《国家中长期教育改革和发展规划纲要（2010—2020 年）》指出，"发展国际教育被放在了特别优先的地位，并鼓励国际学生来华留学"，中国正努力使自己成为亚洲最大的留学生目的地。

招收培养国外留学生是高等职业教育国际化的主流方式。除此之外，重视国内学生的留学培养，增加国际化背景的本地生源也是扩充国际化生源的重要渠道。综上所述，要吸引和留住更多、更好的国际生源，就需要在设立多样化的政府或高校留学生奖学金、健全相关政策法规、提高教学科研水平、完善生活服务、加强宣传推广等方面加大努力。

二、国际化学生素质

我国在 1998 年颁布的《中华人民共和国高等教育法》"高等教育的任务"中，明确提出了"要培养具有创新精神和实践能力的高级专门人才""国家鼓励和支持高等教育事业的国际交流与合作"。扩大来华留学生规模一直是国家努力引进外来血液的重点工作，数量指标显示着国际化进程的蓬勃发展，然而有研究者注意到高等教育国际化战略的实施重点应放在提高留学生质量和层次上，他们呼吁"国际政策的有效性主要依赖于国际学生的质量而并非数量""注意力应转向提高教育质量和服务水平""树立国际教育品牌"，等等。杨福家认为："高等教育国际化就是要培养通融中西文化的一流人才"，也就是要培养具有国际化视野、国际化交往能力和国际化竞争力的创新型人才。

国际化学生的素质已不仅仅是要求具有国际化背景即可。良好的身体与心理素质、综合性的知识结构、高水平的外语沟通能力、跨文化交往能力、扎实的专业素养以及文明的道德行为规范等都是国际化学生应有的内涵要素。

另外，要加强高等职业教育国际化，提高国际化学生的素质，既要注重提高来华留学生的质量和层次，也要关注中国学生自身综合素质的提高，真正做到适应全球化发展。一是要树立国际化教育理念，改变传统教育模式。秉承以人为、追求创新的宗旨，以素质教育为中心培养具有国际化视野的开放性人才。二是要丰富人才培养模式，构筑国际化的培养方案。高校在人才培养上可参照国际惯例，制定与国际接轨的人才标准。三是要在教学上重视综合能力的培养，在学术上营造自由活跃的多元化研究氛围。四是要充分利用国际化办学资源，比如国际化师资队伍、国内外合作办学机构等等。最后，还要重视高等教育的空间载体及高校校园的文化建设，通过各类文化活动、学术交流活动和其他实践，丰富学生的国际化内涵。

三、国际化学生管理

高校国际化人才培养需要构建学生国际化的工作系统，一方面为国内学生提供咨询服务，另一方面进行留学生管理工作。近年来，留学生教育作为高等教育国际化交流的重要组成部分，已成了高校学生人才交流的一个焦点。而对于留学生的管理模式，许多国家进行了探索。日本主要有两类模式：一类是建立国际部，对留学生进行垂直、系统的管理；另一类是建立导师制，将留学生分散于各院部，再由留学生事务中心协助管理。前者一般是国际化初期采用的管理模式，由于缺乏经验，因此集中管理较为快捷有效。后者一般适用于综合性高校，灵活度较高，也利于留学生与当地师生交往，以适应留学国当地文化。

在应对国际化学生管理工作时，柔性管理是较为有效的手段，主要采取沟通、激励、引导的方式进行管理。首先，要明确国际化学生管理工作的内容。参照国际惯例制定学生管理标准，营造平等、自由、和谐的文化氛围；组建具有较强语言能力和跨文化沟通能力的管理服务队伍；加强对出国留学和学习交流学生的咨询服务和指导建议；加强留学生专业化和规范化管理；建设多元文化共通的校园文化，举办加强国内外学生交往的校园活动。其次，建立健全管理制度和相关机构。完善学生管理制度，在遵循国家和地方法律法规的前提下，完善相关制度，比如导师制度、奖学金制度、处分条例和突发事件处理制度等，使学生管理工作有据可依；在机构设置方面，可设立针对国内学生的出国事务咨询服务中心和针对国外留学生的事务办公室，明确各部门职能，减少职责不清导致的多头管理或相互推诿问题。最后，要搭建灵活性、多元化的国际文化交流平台，为学生管理工作提供便捷的途径。此类平台包括网络技术平台、学生组织平台和活动体验平台等。在网络化信息时代，学生群体是最广泛的互联网使用者，校园BBS、学生工作在线微博、微信、e学等新媒体手段，既可以帮助扩展学生国际视野，也能加强国内外学生的互动交流；而学生组织和社团则是以团队形式开展非正式的学术及课外活动，这对于文化融合有着不可小觑的作用；以宣传当地传统文化或学习他国优秀文化为主体，开展品牌活动，以艺术、体育等多种形式为媒介，进一步扩大影响，提高参与度，帮助留学生快速融入留学国的文化氛围。

四、区域高职院校学生国际化发展策略

（一）"输入"和"输出"相结合，加强学生国际交流

1. 推进学生来华留学教育

在地方高职院校教育国际化进程中，吸引外国留学生是一项非常重要的内容。留学生教育已成为衡量一所大学国际化办学水平的重要指标之一，将来华留学生教育作为基本项目，是实现地方高职院校教育国际化的重要方式。对于地方高校来说，教育要面向全世界，学校要能够以开放的管理与教学意识，让更多来华留学生在这里获得自己需要的专业教育。要围绕"一带一路"沿线国家发展急需的学科专业，充分利用具备中国政府奖学金和省政府奖学金资格的院校优势，结合地域特色、地缘结构和学校学科专业优势，将新媒体传播作为基本途径，通过强化留学项目宣传工作来完善多层次留学生的招募，这是将不同国家与地区进行多层次教育匹配的重要过程。可以通过基本的教学理念宣传，吸引更多外国学生到学校学习，不断扩大来华留学生规模。坚持规模质量并重，优化留学生国别区域布局，调整留学生层次和专业结构，规范完善留学生管理的规章制度。需要注意的是，对于外国留学生，地方高校应秉承宁缺毋滥的原则，这些留学生必须能够在一定程度上帮助到学校的国际化发展，对于这些优质的留学生，地方高校应当提供给他们优质的学习条件与生活环境，使他们愿意留在学校。如此一来，地方高校不仅可以通过吸引更多留学生而获得更多经济效益，也能够进一步提高自身在国际教育市场中的影响力。地方高校还应当制定多样化的中外合作策略，通过具有特色的合作项目来吸引国外高校积极参与到合作中，进而使得高校有更多优质国际教育资源可以使用，这在很大程度上能够解决我国地方高校办学经费不足等问题。如有的学院，在办好专门招收来华留学生的汉语言本科项目和汉语国际教育专业硕士项目的基础上，开发和

完善来华留学生汉语培训课程体系，对来华留学生培养方案的设置来说，这是实现人才培养系统计划的重要核心；建立留学生宿舍，拓展来华留学生招生渠道，提高来华留学生管理和服务水平，充分利用中国政府奖学金、孔子学院奖学金、省政府外国留学生奖学金以及学院来华留学生奖学金等扩大来华留学生规模。

2. 提升学生出国学习比率

地方高职院校应明确下属的各个学院在学生赴国（境）外学习中的主体责任，确保压力传递到位，责任落实到位；加大学生出国留学宣传力度，营造浓厚的出国（境）学习氛围，为学生提供赴国（境）外学习的信息咨询和相关指导服务；加强与境内外教育机构的合作，为学生赴国（境）外学习提供更多选项；通过与国内专业的外语机构的合作，提高学生的外语水平和能力，使他们具备参与国际交流的条件，并在交流中获得他们所需的国际信息。而外语水平的提高，也将进一步拓宽学生们的国际视野。地方高校需要建立一套完善的外语教学体系，一方面可以加快学校教育国际化的进程，另一方面也能够在很大程度上提高学生的国际化素质。此外，还可以通过设立学生国际交流基金、资助学生赴国（境）外学习、奖励学生赴外学习率高的学院等方式努力提升学生出国学习的比率。

"输入"和"输出"合力，加强学生国际交流。例如在美国，高校把学生出国留学和国外学生来美留学这种学生互动放在同等重要的位置上。省属高校学生的交流工作，一方面是留学生的"输入"工作开展，省内高校应该发展海外留学生教育，通过各种途径宣传本校的留学生教育，如合理利用互联网平台，在相关的网站发布信息，积极做好招生宣传的工作等，以扩大来华留学生的招生规模；改善省属高校国际化环境，在现有奖学金的基础上加大比例，这样国外学生才愿意到山东省属高校来求学；另外针对留学生的课程应该体现地方特色并能与时俱进，比如说具有山东文化底蕴而又在世界上被广为推崇的儒学文化研究，可以更好地加大对留学生的吸引力度，进而扩大山东省的国际影响；另一方面是省内高校学生的"输出"工作，影响学生出国留学的关键因素是学费问题和语言问题，高校可以继续以公费和自费的形式派遣留学生，但在学生出国之前学校可为他们提供相关的服务工作。例如很多学生有出国学习的意识但由于其外语水平不达标而无法实现梦想，那么高校就可以考虑充分利用本校师资，利用现有教学资源，以免费或以比市面上低的费用为学生举办相关的出国留学培训及外语语言能力培训等。这一措施不但可以解决学生资金上的困难，而且有利于提高学生学习外语的积极性，为学生出国深造打下基础。

（二）优化国际化人才培养体系

地方高职院校应促进所属各个学院都积极开展与国（境）外教育机构的合作，通过借鉴国（境）外高校的办学理念、培养方案、教学方法和教材，引进国（境）外师资，与国（境）外高校合作办学等方式，积极探索面向国际、包含境内境外双重培养环节的人才培养模式，全面规划与国际接轨的人才培养方案。一是要抓住国家实施"周边外交，发展中国家外交和多边外交"战略，特别是"丝绸之路经济带"和"21世纪海上丝绸之路"的机遇，促进学校与教育国际化相关的学科建设。二是推动国际化人才培养可行性建设方案的制定。对于地方高校而言，所有培养方案与教学系统都要有匹配关系，这是留住高水平教师的重要措施，也是有意识培养复合型人才的关键举措。三是提高双语教学频率，为学生打造国际化语言环境。外语是进行国际交流的基本工具，也是了解外国文化的钥匙，学生在进行外语学习时，可以通过对国际意识的有效培养，认识到多元文化的内在价值，而高等教育国际化也要求使用一门国际语言作为课堂教学和教材编写的工具。《关于实施双语教学的若干规定》的出台，其目的就是将双语教学模式以规定形式确定下来，对于开课方式、教师能力、课件设备等，都要以国际化英语教学标准来展开，通过保证质量、制定激励措施等手段促使教学人才的优化。此外，在课余生活中举办外语文化节、英语演讲或者英语辩论赛等，都可以促进学生外语应用能力的提升。四是选择优秀学生到合作企业中进行交流学习，通过对真实英语交流环境的感受，将毕业设计在企业中完成，建立企业导师、学校导师的双导机制，实现学生实践能力与工作能力的同步提升。可依托学校与国（境）外高校建立良好合作关系，将国际合作与交流拓展到继续教育领域，通过继续教育培养复合型国际化人才，打造国际化继续教育品牌。

第五节　区域高等职业教育院校管理国际化策略

教育国际化的实质是在全球范围内实现优质教育资源的共享，而达成这样的共享必定要借助一定的管理手段。在高校管理国际化策略中，既存在显性的合作方式（如合作办学），又存在隐性的文化融合（如汉语言、汉文化的推广）。在本节中，先就最主要的几种高校高等教育国际化的管理手段进行探讨。

一、中外合作办学

合作办学按空间架构可分为境内办学和境外办学。境内合作办学主要指中外合作办学，境外办学则以孔子学院的设立为主。

（一）境内合作办学

2001 年 12 月，中国政府在《中华人民共和国加入世界贸易组织议定中》做出承诺，"允许中外合作办学，允许外方获得多数所有权，但不承诺给予外方国民待遇，也不允许外国机构单独在我国设立学校及其他教育机构"。2003 年3 月，国务院正式颁布了《中外合作办学条例》，其中规定中外合作办学是指"外国教育机构同中国教育机构在中国境内以中国公民为主要招生对象的教育机构的活动"。目前，中外合作办学机构和项目也在持续增多。我国中外合作办学主要有松散型、嫁接型和融合型三种模式，办学特色是以全英文授课、外文原版教材、外籍师资和国际性专业结构为主。《中外合作办学条例》第 3 条规定，"国家鼓励引进外国优质教育资源的中外合作办学，国家鼓励在高等教育、职业教育领域开展中外合作办学，鼓励中国高等教育机构与外国知名高等教育机构合作办学"。正是由于国家对中外合作办学的大力支持，中外合作办学已成为我国教育事业"在公办学校、民办学校之外崛起的第三支办学力量"。中外合作办学迎合了高等教育办学体制革新的需要，在一定程度上也满足了民众对于"不出国留学"的优质国际化教育资源的需求，它带来的经济利益也是较为可观的。然而在经济利益的驱动下，高校合作办学往往沦为创收工具，为了"合作而合作"，盲目扩大数量而忽略教育质量，高等教育国际化的本质遭到忽视，过度商业化是高等教育走向市场化、产业化过程中面临的一大问题。

中外合作办学虽已取得一定成绩，但其中也存在不少问题。首先，从国际向度看，中西教育实力不对等，我国属于内向型发展模式，教育输入大大超过教育输出。其次，从国内向度看，教育国际化发展区域差异大，中外合作办学一般集中在东部经济较发达地区，呈现出不平衡状态。在中外合作办学过程中，盲目合作，对自身办学定位缺乏清晰认识；忽略中外合作办学公益性特征，追求短期经济利益，重复建设一些低水平的项目与专业，缺乏规范办学管理；一味追求数量指标，缺乏高质量教育品牌且缺乏监督与认证体系；学校宣传力度低、社会关注度不高，咨询服务渠道缺乏；师生国际化意识淡薄；相关政策资金不到位；教育主权受到侵害；问题层出不穷。

因此，我国政府在规范中外合作办学方面做出了一定努力，《中外合作办学条例》和《中外合作办学评估方案（试行）》等规范性文件相继出台。在维护教育主权的问题上，教育部在《关于批准设立宁波诺丁汉大学的函》（教外综函〔2005〕40 号）中就强调宁波诺丁汉大学是属于具有法人资格的中外合作办学机构，而不是西方高校在我国举办的分校。要充分维护我国师生的合法权益，也要处理好中外合作办学中的管理、决策等相关权责问题。

（二）境外汉语推广

在引进海外优质资源的同时，国家还大力推行"走出去"战略。在中外合作办学领域，在国家汉办与高校的共同努力下，我国在世界范围内与国外高校合作开办了数目众多的孔子学院和孔子课堂。截至目前，全球已有 162 个国家（地区）设立了 541 所孔子学院和 1170 个孔子课堂。其中，亚洲 39 国（地区），孔子学院 135 所，孔子课堂 115 个；非洲 46 国，孔子学院 61 所，孔子课堂 48 个；欧洲 43 国（地区），孔子学院 187 所，孔子课堂 346 个；美洲 27 国，孔子学院 138 所，孔子课堂 560 个；大洋洲 7 国，孔子学院 20 所，孔子课堂 101 个。孔子学院的设立为合作高校提供了国际交流与合作的平台，有利于双方国际化进程的推进，有利于拓展国际化的师资渠道。孔子学院在教育服务贸易中起着不可替代的作用：一是能够帮助高校招收外国学生；二是可以通过孔子学院奖学金直接吸引外国人才；三是可以通过交流项目促进学生的国际化发展。不仅如此，孔子学院还有利于课程国际化建设，即以孔子学院为窗口，引进合作方优势课程资源，使汉语课程走向世界。例如，浙江科技大学引进罗马尼亚克鲁日大学经济类课程、北京师范大学中华文化精品课程被美国旧金山州立大学引进等，有利于提高国际化管理能力，便于学习国外先进管理经验和国际化的管理制度。

二、学历互认

学历互认是目前高等教育国际化采取的重要策略，以欧盟及南美洲南方共同市场为主要代表。随着欧洲一体化的推进，欧洲各国在高等教育领域方面的交流合作也在不断加强。1987 年，欧盟开始实施"伊拉斯谟计划"，极大地促进了欧盟内部师生的交流。1998 年，德法意英四国教育部部长签署《索邦宣言》，提出要建立国际认可的本科和硕士两个教育体系。德国在原有的硕、博二级学位基础上补充了学士学位的颁发。1999 年，欧盟 26 个国家的教育部部长共同签订了《博洛尼亚宣言》，承诺共同致力于欧洲高等教育区的建设，其目的在于整合欧盟各个国家的教育资源，打通欧盟内部的教育体系，主要措施包括改革学位制度、学分互换、学历互认与教师学生相互流动等。其中两个重要系统是"学分转化"和"学分积累"系统。在南美洲，巴西、乌拉圭和阿根廷等几个国家在 1991 年签署了《亚松森条约》，成立了南方共同市场，其成员国又于 1999 年签署了《成员国间学术活动相互承认大学学位的协定》，接受学士及硕士学位的共同标准，提出"到 2005 年实现各成员国学位全部互认、教师学生自由流动、建立研究生培养机构合作机制、完善教师培训与科学研究等远期目标"。

学历互认在高等教育国际化中发挥了重要作用，打破了不同国家教育相对封闭、孤立的学历体系，为共同学习与合作制定了统一的标准，对跨国学习产生了巨大推力。高等教育国际化就是使高校全方位与国际融通，宁波高校如何使自身教育质量得到国际认可，构建具有国际认证标准的学分和学历体系为我们提供了一种思路。以宁波大学为例，中加学分互认工商管理人才培养项目采用"2+2"或"4+0"中加学分互认培养模式，全英语 MBA 国际人才培养项目则是目前国内为数不多的全英语 MBA 项目之一，也是国内唯一面向国际留学生的 MBA 项目，由中澳教师共同执教，实施全英文授课，使国际留学生获得宁波大学 MBA 文凭，或获得澳大利亚堪培拉大学的 MBA 学位。不仅如此，宁波大学国际交流学院已与韩国韩南大学、昌信大学，印度尼西亚建国大学以及俄罗斯国立管理大学签订了工商管理本科专业"2+2"学分互认协议，同时又与加拿大曼尼托巴大学商学院签订了 MBA 项目合作协议，与印度尼西亚北京学院的"1+4""1+3"合作办学项目已进入招生阶段。

三、管理手段

高等教育国际化管理离不开资源配置和组织设计。资源配置主要是人力资源与财物资源，组织设计则是指核心文化和管理体制。换言之，高等教育国际化要求高校具有实力较强的国际化管理与教学队伍、国际化的师资和生源、雄厚的办学资金与优质的办学资源、完备的教育国际化机构、规范的管理制度和多元化的校园文化。而高校教育国际化实现的具体管理手段主要包括政策手段、法律手段、技术手段和其他支持性基础手段。在政策方面，首先要加强国家层面的顶层设计和地方层面的科学规划，注重教育国际化发展的可持续性和操作性。要由政府主管部门牵头制定专项整体规划和配套实施细则，还要由各级地方政府和高校因地制宜地研究制定本地、本校高等教育国际化相关政策和规定。在法律方面，高等教育国际化需要以相对完善的法律法规为依托。美国 1924 年《移民法》、1946 年《富布莱特计划（法案）》、1966 年《国际教育法》等一系列多样化法案为高等教育国际化活动提供了扎实的法律保障。我国 1986 年《关于出国留学人员工作的若干暂行规定》、1998 年《自费出国留学中介服务管理规定》、2004 年《中华人民共和国中外合作办学条例实施办法》等法律法规也陆续出台，然而我国高等教育国际化层次尚低，相关立法工作亟须努力。除国家宏观层面的法律调控，地方及高校也可依法制定与完善相关法规。

四、国际化组织

在教育国际化潮流的推动下，不仅各国政府和高校发起了对高等教育国际化问题的探索和研究，许多国际化组织也扮演着重要的角色。例如经济合作与发展组织、世界银行、世界贸易组织、国际教育局、联合国教科文组织等国际性组织皆对全球范围内各国高等教育国际化问题进行了探讨，提出各种计划和建议，开展专门项目活动，提供资金资助，促进人员交流，成了高等教育国际化的重要平台。利用国际化组织的发展平台是值得借鉴的宝贵经验。在国家层面，欧洲大陆的英、法、德、意、瑞典、芬兰等国通过欧盟组织极大地推进了高等教育国际化发展，南方共同市场以及东盟等国际组织也都为区域高等教育国际化发展提供了契机；在高校层面，单边或多边院校网络的形成为高等教育国际化拓宽了道路。与西方发达国家相比，我国从硬性条件到教育软实力都与之有一定差距。因此，在这一时期，应充分利用好各类国际组织带来的发展机遇，了解不同国际组织的政策偏重，比如世界银行提供的项目资金支持，联合国教科文组织开展的国际合作项目和各类形式交流活动等。

五、区域高职院校国际化管理策略

（一）更新教育国际化理念

在全球高等教育国际化如火如荼的今天，国内地方高校也需要积极参与到高等教育国际化潮流中来，积极汲取国内外高校国际化发展经验。作为高校领导和决策层，需要具备强烈的学习意识，对于先进的教育国际化理念，应尽快融入高校的发展中，并根据教育市场的发展形势，结合自身的实际情况找到自身定位以确定国际化发展战略。地方高校的各级领导，一是应当树立先进的教育理念，紧随国家的战略方向，明确自身的发展定位，站在国际化视角上来挖掘自身在改革过程中需要解决的各种问题，并在此基础上逐步将国际化要素融入高校发展的各项功能中。二是可将教育国际化作为"一把手"工程，使高校主要领导高度重视国际化发展状况，将国际化水平作为一项考核指标加入学院的考核体系中。三是应当结合学院的发展状况制定科学的、有针对性的教育国际化发展策略，可以将战略的制定权力下发给学院，高校则主要负责提供政策支持，这是因为学院本身更清楚自身的定位与发展状况。四是针对学校与国外高校之间的交流与合作，需要建立一套健全的动态监测机制，对于学院的国际化发展程度要进行年度考核。五是应针对教育国际化制定相应的奖惩机制，以此给各学院和有关领导施以一定的动力与压力。

（二）完善政府层面的体制机制

目前，高职院校中外合作办学基于外部管理方面具备多头管理的特征，在审批的过程中，普遍存在对审批予以重视，而对管理予以忽略的现象，办学质量的评估与监管体制还有待完善，需健全政策与制度体系。因此要从以下层面完善外部管理体制：第一，完善政策法规，实现"审批与管理"并重。教育行政部门可组织相应的专家与学者，系统而全面地调研区域改革发展过程中所需求的人才类型与专业，从而制定中外合作办学的政策规章制度。第二，重视审批的同时还要重视管理，完善质量评估制度，针对教育办学质量加大监管力度。为保障与提高中外合作办学的质量，要严格审批符合相应条件的办学主体，不要浮于表面形式，只关注是否合格，而是要客观地评估与严格地管理实施课程与教育教学的行为，使办学质量得到充分的保障。

（三）完善学校层面的体制机制

中外合作办学内部管理系统是指运用中外合作办学模式的高等院校内部各部门之间的彼此关联体系。由于大多数对所合作的主体高校存在一定的依附性，通过国内高等院校实施内部的管理，缺乏顺畅性，需予以改进，要基于以下层面入手：第一，充分发挥联合管理委员会的重要作用。《中外合作办学条例》规定：联合管理委员会作为管理中外合作办学的主体组织，要进行管理和有效地监督。第二，明确中方与外方各自需要履行的义务以及承担的责任，共同进行管理并相互监督。联合管理委员会的成员包括中方与外方院校的有关部门负责成员，因此要一起进行管理，并共同设置课程，中方承担公共课与基础性专业课的设置责任，外方承担专业核心课的设置责任。第三，中外合作办学机构要构建与完善内部管理机制，完善董事会、联合管理委员会等相应制度，对各机构需承担的职责予以明确，实现层级管理的科学化，健全民主管理与监督体系，充分提升办学效率。第四，实施与完善弹性学制与完全学分制，如果某学校具备一定的条件，要试着推行完全学分制及弹性学制，许可学生在修学分、获取学位时，提前或延长学制，从而为我国高职院校与国际接轨奠定基础，使学生能够在灵活机动的时间内自主学习，从而提高自身的素质。

（四）提升国际化办学的管理水平

高职院校中的外事机构在对外合作交流的过程中发挥着重要的作用，外事工作需做的主要工作是实现学校由封闭型到开放型的转变，实现由接待型到管理型的转变，实现由事务型到实效型的转变。高校要充分发挥外事机构的产、学、研的职能作用，大力开发国际市场，力争在办事方法、合作与管理方式、思维模式和多元模式等方面实现接轨，不断丰富自身本领，逐步提升管理水平。以高职教育为契机，以培育高级技能型人才为目的，实习与实训是教育过程中必不可少的步骤，因此要合理地运用与配置实训场地以及设备器材等资源，建立配套的模式监管系统。高职院校要合理地利用与调配相应的物质源，以提高学生的岗位就业能力为目标，充分挖掘学生的潜力，培育学生的应用型能力，使其能够学以致用；所设置的应用课程的主体充分地结合语言与专业技术，这是教育国际化的主体特点，为实现职业技术教育的国际化奠定了基础。高职院校外语教师要精通外语，同时还应该研究掌握本校其他专业设置的一些通识性内容，实现外语教学的合理化、专业化。专业课教师更要切实提高外语的运用能力，加强与外方教师的交流合作，为本校未来国际化发展奠定师资方面的坚实基础。中方院校还要建立中外合作办学专业教师培养与发展体系，与合作办学专业特征相结合，明确培育教师的规划方案，充分结合学校自身的内外渠道，推动专业教师前往国内外名校进行进修学习，提升综合水平。

第六节　区域高等职业教育国际化发展策略

教育国际化赋予了高职教育新的机遇与挑战。随着经济全球化及"一带一路"倡议的深入推进，教育所呈现出的重要作用也越来越明显，各国不约而同地将教育作为优先发展战略。美国为了成为世界人力资源高地，保持科技领头羊地位，彰显高校软硬实力，鼓励各类教育机构大力发展留学经济，努力拓宽学生国际化视野和提高国际化专业能力，将教育国际化列为教育发展的重要内容。日本为了应对经济全球化挑战及产业界对技术技能人才的高要求，高等专业学校特别强调要培育国际化专业人才，通过组织学生参加国际研讨会、设置留学生基金等多种手段来提升学校的国际化水平。2015年9月教育部出台的《高等职业教育创新发展行动计划（2015—2018年）》明确提出要扩大职业教育国际影响，通过实施国际化建设工程，着力打造国际化专业、国际化课程、国际化教学团队，塑造职业教育的"中国品牌"。职业教育是技术技能人才培养的主阵地，是文化交流的重要通道，是促进技术更新换代和创新的主要平台，更是提供专业服务和技术的重要力量。在当前教育国际化和"一带一路"倡议深入推进的大背景下，职业院校要善于抓住机遇、奋力直上，以内涵发展、质量提升为关键点，不断提升自身国际化办学水平，有效服务国家倡议。

一、拓宽国际视野，树立国际化教育理念

（一）提升国际化办学理念

当前，我国面临着愈发复杂的国际形势，在社会各个领域的竞争中，机遇与挑战并存，在这种情况下，我国职业院校就更应主动作为，不断更新办学理念，夯实办学基础，提高职业教育国际化水平。国际化办学理念体现在教学、科研及管理等多方面。职业院校应充分重视和认识国际、国内两个市场，在办学理念上与国际接轨融合，关注世界职业教育的发展大趋势，积极参考和吸取国外优秀职业院校的先进做法；要不断进行课程教学内容的创造与创新、教学方法与手段的改进、教学质量评估方法与工具的持续改良与优化；在应用研究方面，积极引进、吸收和采用国际先进研究方法，鼓励同国外教育机构、行业企业开展合作交流；在管理与服务方面，学习国际职业教育先进的管理与服务理念以及现代教育制度，提高管理和服务水平。通过对我国职业教育办学理念的创新，学习国外先进经验和做法，打破惯性思维、传统思维、保守思维对人们的束缚，为促进职业教育国际化发展奠定统一、坚实的思想基础。

（二）强化国际化人才培养意识

理念是行动的先导，在推进中国职业教育国际化发展过程中，尤其需要加强国际化发展理念，只有树立了合理的国际化发展理念，才能探索出合适的职业教育国际化发展模式。职业院校要想在"十三五"期间乃至更长一段时期内建设成高质量、有声望的教育机构，成为国际教育界优秀的一分子，就需要放眼全球、立足国情、区情和行业产业发展情况来审视自身的价值，需要从教育全球化发展趋势来审视自身发展和谋划未来，承担培育一批又一批具备国际视野与国际竞争力的优秀的技术技能人才的社会责任。职业院校的管理者、教师、学生应该树立世界公民的理念。人类史上的历次大灾难无不表明，没有公民精神支撑的科学与技术进步不可能造福于人类社会，有时甚至还会造成严重的负面影响。在国际化的今天，职业教育作为整个教育体系中的重要组成部分，就应该立足于真理、公平、正义、关怀，引导文明，推动人类社会的共同发展与繁荣；职业院校作为不同文化交流碰撞融合的重要场所，理应担负起培养适应

全球化需要的世界公民的重任，培养 21 世纪最具人文底蕴、国际视野，适应"一带一路"建设，参与国际合作与竞争的专业人才。尤为注意的是，教育的本质是人的培养，职业教育的国际化也必须通过"人"来完成，从"人"的思想、行为、结果来衡量，因此，职业院校必须将学校的国际化大目标内化为"学校具体人的精气神"，增强与职业教育相关联的所有人员的忧患意识，帮助职业院校更为清晰、全面地认识其在国际化进程中所面临的短板与不足，从思想理念上不断提升全校师生对国际化发展的认同感和融入感。

（三）确立与国际接轨的职业教育标准

2014 年国务院颁布的《关于加快发展现代职业教育的决定》已明确提出，职业教育要"积极参与制定职业教育国际标准，开发与国际先进标准对接的专业标准和课程标准"。职业院校需要转变以往"追随者""模仿者"的单一身份，更多地参与到国际专业职业标准中去，探索性构建符合中国社会经济发展特点的职业教育标准体系。具体而言，在保持中国职业教育标准特色的基础上，继续学习借鉴国外职业标准，构建与国际职教标准相对接的专业标准和课程体系，确保职业教育的资格证书标准和课程标准能够对接"一带一路"沿线国家对技术技能人才培养的需要。为了保证标准制定的科学性与合理性，还应经常邀请国际职教专家、"一带一路"沿线国家的优秀职教教师以及参与"一带一路"建设的企业负责人等来全面评估标准的可行性、有效性，并对标准中不合理的部分予以纠正。通过主动参与进国际职教标准的制定过程，提高我国职业教育标准制定的主人翁意识，努力对接国际职业教育标准，促使我国的职业院校有更多机会在教育国际化竞争大潮中站稳脚跟，提升国际影响力。

二、提升办学水平，形成国际比较优势

（一）提高职业教育办学质量

提升职业教育国际化办学水平的关键在于提升职业教育的办学质量，如果一所职业院校办学水平低下，办学声誉差，学院基本的生存就会存在问题，更遑论国际化发展。我国职业院校需要重视质量提升工程，提高办学水平，实现内涵发展，形成比较优势。众所周知，围绕"一带一路"倡议建设发展的行业企业对于相关国家的经济需求以及与之匹配的人才需求有着清晰的认知，职业院校需要根据发展需求适时调整专业设置，优化人才培养方案，主动与产业界协同制定人才培养标准，实现专业设置与产业需求无缝对接，确保学员能够服务于产业和社会发展的需要。此外，还要以科研创新能力提升为突破点。

（二）加强国际化师资队伍建设

打造一支具备国际视野和国际教育教学能力的师资队伍对于职业教育国际化发展起着关键作用。要大力实施"引智"项目，设立"引智"项目基金，吸引国外优秀专家、技术人员、一线教师等人员充实国内师资队伍，服务学校专业建设。加强外教的统筹管理工作，对国外教师来华要设置较为严格的准入标准，确保引进的外国教师契合中国职业教育发展现实需要；要对引进的教师实施规范化管理，明确教师的教学、科研、技术创新等各项任务，并及时进行评估；要把握与国外院校和教育机构的优秀教师进行交流学习的机会，开展联合教学；要加大对职业院校教师出国学习、培训、交流的资助力度。各级教育主管部门应该将部分教育经费拨付到中青年优秀教师出国资助项目，对这一部分教师提供经费上的支持。职业院校需要强化同国外学校、教育机构、公司企业等多方的合作，寻求共建境外教师培训基地，为教师定期赴国外学习，提升专业素养做准备。还要关注教师外语水平的提升。教师的国际化教学能力与其外语能力有着密切关系，教师在参与国际化活动、了解外国最新的技术与职教动态以及与外国师生交流时都离不开外语能力的支撑。因此，要为教师提供更多的外语培训机会，确保教师的外语教学、外语阅读及沟通能力得到显著提升。

三、构建保障网络，优化国际化发展机制建设

（一）加强职业教育国际化发展政策和法律支持力度

我国是一个公有制为主体的国家，国家政策、法律法规对于职业教育事业的长期、持久乃至优质发展具有举足轻重的作用。在不少西方发达国家，政府也是促进教育发展的重要推手，美国政府出台的《富布莱特法案》和《国家教育法》为美国教育的健康稳定发展提供了保障；英国政府用法律法规确保了奖学金制度改革与完善；法国政府制定的"伊拉斯谟计划"促进了课程和学制的改革。一系列经验表明，科学而有力的政策规范和法规既可以保证职业教育国际化发展的正确方向，也能为职业教育国际化的顺利开展提供制度和法律保障。我国各级政府需要认识到自身在推动职业教育国际化发展进程中的重要性，积极履行职责和行使权力，最大限度地发挥其宏观指导和协调作用。2016 年 4 月，国家出台的《关于做好新时期教育对外开放工作的若干意见》明确指出，推动教育国际化发展的重要举措之一就是要通过完善体制机制，提升涉外办学水平。通过完善准入制度，改革审批制度，开展评估认证，强化退出机制，加强信息

公开，建立共享机制。职业教育的发展离不开政府的大力支持，各级政府在政策与法律规范的制定过程中需要对地方经济发展特点与水平、教育资源分布等因素进行通盘考量，确保国际化办学施教全过程能够得到有效的政策支持与法律保障。

（二）增加职业教育国际化发展经费投入

职业教育办学经费是职业教育事业赖以生存和发展的物质保障，足够的经费投入能够很大程度地解决国际化发展的后顾之忧。新加坡理工学院通过设置大量的助学金、奖学金、勤工俭学等项目，不断降低留学成本，吸引了大量的亚洲国家留学生，使得学校的国际化水平得到了不断提升。上海市把建设亚太地区最受欢迎的留学目的地列为教育国际化的一项重要目标，通过增加教育经费投入，完善市政府外国留学生奖学金制度等手段使全市在"十二五"末期留学生总数达到 7 万余人，居全国各省市前列。贵州省财政在 2013 年出资 500 万元设立"贵州省外国留学生奖学金"，在政府的带领下，多所高校也陆续设立校级留学生奖学金。这些举措无疑为职业教育的国际化发展起到了积极的助推作用。因此，要不断加大对职业教育国际化发展的经费投入，包括增加政府对职业教育国际交流与合作的财政投入，重点用于"一带一路"沿线国家的教育交流与援助以及深入的交流合作项目；吸引行业企业和社会资金的参与，设立师生覆盖面广的国际教育交流与合作基金，奠定职业教育国际化发展的坚实的经济基础。

（三）推进职业院校保障体系组织建设

职业教育质量保障体系是推动职业教育运行发展的基本条件和重要基础。为此，要根据职业教育国际化发展和改革需要，对现有机构进行调整、优化乃至重构，明确不同机构在国际化中的具体分工和责任，从而提升学校整体的运转效率。在以往的国际化发展过程中，职业院校大多只是把工作重心放在活动的开展能否取得"漂亮的"国际化数据上，而对国际化活动开展后的真实成效以及对学校长远发展的影响的认识往往并不深入。因此，要建立健全职业院校国际化活动实施监控系统，从校、院、系等层面对学校的国际化交流与合作项目及活动进行全面监督，确保对学校国际化活动实施现状和成效有着清晰、全面的认知，为职业院校今后的国际化发展指引正确方向。要切实加强国际化质量评估队伍的建设，积极吸引国内外职业教育专家学者、国际和跨国企业中的专业技术人员和能工巧匠以及职业院校一线教师和管理人员作为评估队伍的主要力量，确保职业教育国际化活动评估的针对性、客观性及全面性。要注意的是，质量评估人员不应是一成不变的，而应当随着变化和现实需要及时更新，以保证其前瞻性和先进性。要设置对质量评估运作的监督机构，使外部质量保障行为更加透明，提升职业教育国际化质量保障机构及其评估结果的权威性。只有对国际化活动的整个过程有着清楚的认识，对国际化活动的结果有着全面的评估以及对国际化活动的影响有着深刻的理解，国际化发展才能够引起职业院校以及社会各界的重视，职业教育国际化发展之路才有可能越走越远，越走越好。而这些都离不开保障体系机构的支持。因而，需要大力推动职业院校国际化发展的保障体系组织建设，对国际化活动进行监督、评估、提出意见等，使得保障体系组织成为国际化发展的明灯和指路者。

四、创新职教国际化总体战略，开拓国际化发展新思路

（一）加强来华留学教育

近年来我国来华留学呈现出快速发展的态势，根据教育部 2017 年 3 月发布的统计数据显示，2016 年共有来自 205 个国家和地区的约 44.3 万名各类外国留学人员在全国 31 个省、自治区、直辖市的 829 所高等学校、科研院所和其他教育机构中学习，比 2015 年增加了 45138 人，增长比例为 11.35%。就来华留学生规模而言，已突破全球留学生份额的 8%，成为继美国和英国后的第三大留学生输入国。在这种发展趋势下，"一带一路"沿线国家和地区普遍具有较大的来华留学需求。在 2016 年来华留学生生源地排前 10 位的国家中，就有泰国、巴基斯坦、印度、俄罗斯、印度尼西亚、哈萨克斯坦、越南等 7 个"一带一路"沿线国家。这就要求我国职业教育需要主动出击乘势而为，加强来华留学教育项目，切实落实好"中国—东盟教育部长圆桌会议"上提出的"双十万计划"，以及《愿景与行动》中提出的"每年向"一带一路"沿线国家提供一万个政府奖学金名额"，提升我国职业教育的国际影响力和吸引力，将中国打造成受欢迎的职业教育留学目的地。此外，职业院校还需要重点关注不同国家、地区、民族、信仰宗教的留学人员的特殊需求，加强定制化教育资源与教育产品的开发和支持，满足多样化留学生群体的需要，提升中国留学生教育的口碑与满意度，促进中国来华留学教育项目的持久、健康发展。

（二）实施境外办学和服务"一带一路"建设项目

"一带一路"倡议为我国职业院校"走出去"开展境外办学创造了巨大机遇。职业院校在扩大吸收沿线国家留学人员的同时，还应利用好我国职业教育的各种资源和渠道，加大境外办学的力度，通过合作、援助、共建等形式，有

效提升中国职业教育国际知名度。目前，哈萨克斯坦、巴基斯坦、约旦、埃及、柬埔寨等10多个"一带一路"沿线国家已向中国发出了境外办学的邀请，其中约旦、埃及以及柬埔寨明确提出希望中国的职业院校和有关技术专业赴当地办学，帮助其改进技术，提升职业教育水平。2016年7月，江苏海事职业技术学院在非洲几内亚创办了"分校"，帮助他们培养了30名船员。这些都为中国职业教育"走出去"奠定了良好基础。因此，实施海外办学和服务"一带一路"建设工程，需要将国内不同职业院校国际交流与合作的资源与境外院校、企业的需求紧密结合起来，以建设境外合作办学项目和职业教育培训中心为重点，辅之以技术、理念、经费等援助，全面提升职业院校境外办学、服务需求、海外育人的能力，为培养具备国际视野的专业技术技能人才提供支撑，也为构建中国特色、世界水平的现代职教体系做出贡献。

五、联合多方力量，提升职业教育国际交流与合作成效

（一）发挥职教集团的合力优势

在职业教育国际交流与合作中，出现了一种新的趋势：以大学联盟或教育集团的方式共享国际资源、共塑国际品牌。德国联邦教研部与西班牙、希腊、葡萄牙、意大利、斯洛伐克和拉脱维亚6国于2012年签署了联合开展职业教育合作的备忘录，成立了欧洲七国职业教育联盟。所有的过程会在欧洲委员会和欧洲职训促进中心的支持和指导下来开展。同时期，国内的职教集团也获得了很大发展。根据《中国职业教育集团化办学发展报告（2015）》的数据显示，职教集团的数量和规模持续增加，至2014年年底，据不完全统计，国内已成立职业教育集团1048个。职教集团的大发展在推动职业教育管理体制创新、产教融合办学机制的构建、人才培养模式改革、职业院校办学实力提升以及城乡和区域协调发展等方面发挥了不可替代的作用。然而，在以往的职业教育国际交流与合作中，国内各个职业院校大都采取单兵作战的方式进行，物力、人力、财力以及信息等多方面资源得不到共享，不容易形成合力，致使国际化交流与合作活动的影响力比较有限。因此，就需要以职教集团为载体，探索出职业教育国际化发展的共赢之道。一方面，可以把集团内部优质资源进行重组，形成教育教学和专业技能人才培养的品牌，借助职教集团的办学规模和影响力，吸引更多国外教育机构、行业企业的加盟；另一方面，可以使集团内部的各种国际教育教学资源，包括师资、设备等各项资源做到共通共享；来华留学的外国留学生也可以根据实际情况在集团内的各个学校、机构进行自由选择，开展

学习、进修、实训等活动；职教集团内部的师生、员工、管理人员可以结对开展海外交流、学习、培训等项目，以实现集团内利益最大化。此外，还要将眼光放长远，借助职教集团实施国际化发展是要求集团内部各个主体形成一种战略上的协同，而不是追求短期的、单个的利益，只有这样，才能真正凸显出职教集团的合力优势。总之，利用职教集团的优势推动职业教育的国际化发展可以有效减少各个学校间的过度竞争，做到资源、信息间的有效聚合与共享，提升职业教育整体的国际化发展水平。

（二）构建有区域特色的职业教育国际化布局

受到地理环境、资源禀赋、地区经济制度等因素的影响，我国各地区之间的社会经济发展存在着很大的差异。鉴于这种现实情况，国家和地方教育规划者在制定职业教育国际化发展策略时就必须要充分考虑到地方经济发展水平，因地制宜，谋划制定出有区域特色和符合地区发展实情的国际化策略。例如，上海市、江苏省、浙江省根据其外向型经济蓬勃发展、与世界经济不断融合的特点，出台了一系列实操性好、现实指向性强的政策措施。上海市在 2010 年 3 月推出的《上海市中长期教育改革和发展规划纲要（公开征求意见稿）》中，明确提出要建成国际教育交流中心城市，建立全市统一的留学生课程库和学分互认制度，增强对留学生的吸引力。浙江省教育厅 2011 年印发的《浙江省高等教育国际化发展规划（2010—2020 年）》中明确提出：到 2015 年，全省高等教育国际交流与合作取得明显进展，高等教育国际化主要指标跻身全国前列。到 2020 年，初步建立与浙江省经济社会发展水平相适应的高等教育国际化体系和运行机制。武汉市教育局 2015 年 2 月出台的《武汉市推进教育国际化三年行动计划（2015—2017 年）》明确提出：要建立与武汉城市功能定位相适应的教育对外开放机制，进一步提高武汉教育的国际影响力和竞争力……基本建成中部地区国际教育中心。因此，根据地方经济发展和产业结构调整的需要，各地政府要协同学校、行业企业多方做好职教国际化的总体战略规划，有针对性地引进国外优质职教资源、理念、技术等，注重与国外院校的合作，并积极将中国本土先进的职业教育发展经验和育人理念输送到职业教育亟待发展的地区和国家，扩大中国职教的国际影响力。对于中国这种内部发展很不平衡、区域经济差距大的国家来说，国际化政策、规划的制定和实施要切忌一刀切的做法，必须要瞄准地区的实际情况和真实需求，做到有的放矢、对症下药。只有确保政策从制定到落地整个链条都切合区域的特点与真实情况，区域间各个国际化小目标都一一实现，国家层面的国际化大战略才更容易成功。

六、强化教育国际化理论研究

不论是哪一类事物，我们必须认识到其本质才能掌握其发展规律。这一点同样适用于高等教育国际化事业，只有掌握了高校教育国际化的发展规律，才能制定出科学合理的教育国际化发展规划。因此，地方高职院校在教育国际化建设过程中，一方面需要研究并总结其他学校的高校教育国际化事业的发展经验，深刻认识到高校教育国际化具有的特征和规律；另一方面，地方高职院校在引入先进国际化发展理念之前，需要考虑到自身的实际状况。理念越先进固然是越好的，但也必须符合自身的发展规律与需求，切不可盲目地引入和使用，这就需要地方高职院校提高自身的国际化理论研究能力。我国很多地方的高职院校都是近几年才开始制定并实行高等教育国际化战略的，起步时间较晚，因此尽管个别地方高职院校的国际化战略实施较为顺利，但仍然暴露出各种问题，而高校必须经过深入地理论研究才能有效地解决这些问题，这对于地方高职院校而言，也是一次巨大的挑战。当前，教育国际化市场中的竞争异常激烈，我国地方高职院校要想参与到国际市场的竞争中并成功地站住脚跟且获得优势地位，就必须重视教育国际化的理论研究，通过系统地理论研究去总结经验，摸索教育国际化发展规律并分析政策导向，进而找到一条符合地方高职院校实际的、可持续性的、健康发展的高等职业教育国际化道路。

附　录

湖南双高建设院校国际化情况调查问卷

尊敬的老师：

您好！

以下问卷系关于"湖南双高建设院校教育国际化情况'"研究性调查问卷，旨在更好地了解湖南高职院校教育国际化发展状况，把握其发展方向与重点，引导未来湖南高职院校国际化的建设。恳请您抽空填写这份问卷，您的真实回答对本研究来说将是莫大的帮助。本研究调查采取无记名方式，收集的资料作为研究之用，并且不会以任何形式公开您的个人信息。真诚感谢您的帮助和支持。

1. 您所在的大学是 ＿＿＿＿＿＿ *

A. 长沙民政职业技术学院

B. 湖南铁道职业技术学院

C. 长沙商贸旅游职业技术学院

D. 长沙航空职业技术学院

E. 湖南工业职业技术学院

F. 湖南工艺美术职业学院

G. 湖南化工职业技术学院

H. 湖南汽车工程职业学院

I. 湖南生物机电职业技术学院

J. 湖南交通职业技术学院

K. 岳阳职业技术学院

2. 学校是否根据国际化发展战略，制定了中长期规划和实施方案 ＿＿＿＿＿ *

A. 是

B. 否

3. 学院是否有专门行政部门负责国际化管理相关工作 _____ *

A. 是

B. 否

4. 学院负责国际化管理专职人员数 _____ *

A.1 ～ 2

B.2 ～ 3

C.3 ～ 5

5. 学院是否有国际合作与交流预算经费 _____ *

A. 有

B. 否

6. 是否有师生留学奖学金资助经费 _____ *

A. 是

B 否

7. 学院是否已招收来华留学生（一年以上） _____ *

A. 是

B. 否

8. 是否聘请外籍教师（一学年以上） _____ *

A. 是

B. 否

9. 是否开设国际化课程 _____ *

A. 是

B. 否

10. 是否已输出境外认可的教学标准或课程标准 _____ *

A. 是

B. 否

11. 是否建设有海外实训基地 _____ *

A. 是

B. 否

12. 是否立项中外合作办学项目 _____ *

A. 是

B. 否

13. 是否设立境外办学项目 _____ *

A. 是

B. 否

14. 今年本校是否主办或承办重大国际会议／国际技能大赛 _____ *

A. 是

B. 否

15. 今年是否有国际化竞赛获奖 _____ *

A. 是

B. 否

16. 为学生提供有哪些国际化保障与服务措施。_____ * [多选题]

A. 本校为学生提供有很多海外交流学习的机会

E. 我较方便地及时接收到学校关于国际交流项目的最新通知

C. 我在图书馆可以找到所需的大多数外文资料

17. 您认为国际化对于贵校发展的重要程度？ *

A. 非常重要

B. 比较重要

C. 一般

D. 不重要

18. 请您对下列不利于贵校国际化的因素进行判断。_____ * [多选题]

A. 学校领导对国际化缺乏认同和支持

B. 学校缺乏国际化发展的具体策略和规划

C. 管理人员缺乏国际化专业知识和经验

D. 教师对国际化缺乏支持与参与

E. 缺乏资金投入

F. 院校管理机制方面存在问题

G. 缺乏外籍教师和留学生居住设施

19. 您认为贵校在哪些国际化建设方面需要强化 _____ * [多选题]

A. 办学理念要与国际接轨

B. 加强国际化发展规划

C. 引进更多海外高水平人才参与教学和管理

D. 加大校园国际化设施建设的投入

E. 加强国际化课程建设

F. 加强教师的国际交流

G. 加大留学生招生宣传

H. 增加学生海外学习机会

20. 请根据您的实际感受，对贵校教育国际化情况进行评价。_____ *

A. 很满意

B. 满意

C. 一般

D. 不满意

参考文献

[1] ［英］皮特·斯科特著.周倩等译.高等教育全球化理论与政策[M].北京：北京大学出版社，2009.

[2] 美菲利普·阿特巴赫，［美］佩蒂·彼得森著.陈艺波等译.新世纪高等教育全球化挑战与创新理念[M].青岛：中国海洋大学出版社，2009.

[3] 杨金土，翟海魂，刁哲君，张志增30年重大变革中国1979-2008年职业教育要事概录上[M].北京：教育科学出版社，2011.01.

[4] 王杨.中国高等职业教育国际化问题研究[M].北京：经济科学出版社，2016.01.

[5] 尹贞姬日本高等教育国际化发展战略研究[M].北京：新华出版社，2016.05.

[6] 赵立江.高职国际合作办学项目本土化研究与实践[M].广州：暨南大学出版社，2018.09.

[7] 任君庆.宁波高等职业教育国际化研究[M].杭州：浙江大学出版社，2018.08.

[8] 买琳燕高职教育国际化发展路径研究[M].长春：吉林人民出版社，2018.01.

[9] 王剑波.跨国高等教育与中外合作办学[M].济南：山东教育出版社，2012.05.

[10] 成文章，唐滢，田静.云南省高等教育国际化战略研究[M].北京：科学出版社，2008.04.

[11] 中国高等职业教育改革与发展报告.2017年度高等职业教育文件资料汇编[M].北京：高等教育出版社，2018.11.

[12] 中国高等职业教育改革与发展报告.2016年度文件资料汇编[M].北京：高等教育出版社，2017.11.

[13] 黄日强.中外职业教育热点聚焦[M].沈阳：辽海出版社，2005.06.

[14] 2017中国高等职业教育质量年度报告.本书编委会[M].北京：高等教育出版社，2017.07.

[15] 邵建东.高职创新发展之路金华职院的探索历程[M].武汉：华中科技大学

出版社，2018.12.

[16] 王义桅.世界是通的："一带一路"的逻辑 [M].北京：商务印书馆，2017：15-20.

[17] 经济合作与发展组织.教育概览 2013 ：OECD 指标 [M].中国教育科学院，译.北京：教育科学出版社，2014：31-40.

[18] 国务院.国务院关于加快发展现代职业教育的决定 [M].北京：人民出版社，2014：4.

[19] 陈学飞.高等教育国际化：跨世纪的大趋势 [M].福州：福建教育出版社，2002：101.

[20] 简.奈特著.刘东风，陈巧云著.激流中的高等教育：国际化变革与发展 [M].北京：北京大学出版社，2011：58-66.

[21] HansdeWit.Barriers to International Student Mobility:Evidence From the Erasmus Program[J].Educational Researcher, 2013（2）:70-77.

[22] Asian Development Bank.Asian Development Out look 1998:Population and Human Resources[R].Asian Development Out look, 1998:107.[EB/OL].http://www.adb.org/sites/default/files/publication/82346/ado1998.pdf.

[23] Olga, Educating Global Citizens:The International ization of Park University, Kansas City, Missouri, Union Intitute and University, 2007.

[24] Flavia Eleonora Iuspa.Assessing the Effectiveness of the International ization Process in Higher Education.

[25] Institions:a Case Study of Florida International University[D].Florida Internatianal University.2010.

[26] 陈昌贵，曾满超，文东茅，翁丽霞，于展.中国研究型大学国际化调查及评估指标构建 [J].北京大学教育评论，2009，（10），116-135.

[27] 王文.我国大学国际化评价研究 [D].中国矿业大学（北京），2011，4.

[28] 余学锋，王芳，赵京慧，洪彬，王选，吴俊，董梅，杨旖旎.高等体育院校国际化评价指标体系构建研究 [J].北京体育大学学报，2013，（6）：17-21.

[29] 宁爱花.山东省涉农院校国际化与组织系统活性问题研究 [D].中国海洋大学，2013，03，16.

[30] 王文.论我国大学国际化评价体系的构建[J].社会科学家，2011，（7），74-78.

[31] 国家中长期教育改革和发展规划纲要（2010-2020年）.http://www.moe.edu.cn/srcsite/A01/s7048/201007/t20100729_171904.html.

[32] 国家中长期教育改革和发展规划纲要（2010-2020年）.http://www.moe.edu.cn/srcsite/A01/s7048/201007/t20100729_171904.html.

[33] 陈桂生.教育原理[M].上海：华东师范大学出版社，2012.6:7.

[34] 王文.论我国大学国际化评价体系的构建[J].社会科学家，2011，（7）.

[35] 陈昌贵，曾满超，文东茅等.中国研究型大学国际化调查及评估指标构建[J].北京大学教育评论，2009，7，（4），116-135.

[36] 王鲜萍.大学国际化发展程度评价指标体系的构建田高教发展与评估[J].2010，（3），55-59+122.

[37] 王永锋，张少刚.远程高等教育国际化指标体系构建[J].中国电化教育，2012，（12），32-35.

[38] 余学锋，王芳，赵京慧，洪彬，王选，吴俊，董梅，杨旖旎.高等体育院校国际化评价指标体系构建研究[J].北京体育大学学报.2013，（6），19.

[39] 张遗川，李萍.大学内部国际化发展水平评估指标体系的制定与实施——华中师范大学案例研究[J].教育教学论坛，2016，（23），67-68.

[40] 刘晓亮.地方高校教育国际化[M].北京：中国石化出版社.2016.9:68-76.

[41] 王位.全球六种大学国际化评价指标体系的比较及启示[J].上海教育评估研究，2012，1，（4），25-32+62.

[42] 冯晋豫，詹健.大学国际化水平评估指标的比较与分析[J].上海教育评估研究，2015，4，（2），32-38.

[43] 王位.简析几种大学国际化评价指标体系及其启示[J].北京建筑工程学院学报，2012，28，（4），53-60+77.

[44] 刘亚琴.山西省普通高校教育国际化评价指标体系研究[D].山西财经大学，2016.

[45] Institute of International Education.1920s:Building The Foundations[EB/OL].http://www.iie.org/Who-We-Are/History/1920s.

[46] Institute of International Education.Second Annual Report of the Director[EB/OL].http://www.iie.org/Who-We-Are/Annual-Report，1921:10.

[47] Institute of International Education, Scholar Rescue Fund.Our History[EB/OL].http://www.scholarrescuefund.org/pages/about-us/our-history.php.

[48] 汪霞，钱小龙.美国高等教育国际化的现状、经验及中国对策[J].全球教育展望,2010（11）:57-64.

[49] 刘江南.美国高等教育国际化动向及其战略意图[J].中国高等教育,2011（9）:60-62.

[50] IIE.Newly Enrolled International Students[EB/OL].http://opendoors.iienetwork.org/page/150825/.

[51] 数据来源：笔者根据联合国教科文组织官方网站数据整理得出。联合国教科文组织官方网站.http://data.uis.unesco.org/Index.aspx?queryid=169.

[52] Organisation for EconomicCo-operation and Development（OECD）[EB/OL].https://data.oecd.org/education.htm.

[53] 谢秋葵.基金会：美国高等教育发展的重要推动力[J].高等教育研究,2005（3）:95.

[54] 资中筠.财富的归宿——美国现代公益基金会述评[M].北京:生活·读书·新知三联书店,2011:82.

[55] 杨旭辉.高职教育国际化：内涵、标准与策略[J].中国高教研究,2006（1）:64-65.

[56] 金友鹏.高职教育应对教育国际化的策略研究[J].中国职业技术教育,2012（36）：85-86.

[57] 李云梅.中国职业教育国际化及背景、路径与措施的研究[J].中国职业技术教育,2017（13）：45-49.

[58] 李梦卿，安培.职业教育耦合"一带一路"战略发展的机遇、挑战与策略[J].职教论坛,2016（7）：46-51.

[59] 刘晓.日本、韩国高等职业技术教育学习与启示[J].教育与职业,2009（9）:47-49.

[60] 李瑶，董衍美.服务"一带一路"战略的实践探索[J].职业技术教育,2015（30）：22-24.

[61] 曾仙乐.构建现代职教体系的国际化发展之路[J].中国职业技术教育,2016（16）：67-70.

[62] 俎媛媛.国际化背景下我国高等职业教育的发展[J].职业技术教育，2014（31）：10-14.

[63] 李盛兵，刘冬莲.高等教育国际化动因理论的演变与新构想[J].高等教育研究，2013（12）：29-34.

[64] 金帷.国外高等教育国际化策略研究进展综述[J].比较教育研究，2013(7)：73-78.

[65] 苏志刚，韦弘.高职院校国际化发展评价指标体系的理论架构[J].黑龙江高教研究，2010（7）：84-86.

[66] 张慧波，叶伟巍，刘春朝.援非项目下高职教育国际化协同路径研究——以宁波职业技术学院为例高等工程教育研究[J].高等工程教育研究，2016(2)：148-152.

[67] 郑刚，马乐."一带一路"战略与来华留学生教育：基于2004—2014的数据分析[J].教育与经济，2016（4）：77-82.

[68] 刘金存，贾生超，赵明亮.德国高职教育国际化发展的经验借鉴[J].职业技术教育，2015（9）：74-77.

[69] 姜大源.国际化专业教学标准开发刍议[J].中国职业技术教育，2013（9）：11-15.

[70] 李梦卿，安培.雇佣变化背景下日本高等职业教育发展研究[J].中国高教研究，2015（03）：103-107.

[71] 张鸣.国际化素质培养—德国双元制职业教育发展的新要求[J].职业技术教育，2003（19）：67-69.

[72] 刘任熊，薛茂云.中国高等职业教育国际化：实践样态与现实反思[J].中国职业技术教育，2017（36）：10-16.

[73] 翟帆.企业"走出去"，期盼职业院校跟上来[N].中国教育报，2015-08-17（003）.

[74] 李建忠."一带一路"给职业教育带来怎样的发展机遇[N].中国教育报，2015-05-28（013）.

[75] 刘育锋.告别来而不往，我国职教增强"输出"底气[N].中国教育报，2015-12-24（009）.

[76] 许树森."走出去"，职教应与企业同行[N].光明日报，2017-02-16（014）.

[77] 董洪亮.打造"一带一路"职业教育共同体[N].人民日报，2017-06-15（018）.

[78] 刘威.与"一带一路"沿线国家加强文化互动[N].经济日报,2016-05016(012).

[79] 石伟平,唐林伟.对200所国家师范骨干高职科研竞争力分析显示我国高职院校科研总体水平偏低[N].中国教育报,2015-07-09(009).

[80] 高鹏.高等教育国际化评价标准辨析[J].东北师大学报(哲学社会科学版),2015,第3期.

[81] 叶飘."一带一路"倡议下的"走出去"办学:鲁班工坊的实践与启示[J].高等职业教育探索,2019,第3期.

[82] 匡瑛,石伟平.走向现代化:改革开放40年我国职业教育发展之路[J].教育与经济,2018,第4期.

[83] 高鹏.二战后美国高等教育国际化的演进[J].社会科学战线,2015,第10期.

[84] 李梦卿,姜维."一带一路"我国内陆节点城市职业教育国际化发展研究[J].职教论坛,2017,第1期.

[85] 牛金成.日本高等职业教育结构分析[J].职业技术教育,2015,第28期.

[86] 梁珺淇,石伟平改革开放40年职业教育国际化研究热点的可视化分析[J].当代职业教育,2018,第6期.

[87] 柯婧秋,王亚南.高等职业教育国际化:现状、问题及对策——基于全国231所高职院校的调查[J].职业技术教育,2017,第36期.

[88] 袁琳,王建梁.德国高等教育国际化财政资助探略[J].教育与经济,2012,第2期.

[89] 陈永花,张杨.我国职业教育国际化发展趋势及战略选择[J].职业技术教育,2018,第22期.

[90] 杨红荃,肖渝琪."一带一路"背景下高职教育国际化发展研究[J].职教论坛,2019,第10期.

[91] 孟凡华,周晶,董衍美.由热眼向洋到走向世界——改革开放40年来职业教育国际交流与合作的历程、特征及展望[J].职业技术教育,2018,第21期.

[92] 尚会妍,任毅梅."一带一路"倡议下少数民族职业教育国际化发展的思考[J].湖北成人教育学院学报,2019,第4期.

[93] 王志刚,胡伟华,黄玲,师奇.德国高等教育国际化人才培养及其对陕西的启示[J].教育教学论坛,2015,第42期.

[94] 彭良琴,夏新蓉.德国高等教育国际化现状、改革战略及特征[J].西部素质教育,2017,第16期.

[95] 刘志强.高校院系国际化评价指标体系的构建[J].黑龙江教育（高教研究与评估），2015，第10期.

[96] 吕景泉.服务"一带一路"，职业教育的新作为——"鲁班工坊"[J].天津职业院校联合学报，2018，第1期.

[97] 吕景泉，马雁，杨延，刘恩.专论职业教育的供给侧结构性改革[J].江苏教育，2016，第24期.

[98] 鲁婷婷."一带一路"背景下高职院校国际化发展的若干思考——以常州信息职业技术学院为例[J].职教通讯，2018，第24期.

[99] 高有华，张静利.美国大学国际化课程建设特点及启示[J].信阳师范学院学报（哲学社会科学版），2015，第2期.

[100] 陈超群，"双一流"建设背景下高职教育国际化发展路径研究——以湖南省为例[J].职业技术教育，2018，第23期.

[101] 杨延.天津职业教育海外输出模式探索[J].天津市教科院学报，2016，第5期.

[102] 关晶.改革开放三十年我国职业教育国际交流与合作的回顾及展望[J].江苏技术师范学院学报（职教通讯），2008，第7期.

[103] 陈可."一带一路"倡议下重庆工程学院国际化发展战略研究[J].中国市场，2018，第8期.

[104] 教育部，财政部.关于实施中国特色高水平高职学校和专业建设计划的意见教育科学论坛[J].2019，第15期.

[105] British Council. Prime Minster's Initiative for International Education Phase2 Final Evaluation Report[EB/OL].http://www.britishcouncil.org/pmi2_final_evaluation_report.pdf, 2011-04/2012-03-30.

[106] Canada's participation in international education, 2011[EB/OL].http://www.cbie-bcei.ca/?pageid=1233.

[107] Walters C. International Students Returning Their Investment :Australia's Program for International Education[A].Going global conference[C].Hong Kong, 2011:125-138.

[108] Foroughi Abari, Koroush Fathi Angela Internationalization of Higher Education Systems[J].Social and Behavioral Sciences, 2011（15）:1694-

1695.

[109] Jane Knight.Internationa lization Remodeled: Definitions, Rationales and Approaches[J].Journal of Studies in International Education, 2004 （1）:18-26.

[110] Towardan International Education Policy for the United States:International Education in an Age of Globalism and Terrorism [EB/OL].http://www.nafsa.org.

[111] Angela Joy Shaw, Kieron John Shaw, and Suzanne Blake.Examining Barriers to Internationalization Created by Diverse Systems and Structures in Vocational Education and Training[J].International Journal for Research in Vocational Education and Training, 2016 （2）:95-101.

[112] Kaitlin Leigh Olyer.Higher education goes global: a comparative study of internationalization at an American and Australian university[D]. University of South Carolina, 2009.

[113] Lukas Graf.Applying the Varieties of Capitalism to Higher Education: Comparing the Internationalization of German and British Universities[J].European Journal of Education, 2009（4）:569-585.

[114] Mok, K.H..The quest for regional hub of education: Growing heterarchies, organizational hybridization, and new governance in Singapore and Malaysia[J]. Journal of Education Policy, 2011, 26 （1）:61-81.

[115] 胡莎莎.区域高等教育国际化策略研究——以宁波市为例[D].宁波大学.2013.

[116] 中办、国办印发《关于做好新时期教育对外开放工作的若干意见》. http://news.xinhuanet.com/politics/2016-04/29/c_1118775049.htm.

[117] 教育部关于印发《推进共建"一带一路"教育行动》的通知. http://www. moe.edu.cn/srcsite/A20/s7068/201608/t20160811_274679.html.

[118] 广东省高等教育国际化评价指标体系（试行）[EB/OL]. HTTP: //WWW.docin. com/p-498664786.html.

[119] 职芳芳. 澳大利亚高等职业教育国际化办学模式研究 [D]. 河南大学,2013.

[120] 黄日强.澳大利亚高等职业教育的国际化 [J].外国教育研究,2003(07):51-55.

[121] 刘金存,贾生超,赵明亮.德国高职教育国际化发展的经验借鉴 [J].职业技术教育,2015,36(09):74-77.

[122] 普女女.我国高等职业教育国际化研究 [D].东华理工大学,2012.

[123] 吕景泉.鲁班工坊 [M].中国铁道出版社,2018.1-10.

[124] 芮福宏、于兰平.鲁班工坊(职业教育国际合作新支点天津渤海职业技术学院鲁班工坊建设纪实)[M].中国铁道出版社,2017:15-18.

[125] 邵建东.高职创新发展之路 金华职院的探索历程 武汉:华中科技大学出版社,2018.12

[126] 教育科学论坛.教育部 财政部关于实施中国特色高水平 高职学校和专业建设计划的意见,2019,第15期

[127] 高靓.教育部三项成果纳入"一带一路"国际合作 高峰论坛成果清单 [N].中国教育报,2019.04.29

[128] 我国将重点建设一批高水平高职学校和专业群 [N].人民日报,2019.04.03

[129] 焦以璇;高靓.高职院校"双高计划"有了施工图 [N].中国教育报,2019.04.03